Lukas Pellmann

PRATER

Ein dystopischer Heimatroman

TEXT/RAHMEN

1. Auflage 2018

Autorenporträt: Kurt Prinz, www.kurtprinz.at
Schriftgestaltung TEXT/RAHMEN: www.polenimschaufenster.com
Lektorat: Oliver Poschner
Umschlaggestaltung und Satz: Dominik Uhl
Druck und Bindung: CPI books GmbH, Birkstraße 10, D-25917 Leck
ISBN 978-3-9504510-4-7

Lukas Pellmann

PRATER

Ein dystopischer Heimatroman

PROLOG

Wien im Jahr 2028 ...

Eine Trinkwasserkatastrophe und daraus folgende Unruhen verwüsteten im Jahr 2022 zwei Bezirke der österreichischen Hauptstadt, Floridsdorf und Donaustadt. Das angrenzende Bundesland Niederösterreich schloss aus Angst vor der Ausbreitung von Epidemien seine Grenzen. Den Menschen blieb nur die Flucht über die Donau, in die Bezirke Leopoldstadt und Brigittenau, wo sie anfänglich hilfsbereit empfangen wurden.

Doch als die übrigen Wiener Bezirke einer fairen Verteilung der Flüchtlinge auf ganz Wien ihre Zustimmung verweigerten, kippte die Stimmung. Egoismus und Rücksichtslosigkeit griffen um sich und Wien zerfiel in einzelne Stadtstaaten. Im ehemaligen 2. Bezirk, der Leopoldstadt, rief der Oberste die Republik Prater aus und errichtete ein autoritäres Regime ...

»Die Danubier waren mit ihrem Siedlungsraum einstmals Teil von Wien. Trotzdem waren sie schon immer wie Wilde. Oder glaubt jemand ernsthaft, die beiden Donauregulierungen dienten tatsächlich dem Hochwasserschutz? Schon die Habsburger haben die Gefahren erkannt, die von der ungebildeten und unkultivierten Bevölkerung auf der anderen Seite der Donau ausgingen.«

Der Oberste im November 2028

Das ehemalige Wien im Jahr 2028

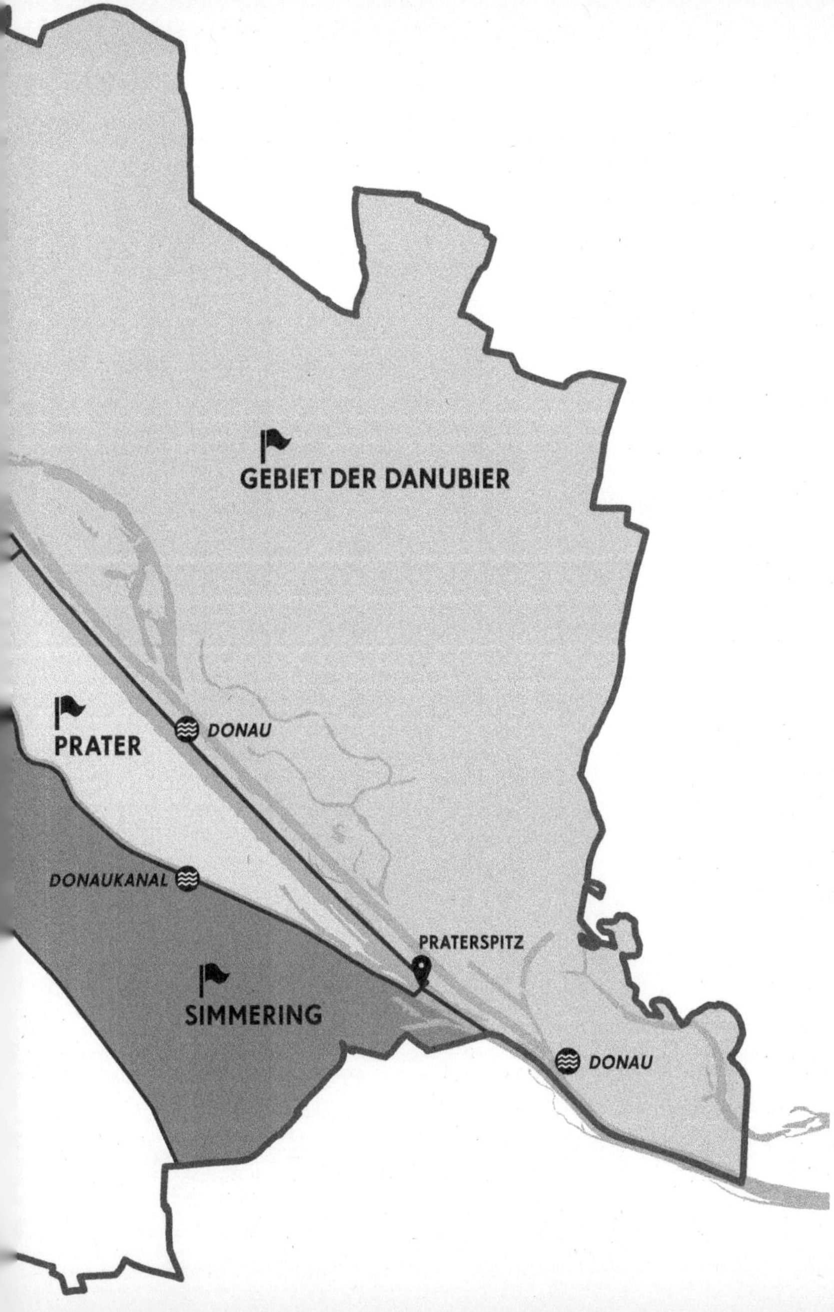
GEBIET DER DANUBIER
PRATER
DONAU
DONAUKANAL
PRATERSPITZ
SIMMERING
DONAU

VON SPITZ ZU SPITZ

Henry Praterlier

Das Riesenrad, der Augarten, so fein,
ich wünschte, oh Du wärst für immer mein.
Liegst ein'bettet zwischen Donau und Kanal,
dich gibt's in der ganzen Welt net nochamal.

Kümmerst dich so gut, um die eig'nen Leut,
lässt zum Glück draußen, die Danubier-Meut.
Was uns das Ausland diktiert, ist wirklich herzlich egal,
unser Volk weiß es besser, es wird siegen triumphal!

Refrain
Prater, oh Du schönes Land,
ich geh stets mit Dir, Hand in Hand!
Du bist so schön, selbst in der größten Hitz,
ich werd' Dich immer lieben, von Spitz zu Spitz!

Uns're Feinde haben Dir g'stohl'n, die Welt weiß es genau,
Zwischenbrücken, Kaisermühlen und die Brigittenau.
Der Oberste und seine Krieger, werden nicht ruh'n,
eh Du bist wieder vereinigt, mit all Ehr' und Ruhm!

Refrain
Prater, oh Du schönes Land,
ich geh stets mit Dir, Hand in Hand!
Du bist so schön, selbst in der größten Hitz,
ich werd' Dich immer lieben, von Spitz zu Spitz!

1 (DIENSTAG)

Die Gedanken fuhren Achterbahn in Valeries Kopf. In ihrer Lebensplanung war dies zum jetzigen Zeitpunkt nicht vorgesehen. Es stand nicht auf dem Plan, war eigentlich eine Fehlprogrammierung. Ein Versehen.

Drei Monate zuvor waren sie sich in die Haare geraten. Wieder mal. Doch im Unterschied zu sonst hatten sie sich schnell wieder versöhnt. Das Ergebnis der Versöhnung sah Valerie nun auf dem weißen Streifen, den sie in der Hand hielt. Es zeichneten sich immer deutlicher zwei Striche im Kontrollfenster ab. Sie fuhr mit der flachen Hand langsam über ihren Bauch. Im selben Moment hörte sie die Schritte. Die Geräusche der schweren Stiefel, die die Stiegen hinaufstürmten. Valerie hielt inne. Bewegte sich keinen Zentimeter. Versuchte die aktuelle Position der Schritte herauszufinden. Waren sie im ersten Stock, unten bei den Niederhammers? Oder bereits in der zweiten Etage, wo die Schneiders und die alte Frau Haas wohnten? Wie viele Männer waren es? Drei, wie meistens, wenn sie eine Wohnung durchsuchten? Zwei von ihnen drangen in die Wohnung ein, der Dritte sicherte die Tür ab, um mögliche Fluchtversuche zu unterbinden. Das war die normale Vorgehensweise. Mindestens zwei verschiedene Schrittfolgen meinte Valerie heraushören zu können. Schnelle Schrittfolgen, deren Rhythmus lediglich durch den Treppenabsatz gestört wurde. Schrittfolgen, die nun von lauten, dumpfen Geräuschen abgelöst wurden.

»Aufmachen!«, schrie eine männliche Stimme.

Es folgte ein knarzendes Geräusch, das auf die Zerstörung

der Wohnungstür hindeutete. Lautes Geschrei. Ein kalter Schauer erfasste Valerie.

Erst als Geschrei und Stiefelabsätze kurz darauf wieder leiser wurden, weniger laut durch das Stiegenhaus hallten, schließlich ganz verebbten, fiel Valerie auf, dass sie aufgehört hatte zu atmen. Dass sie die Hand fest auf ihren Bauch gepresst hatte.

Mit einem tiefen Luftzug kam Valerie ins Hier und Jetzt zurück. Ohne Jan an ihrer Seite fühlte sie sich in ihren eigenen vier Wänden nicht sicher. Und dass sich in ihrem Bauch ein ungeborenes Leben befand, gab ihr nicht gerade ein sichereres Gefühl.

2

»Wir schaffen das schon«, sagte Jan zu Valerie.

Sie sah ihn mit ihren großen braunen Augen an und nickte schüchtern. Es war die Sorte Nicken, die keinen Aufschluss darüber gab, ob sie es ernst gemeint hatte oder nicht. Es war mehr wie die Andeutung einer kraftvollen Kopfbewegung. Valerie war verunsichert. Und wer konnte ihr das verdenken?

Jan und Valerie hatten sich neun Jahre zuvor kennengelernt. Valerie hatte gerade in der *Balthasar Kaffee Bar* in der Praterstraße ihren Americano bezahlen wollen, als sie feststellen musste, dass sie nicht genug Geld dabei hatte. Jan half ihr aus, und zum Dank trank sie ihren Kaffee gemeinsam mit ihm an einem der Hochtische. Valerie war damals achtundzwanzig, er einunddreißig. Vier Jahre später kam Sohn Emil zur Welt. Und nun, keine zwei Minuten zuvor, hatte Valerie ihrem Mann eröffnet, dass Emil ein Geschwisterchen bekommen sollte. Jan freute sich über die Nachricht, die ihm Valerie passenderweise in jenem Café mitteilte, in dem sie sich 2019 kennengelernt hatten. Und doch war alles anders als damals. Sie sah ihrem Mann ins Gesicht. Sein fester und gleichzeitig gutmütiger Blick beruhigte sie ein wenig. Valerie betrachtete das kleine Muttermal auf seiner rechten Wange.

»Uns kann nichts passieren«, sprach Jan ihr weiter Mut zu. »Dank meiner Stellung in der unmittelbaren Nähe des Obersten bist du so sicher wie in Abrahams Schoß. Und ich freue mich wirklich sehr darüber, dass Emil ein Geschwisterchen bekommt.«

Wieder folgte dieses Nicken. Die Kaffeemaschine zermalmte mit einem lauten Ton den braunen Kaffeeersatzstoff, um diesen anschließend in ein Sieb rieseln zu lassen. Das Balthasar war an diesem Nachmittag wie leer gefegt. Für Jan ein angenehmer Unterschied zu früheren Zeiten, als der Prater noch Leopoldstadt hieß und die Bevölkerung unterjocht wurde. Als der Prater noch kein souveränes staatliches Gebilde war und der Oberste die Bevölkerung noch nicht mit all seiner Weisheit in eine bessere Zukunft führte. Als die vom Obersten als Pseudodemokratie bezeichnete Elite herrschte. Damals kamen noch zahlreiche Ausländer aus den anderen Bezirken des ehemaligen Wiens über den Donaukanal, um hier die Restaurants und Kaffeehäuser in Beschlag zu nehmen. Damals gab es keinen Platz für die Bewohner des Praters in Etablissements wie der *Balthasar Kaffee Bar*. Doch damals war vorbei, und Jan war alles andere als traurig darüber.

Jan verabschiedete sich von seiner Frau vor dem Café. Valerie leitete das *Praterplex*, das Kino im ehemaligen Ferry-Dusika-Hallenstadion befand sich in der Nähe der Donau. Es war einer der letzten frei zugänglichen Orte vor der Demarkationslinie. Dahinter begann die hundert Meter breite Sperrzone, die zum Schutz der Bevölkerung des Praters entlang des zehn Kilometer langen Donauufers verlief.

Jan schlenderte durch die Fußgängerzone in der Praterstraße. Als er bei der Praxis seines Arztes vorbeikam, erinnerte er sich daran, dass er noch einen Routinetermin zur Wartung des Gesundheitssensors in seinem Unterarm vereinbaren musste. Tat man dies nicht in regelmäßigen Abständen, konnte es empfindliche Strafen durch die *Abteilung für direkte Gesundheit* setzen. Davor war selbst jemand in Jans Position nicht gefeit.

Es war eine der wenigen sinnvollen Taten der pseudodemokratisch an die Macht gekommenen Vorgängerregierung gewesen, die Autos von diesem Prachtboulevard zu verbannen. Wie erhaben und eindrucksvoll die Einheiten der Freiheitspolizei über diese Straße zwischen Praterstern und der Grenzstation an der Aspernbrücke am Donaukanal marschierten und dabei ihre Stärke demonstrieren konnten. Für Jan immer wieder aufs Neue ein herrlicher Anblick.

Trotz des schönen Wetters waren nur wenige Menschen auf der Straße zu sehen. Die Angst vor Terroranschlägen und Überfällen konnte den Bewohnern des Praters auch nicht durch eine noch so starke Präsenz der Einheiten der Freiheitspolizei genommen werden. Für Jan eine nachvollziehbare Reaktion. Vor allem Frauen hatten zur Zeit des pseudodemokratischen Systems unter den marodierenden Danubier-Horden zu leiden gehabt. Jan konnte es den Frauen nicht verdenken, dass sie sich nun nicht mehr auf die Straße trauten. Und das, obwohl die Gefahr der Übergriffe durch Flüchtlinge unter anderem dank der am Donauufer aufgestellten Selbstschussanlagen deutlich verringert worden war. Lediglich die aus der Brigittenau, dem verfeindeten westlichen Nachbarland, immer wieder eindringenden Terrordrohnen waren ein Problem, für das die Luftabwehr der Freiheitspolizei noch keine nachhaltige Lösung gefunden hatte.

Das Schönste aber waren an diesem Tag die beflaggten Fassaden der Häuser in der Praterstraße. Aus fast allen Fenstern hingen die grün-blau-rot gestreiften Fahnen mit der roten Brücke in der Mitte herab. Eine Demonstration der Einigkeit und des Zusammenhalts. Jan war immer noch ganz begeistert von dem genialen Schachzug des Obersten, anlässlich der Unabhängigkeit im Jahr 2024 eine Volksabstimmung über die Gestaltung der Fahne des Praters abzuhalten. Die seither darin enthaltene rote Brücke symbolisierte das vom Prater und der benachbarten Brigittenau gleichermaßen beanspruchte Gebiet Zwischenbrücken. Die wütenden Proteste aus der Brigittenau waren wohlkalkuliert gewesen. Und in der Tat, nur wenige Stunden nach Veröffentlichung des offiziellen Fahnenentwurfs durch die *Abteilung für direkte Gestaltung* wurden in ausländischen Medien die ersten Vorwürfe erhoben, der Prater würde mit der Berücksichtigung dieses Emblems in seiner Fahne Gebietsansprüche auf Teile der Brigittenau stellen. In der Folge hatten sich die Reihen hinter dem Obersten geschlossen und die Bürger des Praters votierten mit einer überwältigenden Mehrheit für den von ihm vorgelegten Fahnenentwurf. Und dass das Gebiet Zwischenbrücken Teil des Praters war, das, so war Jan überzeugt, würde die pseudodemokratische Regierung der Brigittenau noch früh genug zu spüren bekommen.

Jan ließ die Drehtür hinter sich und betrat das Foyer des T-Towers am Donaukanal. Hier hatte sich in Zeiten der Pseudodemokratie die Zentrale eines Medienunternehmens befunden. Nun residierte hier unter anderem die *Abteilung für direkte Wahrheit*, an deren Spitze Jan Kepler seit einem Jahr stand.

»Unsere Kraft im Prater!«, begrüßte der Portier Jan und gab eines der drei Drehkreuze frei. »So ein Kaiserwetter heute.«

»Unsere Kraft im Prater«, erwiderte Jan den traditionellen Gruß. »Ja, eigentlich eine Schande, dass wir den Sonnenschein nicht draußen bei einem Eis genießen können.«

Jan huschte durch das silberne Drehkreuz hindurch. Sein Büro im dreizehnten Stock des T-Towers war lichtdurchflutet. Das auf die Innere Stadt geschrumpfte neutrale Wien mit seinem Wahrzeichen, dem Stephansdom, lag vor seinen Füßen. Der Ringturm, ein Hochhaus, in dessen höchstem Stockwerk die Wiener Vollversammlung einmal im Monat zusammentrat, war ebenfalls deutlich zu sehen. Doch für den Ausblick hatte Jan in diesem Moment keine Zeit. Denn am nächsten Tag stand die große programmatische Herbstrede des Obersten an. Und diese galt es noch zu finalisieren.

»Im Mittelalter wurden solche Volksschädlinge geteert und gefedert. Im Mittelalter war nicht alles schlecht«, sagte John und grinste.*

Jans Mitarbeiter saß an seinem Schreibtisch und konzentrierte sich auf den Bildschirm. Er war in der *Abteilung für direkte Wahrheit* für die Zusammenstellung des Pressespiegels sowie die Gegnerbeobachtung zuständig. Er war von den vier Mitarbeitern der radikalste und hielt mit seiner Meinung über die Flüchtlinge von der anderen Seite der Donau nicht hinter dem Berg.

Mahmoud saß am Schreibtisch gegenüber von John und war das Social-Media-Genie der Gruppe. Er kümmerte sich um die Bespielung der diversen Accounts, über die die *Abteilung für direkte Wahrheit* im Namen des Obersten mit der Außenwelt kommunizierte. Wann immer er hektisch in die Tasten seiner Tastatur klopfte oder mit den Fingern Botschaften in sein Smartphone hämmerte, wippte er aufgeregt mit den Schuhen hin und her.

Helena war für Kontakte zu externen Medien zuständig. Der Oberste nannte Helena stets das »hübsche Gesicht des Praters«. Hübsch war sie in der Tat, aber das war nicht ihre einzige Qualität. Helena hatte eine blitzschnelle Auffassungsgabe und konnte dank unzähliger absolvierter Trainings der NLP-Erweiterung HLP jeden noch so glaubwürdigen Einwand in Sekundenschnelle in sein Gegenteil verkehren. Legendär war ihre Replik auf die Frage eines ausländischen Journalisten, ob der brutale Umgang mit den geflüchteten Danubiern, ob all die Selbstschussanlagen und gezielten Tötungen von Flüchtlingen nicht gegen die Menschenwürde verstoßen würden. Ob dem Journalisten die Würde seiner Frau, die von einem Danubier vergewaltigt und ermordet werden würde, weniger wichtig sei als jene ihres Peinigers, stellte Helena jene später gefeierte Gegenfrage.

Der innere Führungskreis der *Abteilung für direkte Wahrheit* wurde durch Jan Kepler als Chef komplettiert.

Auf die unteren Stockwerke des T-Towers verteilten sich das Fußvolk der *Abteilung für direkte Wahrheit* sowie die Mitarbeiter von *PraterTV* und *Praterpost.*

»Gibt's irgendwas Neues, das ich für die morgige Rede wissen sollte?«, fragte Jan in die vollzählig versammelte Mitarbeiterrunde.

»Die Wiener Vollversammlung wurde für morgen Mittag einberufen, wohl um über die Inhalte der Rede des Obersten zu debattieren. Der Bürgermeister von Wien hat eine Pressekonferenz für den frühen Nachmittag einberufen«, antwortete Helena.

»Als wenn eine Debatte der Vollversammlung Ergebnisse bringen würde, die es auf einer Pressekonferenz zu verkünden geben würde«, wandte Mahmoud ein. »Und wer hört schon auf das Gewäsch dieser Versammlung und ihres Vorsitzenden, der sich selbst den Titel Bürgermeister gegeben hat? Glaubt er vielleicht, dadurch bekommt er die Autorität eines Karl Lueger?«

»Davor brauchen wir uns auf jeden Fall nicht zu fürchten. Unsere Simmeringer Freunde werden auch dieses Mal dafür sorgen, dass kein Beschluss gefasst wird, der uns verurteilt«, beruhigte Jan. »Sonst noch etwas?«

»Ja«, sagte John. »Die Regionalvertreterin der Brigittenau hat via Facebook erklärt, dass sie den sofortigen Abriss der Sperranlagen in der Innstraße fordert, da diese dem Wiener Recht und irgendwelchen Konventionen widerspreche.«

»Hätten sie damals nicht die Flüchtlingsmassen aus den Gebieten jenseits der Donau bei sich aufgenommen, hätten wir keine Sperranlagen bauen müssen. So einfach ist das«, antwortete Jan.

»Hoffentlich hat die Präsidentin eine Tochter, und die wird auch mal vergewaltigt. Mal schauen, was sie dann sagt«, erklärte John.*

»Sehen die Social-Media-Bots, die ich ihr auf den Hals gehetzt habe, ganz genauso«, sagte Mahmoud. »Wir stehen mit unserer Sicht der Dinge bei einer Rate von achtundneunzig Prozent. Positive Kommentare unter der Brigittenauer Stellungnahme werden von den neutralen Nutzern also so gut wie nicht wahrgenommen.«

»Gut gemacht«, lobte Jan seine beiden Mitarbeiter.

»Wie sehen die Zahlen heute Morgen aus?«, fragte Jan noch schnell.

»Die Freiheitspolizei hat vierundzwanzig getötete und zwölf verletzte Danubier gemeldet«, antwortete Mahmoud. »Kein erfolgreicher illegaler Grenzübertritt.«

»Diesen Zusatz kannst du dir ja eigentlich sparen«, antwortete Jan. »Oder wann hat es ein Danubier das letzte Mal geschafft, einen Fuß auf unser Territorium zu setzen?«

Mahmoud zwinkerte Jan mit dem rechten Auge zu.

»Wie hoch war der heutige Response-Wert?«, fragte Jan weiter.

»Einundsiebzig Prozent haben die heutige Grußbotschaft des Obersten auf ihrem Saiger gesehen. Ich fürchte, der Anschlag, den wir uns für gestern in Währing ausgedacht haben, hat die Leute nicht so gecatcht.«

»Währing ist ja auch zu weit entfernt. Die Leute müssen das Gefühl haben, dass direkt vor ihrer Haustür das Böse lauert. Wir hatten schon lange keinen Anschlag mehr am Donaukanal«, sagte Jan.

»Gute Idee«, antwortete Mahmoud.

»Und überlegt euch etwas mit viel Bums und Rauch. Die Bewohner auf unserer Seite des Kanals sollen das auch in Vollendung live miterleben können.«

»Also quasi erste Reihe fußfrei«, sagte Mahmoud.

»Ich sehe, wir verstehen uns«, antwortete Jan. »Ach ja, und natürlich nicht in Simmering. Sucht euch irgendein Ziel im Alsergrund.«

»Yes, Sir«, sagte Mahmoud.

Jan zog sich in sein Büro zurück. Für den folgenden Tag stand die große Rede des Obersten auf dem Riesenradplatz auf dem Programm.

3 (MITTWOCH)

»Unsere Kraft im Prater! Dein Oberster wünscht dir einen wunderschönen guten Morgen. Lass uns gemeinsam den Prater auch heute wieder ein Stückchen besser machen. Und vergiss nicht, heute um zwölf Uhr zur großen Herbstansprache auf den Riesenradplatz zu kommen.«

Wie jeden Morgen überprüfte Jan auch an diesem Tag die Morgenbotschaft des Obersten, die über die Saiger direkt auf die Handgelenke der Bewohner des Praters übertragen wurde. Natürlich konnte er den Kollegen von *PraterTV*, die diese Sendungen produzierten, vertrauen. Trotzdem sah sich Jan jeden Morgen die kurze Grußbotschaft des Obersten an, auch wenn er als ranghoher Mitarbeiter der *Abteilung für direkte Wahrheit* nicht verpflichtet war, den Saiger zu tragen und die Grußbotschaften anzusehen.

Die Saiger waren Teil der großen Sicherheitsoffensive im Jahr 2025 gewesen. Sie ersetzten damals die mittlerweile für Privatpersonen verbotenen Computer und Smartphones, mit denen das Ausland die Bewohner des Praters zu einfach beeinflussen konnte. Eine Maßnahme, die auf große Zustimmung in der Bevölkerung stieß, was auch der breiten Kampagne von Jans *Abteilung für direkte Wahrheit* geschuldet war. Diese hatte den Einwohnern des Praters glaubhaft vermittelt, dass die im Ausland produzierten elektronischen Geräte allesamt gesundheitsgefährdende Stoffe enthalten würden, die absichtlich in die für den Verkauf im Prater vorgesehenen Geräte eingebaut worden waren. Ein Sturm der Entrüstung war daraufhin losgebrochen, die Menschen zogen zur Kaiserwiese vor dem Riesenrad, um ihre Geräte dort in einem spektakulären Feuer zu entsorgen. Seit drei Jahren besaß also jeder Einwohner im Prater einen solchen Empfänger in Form einer Armbanduhr. Jeden Morgen wurde man auf diese Weise vom Obersten begrüßt. Gab es Grund für eine Alarmmeldung, wendete sich der Oberste auf diese Art direkt an seine Mitmenschen. Der Saiger wurde passgenau angefertigt, um einen größtmöglichen Tragekomfort zu gewährleisten. Wurde der Verschluss einmal aktiviert, konnte das Gerät nicht mehr vom Träger oder gar Unbefugten entfernt werden.

Ein Iris-Scanner im Gehäuse des Saigers sorgte dafür, dass im Rechenzentrum des ehemaligen IBM-Gebäudes am Donaukanal genau überprüft werden konnte, wer dem Obersten während der Ansprachen und Grußbotschaften seine Aufmerksamkeit schenkte. Ein GPS-Sender informierte zusätzlich über den jeweiligen Standort des Trägers. Die Einführung des Saigers war im Rahmen einer Volksabstimmung von den Einwohnern des Praters für gut befunden worden. Natürlich war damals das Vorhandensein von Iris-Scanner und GPS-Sender nicht explizit kommuniziert worden, die Bevölkerung hatte lediglich über *allgemeine Schutzmaßnahmen gegen äußere Einflussnahme* abgestimmt.

Jan hatte seine Frau gebeten, sich und Sohn Emil für diesen Tag ein bisschen herauszuputzen. Immerhin würde Valerie neben ihm auf der Tribüne sitzen. Gegen elf Uhr trafen beide am Riesenradplatz ein. Die Sonne schien und die Kollegen von der Freiheitspolizei hatten alle Hände voll zu tun, die aus allen Richtungen auf den eigentlich viel zu kleinen Riesenradplatz strömenden Massen zu ordnen. Ein Glück, dass Autos im Prater infolge der beiden Umweltschutzpakete aus dem Jahr 2024 so gut wie nicht mehr existent waren.

Fürchterliche Staus hätten sich gebildet. So kamen die allermeisten zu Fuß, was auf der Ausstellungsstraße und der Nordbahnstraße ausreichte, um für veritable Staus zu sorgen.

Die Überfüllung des Riesenradplatzes war bewusst inszeniert. Schließlich sollten die Massen den Eindruck erwecken, die Bewohner des Praters würden geschlossen hinter dem Obersten stehen. Dass er bei seinem Amtsantritt nach seiner Wahl im Jahr 2023 noch das ganze damalige Ernst-Happel-Stadion begeistern konnte, daran dachte zum Glück kaum noch jemand. Die Leute hatten aufgrund der angespannten Sicherheitslage andere Sorgen.

Sorgen der ganz anderen Art hatte Siegbert Reicher, der seine Mannen von der Freiheitspolizei persönlich bei ihrer Arbeit überwachte. Siegbert, ein kleiner Mann, dafür mit riesigem Ehrgeiz ausgestattet, hatte sich am VIP-Eingang postiert und überzeugte sich davon, dass die Einlasskontrollen wie geplant vonstattengingen.

»Sehr fesch, die gnädige Gattin«, kommentierte er Valeries Aufmachung. »Und der junge Bub erst, eine Augenweide. Du wirst später mal ein stolzes Mitglied der Freiheitspolizei!«, fuhr er fort und zeigte mit dem Zeigefinger auf den kleinen Emil, der an diesem Tag seinen Sonntagsanzug tragen musste.

»Ich hasse diesen ekligen Typen«, sagte Valerie, als sie außer Hörweite des derart Geschmähten waren.

»Sei leise«, reagierte Jan harsch. »Wenn das jemand hört, bringst du uns damit um Kopf und Kragen!«

»Ich glaube nicht, dass ich die Einzige bin, die so denkt«, antwortete Valerie.

»Das sicher nicht. Aber du bist die Einzige, die sich und damit auch uns dadurch in Schwierigkeiten bringt.«

Jan und Valerie schoben sich weiter durch die Massen. Es war kaum ein Durchkommen im Inneren des Riesenradplatzes, so dicht gedrängt standen selbst im VIP-Bereich die Leute. Jan nahm Valerie und Emil an die Hand und ebnete einen Weg zur Stiege.

»Können wir mit dem Kettenkarussell fahren? Bitte, bitte, bitte«, sagte der kleine Emil, als er das Fahrgeschäft mit den an Ketten baumelnden Sitzen entdeckt hatte. Es befand sich direkt neben dem Eingang zum Riesenradplatz, gegenüber vom Wahrzeichen des Landes, dem Riesenrad.

»Später vielleicht«, sagte Jan und schob ihn vor sich her in Richtung der kleinen Stiege, die neben dem Kettenkarussell zur VIP-Tribüne hinaufführte. Auch hier herrschte ein dichtes Gedränge, doch konnte man hier oben auch mal kurz stehen bleiben, ohne sofort von jemandem angerempelt oder weitergeschoben zu werden. Valerie begrüßte die Freundin von John, die sie, gelangweilt am Geländer stehend, kurz zuvor entdeckt hatte. Jan schüttelte derweil einige Hände von Menschen, die glaubten, es sich mit ihm gut stellen zu müssen. Er genoss diese Aufmerksamkeit und Wertschätzung. Diese galt natürlich in erster Linie seiner Funktion und der damit verbundenen Nähe zum Obersten. Aber nach all den für ihn nicht gerade erfolgreichen Jahren der Pseudodemokratie war ihm das nun egal. Die Leute hätten auch vor ihm auf dem Boden kriechen können und er hätte ihnen dabei genauso wohlwollend zugenickt wie in diesem Moment, als sie ihm ihre Hände entgegenstreckten.

Das Pratersymphonieorchester, das auf Initiative des Obersten zwei Jahre zuvor gegründet worden war und das nun neben einer überdimensionalen Leinwand auf einer Terrasse auf der gegenüberliegenden Seite des Riesenradplatzes Aufstellung genommen hatte, begann den Pratermarsch zu spielen. Jan erinnerte die Melodie entfernt an eine Mischung aus Radetzky-Marsch und Donauwalzer, ein kruder Mischmasch aus zackiger Marschmusik und sinfonischen Walzerklängen. Das Einsetzen des Orchesters war das Signal für alle Besucher der VIP-Tribüne, baldigst ihre Plätze einzunehmen.

Jan sah auf seine Armbanduhr. Kurz vor zwölf. Nur noch wenige Minuten würde es dauern, bis der Oberste auf der Bildfläche erscheinen und seine Rede vortragen würde. Jene Rede, für die Jan die vergangenen zwei Nächte durchgearbeitet, Worte hin- und hergewogen und immer wieder deren Reihenfolge vertauscht hatte.

»Wann hören die endlich zu spielen auf«, murmelte Jan vor sich hin.

Valerie schien seine Nervosität nicht nur anhand dieser Äußerung zu bemerken. Sie ergriff seine Hand und drückte sie ganz fest.

Als der letzte Ton des Orchesters endlich verstummt war, setzte eine gespannte Stille ein. Hie und da war Gemurmel zu vernehmen, auf der Ehrentribüne wesentlich häufiger als im Publikum weiter unten. Kurze Zeit später erschien das grün-blau-rote Wappen des Praters auf der riesigen Leinwand, über der sich das nun stillstehende Riesenrad in den Himmel schraubte. Das gestreifte Wappen des Praters mit der roten Brücke in seiner Mitte schien auf dem Bildschirm zu wehen, wie eine Fahne, die von einem sanften Windhauch bewegt wird. Nun hätte man tatsächlich einen Praterschilling fallen hören können, so gespannt warteten die Massen auf die Rede des Obersten.

Als schließlich das markante, schmale Gesicht des Obersten auf dem Bildschirm erschienen war, brandete stürmischer Applaus auf. Der Schnurrbart, sein Markenzeichen, war akkurat geschnitten.

Das Orchester stimmte eine Trompetenfanfare an, sodass man sich in die Zeit des alten Rom und die Ankunft eines Kaisers zurückversetzt fühlen konnte. Jan sah zu seinem Sohn, der voller Ehrfurcht zum Obersten aufsah und darauf wartete, was nun Spannendes passieren würde. Eine Spannung, die sich so nicht in Valeries Gesicht widerspiegelte.

Während des achtminütigen Respektbeifalls musterte Jan die Reihen der Ehrentribüne vor ihm. Abordnungen aus mehreren befreundeten Staaten waren anwesend. Präsident Reimann aus Simmering hatte seinen Stellvertreter geschickt, auch aus Liesing und Favoriten waren hochrangige Delegierte erschienen. Die Vertreter der verschiedenen Glaubensgemeinschaften waren genauso anwesend wie die Chefs von Bauern- und Wirtschaftskammer. Vor allem unter der Bauernschaft, die in den vergangenen Jahren mit der Zuteilung zahlreicher Gründe im hinteren Bereich des Praters eine große Aufwertung erfahren hatte, erfreute sich der Oberste großer Beliebtheit. Eine Reihe vor ihm entdeckte Jan die Abgesandte des Praters zur Wiener Vollversammlung, die aufgrund ihrer dort zur Schau gestellten Härte den Beinamen Madame Eisenfaust verpasst bekommen hatte. Und auch Magda Waldsee, die Vorsitzende des Komitees der im Prater lebenden Mariahilfer Minderheit, war direkt neben den ausländischen Würdenträgern platziert worden. Ein starkes Zeichen für die Wertschätzung und Respektierung der Regierung des Obersten gegenüber der größten Minderheit. Jan hatte bei der Planungsbesprechung extra auf den symbolischen Wert dieser Sitzordnung hingewiesen.

Aufgrund der schwierigen wirtschaftlichen Rahmenbedingungen der vergangenen Monate und der latenten Bedrohungen durch die Danubier vom anderen Donauufer sowie Anschläge und Terror in den Nachbarstaaten sehnten sich die

Menschen im Prater nach mutmachenden Worten des Obersten. Und sie sollten sie bekommen, dafür hatte Jan gesorgt.

»Werte Bürgerinnen und Bürger des Praters!«, hörte Jan den Obersten seine Rede beginnen.

Was nun folgte, konnte Jan eins zu eins im Kopf mitreden, denn der Oberste hielt sich wortgenau an das Skript, das Jan an diesem Morgen an das Büro des Staatschefs übermittelt hatte.

Der Oberste geißelte die beiden Staaten jenseits der Donau dafür, dass sie infolge der Grundwasserkatastrophe im Jahr 2022 die eigene Bevölkerung, die Danubier, nicht an der Flucht über die Donau gehindert hatten. Erst diese unverantwortliche Politik habe es nötig gemacht, drastische Grenzsicherungsmaßnahmen an den Ufern der Donau am Handelskai zu ergreifen, um die Flüchtlinge vom unregistrierten Betreten des Praters abzuhalten.

»Es sind keine Menschen, es sind Primaten, die nicht in den Prater gehören, sondern in einen Zoo!«*, schrie einer aus der Menge, und die Umstehenden spendeten ihm spontanen Applaus. Jan versuchte herauszufinden, wer der Zwischenrufer war, und meinte John erkannt zu haben.

Anschließend lobte der Oberste das Land Niederösterreich, so wie Jan es formuliert hatte, für seine verantwortungsvolle Politik der Grenzsicherung, wodurch sich die Epidemien im damals noch zu Wien gehörenden Gebiet der Danubier nicht auch noch in den angrenzenden niederösterreichischen Bezirken Korneuburg und Gänserndorf ausbreiten konnten. Dann sprach er sein Lob aus für die zahlreichen Bürgerinnen und Bürger des Praters, die für die im Flüchtlingsquartier im Augarten untergebrachten Danubier Lebensmittel spendeten. »Auch ihr habt nicht viel, das wissen wir«, sagte der

Oberste. »Aber eure Hilfsbereitschaft für diese armen, von ihrer Regierung im Stich gelassenen Subjekte ist aller Ehren wert.« Was den Obersten zu seinem Lieblingsthema kommen ließ, der Flüchtlingspolitik in der benachbarten Brigittenau. Im Gegensatz zur Brigittenau habe man eine wohl dosierte Zahl von dreihundert Flüchtlingen aufgenommen und sich nicht überrennen lassen. Und das war dann auch gleich das Stichwort, mit dem sich der Oberste so richtig in Rage reden konnte. Die Präsidentin der Brigittenau habe mit ihrer unvernünftigen Willkommenspolitik überhaupt erst dafür gesorgt, dass die Danubier mit ihren Krankheiten und ihrer angeborenen Kriminalität am Ufer des Praters Fuß fassen konnten. Den Sperrwall an der Innstraße bezeichnete der Oberste als »Notfallmaßnahme, die uns von unseren Feinden im Ausland aufgezwungen worden ist«.

Tonalität und Sprachmelodie wogten hin und her, es war eine rhetorische Meisterleistung des Obersten, der wie kein anderer gedruckten Worten Leben einhauchen konnte. Der wusste, wo er die Menschen inhaltlich abholen musste und dass er am Ende einer solch aufwühlenden Rede einen optimistischen Ausklang finden musste. »Wir schaffen das!«, schrie er zum Abschluss aus dem Bildschirm und brachte die Menge dadurch zum Toben. Und dann fügte er noch etwas hinzu, das selbst Jan als Autor der Rede überraschte, denn dieser Teil der Rede stammte nicht aus seiner Feder. »Im kommenden März werden wir die Wiener Weltsportspiele veranstalten«, rief der Oberste. »Und wir werden mit der uns eigenen Kraft dafür sorgen, dass dieses sportliche Großereignis ein Fest für alle Menschen werden wird!«

Das war es, was die Bürger des Praters gebraucht hatten. Etwas, das sie mit Vorfreude und Stolz in die Zukunft blicken ließ!

»Wir schaffen das, Unsere Kraft im Prater!«, rief der Oberste erneut.

Diese Worte markierten das Ende der Ansprache des Obersten. Anschließend erschien erneut die im virtuellen Wind wehende Fahne des Praters und Jubel brandete auf.

»Irgendwo habe ich das schon mal gehört«, schrie Valerie ihrem Mann ins Ohr.

»Was meinst du?«, fragte Jan, der sich nicht sicher war, ob er sie richtig verstanden hatte.

»Diesen Spruch, das *Wir schaffen das*. Das habe ich schon mal gehört.«

Jan wusste nur zu genau, wo seine Frau diese Worte zuletzt gehört hatte. Er hatte sie gewählt, als sie ihm im *Balthasar* von der erneuten Schwangerschaft erzählt hatte. Und nachdem ihm bis zum gestrigen Abend kein besserer Schlusssatz für die Rede des Obersten eingefallen war, zweckentfremdete er seine eigenen Worte kurzerhand und fügte sie in die Rede des Obersten ein. Was bei Valerie gewirkt hatte, müsste schließlich auch bei der Bevölkerung des Praters wirken. Und er sollte Recht damit behalten.

»Da hast du dich aber wieder mal selbst übertroffen«, rief John, an seinem Schreibtisch sitzend, zu Jan hinüber, nachdem dieser das Gemeinschaftsbüro im T-Tower betreten hatte. »Da würde man ja fast schon selbst optimistisch werden.«

»Dafür habt's ihr mich ja«, sagte Jan mit reichlich Stolz in der Stimme. »Wenn der Oberste sich von eurem Pessimismus inspirieren lassen würde, hätten die Leute den Glauben an unsere Sache ja schon längst verloren und die Danubier hätten uns schon längst überrannt. Dann würde es uns so gehen wie den unverbesserlichen Gutmenschen in der Brigittenau und ihr würdet alle auf der Straße hausen, während es sich die Danubier in euren Wohnungen gemütlich machen.«

Jan setzte sich an seinen Schreibtisch. Er betrachtete das Foto von Valerie und Emil, das neben dem Bildschirm stand. Ein wohliges Gefühl machte sich in ihm breit. Anschließend sichtete er auf seinem Bildschirm die einlaufenden Reaktionen der Presse und der anderen Wiener Stadtstaaten auf die Rede des Obersten. Gemäß dem in den vergangenen Jahren verfestigten Freund-Feind-Schema verliefen die Reaktionen. Hagelte es aus der Herkunftsregion der Flüchtlinge auf der anderen Seite der Donau sowie aus der Brigittenau harsche Kritik ob des in der Rede zum Ausdruck gebrachten Beharrens auf der restriktiven Flüchtlingspolitik, erntete der Oberste durch die Flächenbezirke südlich des Donaukanals breite Zustimmung. Von Politik mit Weitblick und einem begrüßenswert realistischen Zugang war dort die Rede. Der Präsident von Simmering, Rudolf Reimann, bezeichnete den Obersten gar als Vorkämpfer für die freien Staaten, die aus dem ehemaligen pseudodemokratischen Wien hervorgegangen waren.

»Scheint, dass wir unser Ziel erreicht haben«, stellte Jan zufrieden fest.

»Das sehen sie auf der anderen Seite der Donau wohl nicht ganz so«, antwortete Mahmoud, der neben ihm an seinem Schreibtisch saß und eifrig in die Tasten haute.

»Die waren auch nicht die Adressaten unserer kleinen Ansprache«, antwortete Jan. »Es galt immerhin, die eigenen Reihen zu schließen. Gibt es schon eine Reaktion der Wiener Vollversammlung?«, fragte er anschließend.

»Nein, noch nicht«, antwortete Helena. »Aber die Vollversammlungskorrespondenz hat eine Sitzung für vierzehn Uhr angekündigt. Die Brigittenau wird wohl erneut versuchen, die Vollversammlung von einer Resolution gegen den Prater zu überzeugen. Aber unsere Simmeringer Verbündeten werden kein My nachgeben und jede Resolution blockieren.«

Die Verwendung des zwölften Buchstabens des griechischen Alphabets in diesem Zusammenhang gehörte zu jenen Dingen, die Jan an Helena ganz besonders nett fand.

»Aber der Generalsekretär der Wiener Vollversammlung wird dann sicher ...«.

»Nichts wird der Generalsekretär«, unterbrach Jan Mahmoud. »Der soll sich lieber mal die Zustände in dem Flüchtlingscamp auf dem Nordwestbahnhofgelände in der Brigittenau ansehen. Unsere Patrouillen an der Taborstraße haben alle Hände voll zu tun, das Einsickern von Terroristen, die in den Slums des ehemaligen Nordwestbahnhofs ausgebildet worden sind, zu verhindern.«

Auf dem Weg nach Hause versuchte Jan herauszufinden, ob die Rede des Obersten bei den Menschen auf der Straße etwas verändert hatte. Ob er mehr Hoffnung an ihren Gesichtern ablesen konnte. Ob sie weniger trist auf den Boden starrten, so wie es ihm in den Monaten zuvor immer häufiger aufgefallen war. Blickten die Menschen nur noch auf den Boden, besaßen sie keine Zuversicht mehr. Es gab dann für sie nichts mehr zu entdecken, weswegen es sich lohnen würde, den Blick in die Ferne schweifen zu lassen. In einer hoffnungsvollen und positiven Gesellschaft ist der Blick der Menschen auf den Horizont ausgerichtet. Doch als er an diesem Abend durch die im Dunkeln liegende Rotensterngasse marschierte, kam ihm kaum eine Menschenseele entgegen. Und jene Personen, die er antraf, sahen überall anders hin, nur nicht geradeaus. Auf ihren Saiger, um die neuesten

Informationen des Obersten zu empfangen. In die Luft, um einen Drohnenangriff aus der Brigittenau möglichst frühzeitig ausmachen zu können. Oder auf den Gehsteig. Hatten Jans Worte, die er dem Obersten in den Mund gelegt hatte, ihre Wirkung verfehlt?

Als er an diesem Abend nach Hause in die gemeinsame Wohnung im dritten Stock des Gebäudes mit der Hausnummer 30 in der Rotensterngasse kam, brannte auf dem Flur kein Licht. War Valerie ausgegangen? Trotz der um 22 Uhr beginnenden Ausgangssperre, die zum Schutz der Bevölkerung vor nächtlichen Drohnenangriffen und terroristischen Attacken eingeführt worden war? Sie hätte nur noch eine halbe Stunde Zeit gehabt, bevor sie wieder zuhause hätte sein müssen. Gewiss, mit einem Verweis auf die Position ihres Ehemannes hätte sie jeder Sanktionierung durch die Freiheitspolizei entgehen können. Trotzdem gehörte es sich nicht.

Jan hängte seinen Mantel und seinen Hut an die Garderobe und entledigte sich seiner Schuhe, die er neben den Kasten mit den Mänteln auf den hellen Laminatboden stellte.

»Valerie?«, rief er in einer Lautstärke, die es erlaubt hätte, ihn in jedem noch so entlegenen Winkel der Wohnung zu hören. »Bist du zuhause?«

Keine Reaktion. Er ging den Flur entlang, um an dessen Ende einen Blick in das Wohnzimmer zu werfen. Lediglich die Stehlampe neben dem Sofa verströmte Licht, welches das Zimmer durch den rosafarbenen Schirm in ein pinkes Ambiente tauchte. Doch die Rollläden waren entgegen der Verdunkelungsanweisung geöffnet. Jan ging zum Fenster und ließ den Sichtschutz mit einem knatternden Geräusch herab. Aber von Valerie war weit und breit nichts zu sehen. Auch in der Küche war sie nicht.

Jan ging im Flur einige Meter zurück und drückte vorsichtig die vergoldete Klinke jener Tür nach unten, hinter der das gemeinsame Schlafzimmer lag. Mit einem Knarzen öffnete sich die gut zweimeterfünfzig hohe weiße Holztür und gab einen diffusen Blick in das im Dunkeln liegende Schlafzimmer frei.

»Valerie?«, fragte er nun mit deutlich leiserer Stimme.

Keine Reaktion. Er wollte die Tür bereits wieder schließen, als er meinte, ein leises Wimmern zu vernehmen. Wie von einem Hund, der vor Sehnsucht nach seinem Herrchen in einer Ecke kauerte.

»Valerie?«, fragte er erneut. »Bist du hier?«

Wieder dieses leise Wimmern. Er betrat das Zimmer, an dessen länglicher Wand das große weiße Doppelbett stand. Die bunte Bettwäsche lag ordentlich zusammengelegt darauf.

»Valerie, um Gottes willen!«, rief er, als er seine Frau zwischen Bett und Nachtkästchen kauern sah. »Was ist denn passiert?«

Valerie trug lediglich ihr weißes Nachthemd. Es musste sie doch frösteln, auch wenn die Temperaturen in den Nächten noch nicht unter null Grad lagen. Aufgrund der Energiesparmaßnahmen schalteten die an allen Heizungen angebrachten Smartgritter die Heizungen erst um Mitternacht frei. Selbst Privilegierte wie die Keplers konnten daran nichts ändern. Valerie lag da wie ein Häufchen Elend, in Embryonalstellung, regte sich nicht, schluchzte nur leise vor sich hin.

Jan kniete sich neben Valerie auf den Boden.

»Was ist denn los?«, fragte er und nahm sie in die Arme. »Ist etwas mit dem Baby?«

Valerie schüttelte sanft den Kopf.

»Ist Emil etwas zugestoßen?«

Wieder ein Kopfschütteln, begleitet von leisem Schluchzen.

»Sprich mit mir, Valerie, was ist denn passiert?«

Er sah sie fassungslos an. Was konnte nur geschehen sein, dass sie hier so aufgelöst auf dem Boden kauerte. Noch nie zuvor hatte er seine Frau in einem solchen Zustand vorgefunden.

»Nichts«, sagte sie ganz leise. »Es ist nichts passiert.«

»Was soll das heißen, es ist nichts passiert?«, fragte er. »Und warum liegst du dann hier auf dem Boden?«

»Ich halte das alles einfach nicht mehr aus«, wimmerte sie.

»Was meinst du mit ›das alles‹?«

»Einfach alles. Das ist doch kein Leben.«

Meinte Valerie ihre Ehe? Hatte sie sich in einen anderen Mann verliebt? Vielleicht in diesen Kerl aus dem zweiten Stock, der ihr schon viel zu lange schöne Augen machte? Oder ein Arbeitskollege im Kino, in dem sie arbeitete? Wenn er den Kerl zwischen die Finger bekäme, würde er ihn eigenhändig dem Spezialkommando der Freiheitspolizei übergeben.

»Gibt es einen anderen Mann?«, fragte er mit zittriger Stimme.

Nun drehte sich Valerie aus ihrer seitlichen Lage und sah ihm, der über sie gebeugt war, in die Augen.

»Du verstehst gar nichts. Nichts verstehst du!« Womit sie nicht ganz falschlag. Jan verstand in diesem Moment wirklich nicht, wo das Problem lag. »Dieses ganze Leben. In diesem Gefängnis! Das halte ich einfach nicht mehr aus. Ständig in der Angst, dass jemand meine Identität als Danubierin entdeckt. Ständig die Sorge, in was für eine Welt wir Emil und das Baby entlassen. Abgeschottet von der restlichen Welt, diese totale Überwachung. Einfach alles. Und worüber machst du dir Gedanken?«, fragte Valerie mit verächtlicher Stimme. »Darüber, dass ich mit einem anderen Mann ficke. Das ist so typisch.«

Das Jammern und Schluchzen war einem verhärmten Gesichtsausdruck und einem Fünkchen Trotz in ihrer Stimme gewichen.

»Aber uns geht es doch gut«, versuchte er sie zu beruhigen. »Denk doch nur an die armen Schweine in der Brigittenau. Oder die Menschen in den Krisengebieten auf der anderen Seite der Donau, wo es nicht mal sauberes Trinkwasser gibt. Würdest du wollen, dass unsere Kinder dort aufwachsen, wo sie praktisch keine Chance hätten, älter als zehn Jahre alt zu werden. Oder wo sie glücklich sein müssten, wenn sie eines der Adoptionskommandos aus ihrem Elend befreit?«

»Mir geht es nicht besser, nur weil es anderen noch schlechter geht«, antwortete Valerie mit bitterer Stimme. »Erkennst du denn nicht, in welcher Unfreiheit wir hier alle vegetieren. Was ist denn das für ein Leben, in dem man auf Schritt und Tritt überwacht wird? Wo man kein Auto mehr besitzen darf, angeblich aus Umweltschutzgründen! Wo man keinen Computer und kein Smartphone mehr haben darf, angeblich aus Sicherheitsgründen! Es ist, als ob man in einem monotonen Leben einfach auf seinen Tod wartet.«

»Aber was redest du denn da?«, fragte er erstaunt. Noch nie hatte Valerie solche Gedanken geäußert. Das musste ganz offensichtlich an den durch die Schwangerschaft ausgelösten Hormonen liegen.

»Du hast doch Emil. Und deine Arbeit als Geschäftsführerin des *Praterplex*. Das hat dir doch immer Spaß gemacht!«

»Das *Praterplex*«, sagte Valerie und lachte stumpf. »Dort laufen die Heimatfilme aus der Mitte des vergangenen Jahrhunderts in Endlosschleife. Wenn ich nur den Vorspann vom Weißen Rössl am Wolfgangsee sehe, bekomme ich schon das Kotzen.«

»Und Emil?«, versuchte er sie auf andere Gedanken zu bringen. »Er bereitet uns doch so viel Freude.«

»Das tut er, natürlich. Aber wenn ich mir vorstelle, wie er mit sechs Jahren in den Kinderhilfsdienst der Freiheitspolizei eingegliedert wird und in Jeans und gelbem Hemd über die Praterstraße paradieren muss, kotze ich gleich noch viel mehr.«

»Und was ist mit *uns*? Wir haben doch noch immer uns!«

»Was ist denn dieses uns? Die Citytrips nach Simmering, wenn du mal ein Wochenende im Quartal freihast? Oder die gemeinsamen Kaffeehausbesuche im *Balthasar* oder im *Supersense*, die schon längst keinen richtigen Kaffee mehr ausschenken können, weil ihnen dafür die Rohstoffe fehlen? Deren ursprüngliche Besitzer längst enteignet worden sind, damit die Cafés den Günstlingen deines Obersten zugeschanzt werden konnten? Die Anti-Zigaretten- und Anti-Alkohol-Kampagnen, die nur gestartet worden sind, um zu kaschieren, dass sich niemand im Prater diese Produkte noch leisten kann? Oder meinst du vielleicht die raren Spaziergänge über die Hauptallee im Prater, an deren Rändern schon längst keine Kastanien mehr stehen, sondern sich die Erdäpfel- und Rübenfelder erstrecken? Auf denen nicht mal etwas wächst, weil der Prater die Saatgut-Lieferungen aus Simmering längst nicht mehr bezahlen kann!«

Es musste sich bei Valerie ganz eindeutig um eine hormonelle Schädigung handeln. Die notwendigen Maßnahmen zur Aufrechterhaltung der freien Gesellschaft im Prater derart zu kritisieren, sah ihr ganz und gar nicht ähnlich. Gerade sie, mit ihrer Biografie, sollte doch eigentlich sehr zu schätzen wissen, dass sie hier in Frieden leben konnte. So viel Undankbarkeit gegenüber dem Obersten hatte Jan ihr nicht zugetraut. Er nahm sich vor, noch am nächsten Tag einen Termin für sie bei Doktor Scherer im Krankenhaus des Barmherzigen Obersten in der Schmelzgasse zu vereinbaren. Er würde sicher eine passende Therapiemöglichkeit kennen, um ihre Depressionen zu lindern.

4 (DONNERSTAG)

Valerie war an diesem Morgen zu keinem Gespräch über den vergangenen Abend bereit. Sie saß stumm am Frühstückstisch in der Küche und machte sich anschließend auf den Weg, um Emil in die Volksschule zu bringen. In der Folge wollte sie in ihr Büro im *Praterplex* fahren. Allein eine solche begehrte Anstellung in jenem modernen und riesigen Kino würde die meisten Bewohner des Praters bis ans Ende ihrer Tage glücklich machen, dachte sich Jan. Als er die Wohnung verließ und hinter sich die Wohnungstüre abschloss, war er immer noch fassungslos über Valeries undankbares Gejammere.

»Unsere Kraft im Prater!«, begrüßte Jan seine Kollegen im Büro. »Was gibt's Neues?«, fragte er Mahmoud.

Hinter dem Mitarbeiter lagen zehn Stunden Nachtschicht. Die drei Stunden Schlaf, die nun in der Schlafkoje auf ihn warteten, hatte er sich redlich verdient.

»Für heute Nacht hat die Freiheitspolizei vier Boote gemeldet, die versuchten, von der Donauinsel zum Handelskai überzusetzen. Zwei von ihnen konnten wir bereits in der Flussmitte versenken, die anderen beiden haben unser Ufer erreicht. Unsere Sicherheitskräfte haben die Boote unbrauchbar gemacht und zur Verwertung in die Freudenau weitertransportiert. Mit den neun Insassen wurde gemäß regulärem Verfahren umgegangen.«

»Na das hört sich ja nach einer halbwegs ruhigen Nacht an.«

Mahmoud hatte gerade sein verdientes Power-Nap angetreten, als auch Helena und John die Tür zum Oval Office aufstießen. So nannten sie das Büro scherzhaft, denn in der Mitte des Raumes befand sich ein ovaler blauer Teppich.

»Guten Morgen«, sagte Jan.

Von Helena gab es nur ein freundliches Nicken. John grüßte höflich zurück.

»Rausschmeißen, das Pack«*, sagte er, als er die neuesten Nachrichten auf seinem Bildschirm las. »Kann man so etwas nicht entsorgen?«*

Gerade als Jan ihm zustimmen wollte, läutete sein Smartphone. Es war das Vorzimmer des Obersten, das um sofortiges Erscheinen bat.

In Jan machte sich Unruhe breit. Hatten sich Valeries Ausfälle des vergangenen Abends bereits bis in die höchsten Ebenen herumgesprochen? Hatte sie aus Versehen die Mikrofonfunktion ihres Saigers aktiviert, der das Gespräch direkt in die Zentrale der Freiheitspolizei im A-Tower am Donaukanal transportiert hatte? Ein solcher Fauxpas hätte fatale Folgen, nicht nur für Jans Karriere, sondern für das gesamte Leben der Familie. Valerie würde ihre Position im *Praterplex* und Emil seinen Platz in der Volksschule verlieren. Seine Aufnahme in die Jugendorganisation der Freiheitspolizei sowie eine spätere Karriere bei den Sicherheitskräften würde für alle Zeiten ausgeschlossen sein.

Jan fuhr mit dem Aufzug hinab in den zwölften Stock. Die Büros in dieser Etage waren menschenleer. Aus Sicherheitsgründen war dieses Stockwerk nicht besetzt, denn von hier aus führte dreißig Meter über der Taborstraße eine Glasbrücke zum benachbarten Sitz des Obersten im E-Tower, in dem sich früher das Fünf-Sterne-Hotel einer französischen Hotelkette befunden hatte. Jan passierte die Sicherheitsschleuse und blieb anschließend vorschriftsmäßig stehen. Der Leibgardist begann mit dem Abtasten mittels

Röntgentaster, während ein weiterer Leibgardist das vom Röntgentaster übermittelte Ganzkörperscreening von Jans Kleidung und Körper auf einem Bildschirm verfolgte. Jan beobachtete die aufwendige Prozedur schon gar nicht mehr wirklich, stattdessen ließ er seinen Blick von der Glasbrücke hinunter auf den Donaukanal wandern. Von hier oben hatte man einen ausgezeichneten Blick auf die Grenzstation auf der Schwedenbrücke. Dort herrschte kaum Betrieb, die Grenzbalken auf der Seite des Praters waren geschlossen, nicht einmal Fußgänger nutzten die Gelegenheit für den Grenzübertritt über den Donaukanal, auf dessen Grund die Marinetaucher der Freiheitspolizei im vergangenen Winter einen Minengürtel verlegt hatten.

Auf der Seite des E-Towers wurde Jan erneut von zwei Angehörigen der Leibgarde des Obersten gescreent. Als ob er auf der zehn Meter langen Glasbrücke auch nur die geringste Möglichkeit gehabt hätte, sich zu bewaffnen oder etwas Waffenähnliches an sich zu nehmen. Aber Sicherheit ging vor, das wusste jeder, der in einem der sechs Regierungstower am Donaukanal arbeitete, die im Regierungsbezirk lagen.

Im P-Tower, dem ersten Hochhaus auf der Höhe der Salztorbrücke war die *Abteilung für direkte soziale und wirtschaftliche Leistungen* untergebracht. Im Jahr 2025 war auf den Dächern der im Regierungsbezirk gelegenen Hochhäuser aus Anlass des zweijährigen Gründungsjubiläums des Praters ein überdimensionaler Schriftzug montiert worden. Jedes der sechs Hochhäuser trug seither einen Buchstaben auf seinem Dach. Blickte man vom Südturm des Stephansdoms in Richtung Donaukanal, ergab sich dadurch der Schriftzug *Prater*. Im an den P-Tower angrenzenden Gebäude, auf dessen Dach ein R prangte, befand sich unter anderem die *Abteilung für direktes Recht und Gerechtigkeit.*

Der A-Tower war für die Freiheitspolizei adaptiert worden. Neben T- und E-Tower, die sich an der Taborstraße direkt gegenüberstanden, komplettierte der R-Tower bei der Aspernbrückenstraße das Ensemble. In ihm befand sich mit der Firmenzentrale von *Qurage* das Hauptquartier des wichtigsten Unternehmers des Praters: Igor Asanin.

Ein Mitglied der Leibgarde geleitete Jan zur Aufzugshalle. Der Mann stand, ohne ein Wort zu sagen, neben ihm und wartete mit Jan gemeinsam auf das Ertönen des akustischen Signals, das den eintreffenden Lift signalisieren würde. Für Smalltalk war diese Situation nicht geeignet, deswegen verkniff sich Jan jeden Kommentar. Beide Männer betraten die komplett in weiß gehaltene Aufzugskabine, der Leibgardist steckte einen Schlüssel in eine dafür vorgesehene Öffnung und drückte sogleich den obersten Knopf. Die Türen des Aufzugs schlossen sich und der Lift sauste nach oben. Für Jan ein mulmiges Gefühl. Noch nie zuvor war er bis in die Privatgemächer des Obersten vorgelassen worden. Dieser pflegte seine engsten Mitarbeiter in der Regel im Konferenzraum zu empfangen, der einige Etagen weiter unten lag. Aber niemals in seiner intimsten Umgebung. Niemals.

Der Leibgardist deutete zum Empfang, als der Lift die beiden oben ausgespuckt hatte.

Jan bedankte sich für den Begleitservice und betrat den ganz mit schwarzen Fliesen ausgekleideten Flur. An dessen Ende stand eine dunkelhäutige Dame in schwarzem Kostüm hinter einem Desk. Hätte sie nicht blondierte Haare gehabt, hätte man sich schwergetan, sie angesichts der dunklen Raumgestaltung zu entdecken.

»Kepler, zweihundertsechzehn«, stellte er sich vor.

Wann immer er seinen Namen und seine Kennnummer zur Identifizierung vortragen musste, war er heilfroh, dass er als Teil der Privilegierten eine dreistellige Nummer nennen konnte. Alle anderen mussten sich mit einer sechsstelligen Zahl herumschlagen. Am einfachsten hatte es natürlich der Oberste, der in der Theorie die Nummer eins sein Eigen nannte. In der Theorie deshalb, weil er seine Kennnummer natürlich niemals in der Praxis vorweisen musste. Jeder wusste, wen er vor sich hatte, wenn der Oberste vor ihm stand.

»Sie werden bereits erwartet«, sagte die Dame und öffnete eine neben ihrem Desk befindliche Milchglastür, durch die Jan nun die Privatgemächer des Obersten betrat.

Die tief stehende Novembersonne schien ihm durch die Glasfassade des obersten Stockwerks genau ins Gesicht, sodass er erst überhaupt nichts erkennen konnte. Er war schon in Zeiten der Pseudodemokratie hier oben gewesen, als sich noch ein Restaurant und ein Café in diesen Räumlichkeiten befanden. Die von einer Künstlerin gestaltete bunte Decke hatte sich damals bei dekadenten Touristen und Mitgliedern der pseudodemokratischen Elite großer Beliebtheit erfreut. Deshalb war es eine der ersten Amtshandlungen des Obersten gewesen, die avantgardistische Deckengestaltung abnehmen zu lassen und stattdessen das überdimensionale Wappen des Praters auf die Decke auftragen zu lassen. Blickte Jan nach oben, sah er nun die grün-blau-roten Farben mit dem Brückensymbol im Licht der Herbstsonne erstrahlen. Es war für ihn ein wahrhaft erhabener Moment.

»Gedulden Sie sich bitte einen Augenblick, der Oberste befindet sich noch in einem Privatgespräch«, sagte ein junger Mann in weißer Uniform, der auf Jan wie ein Kellner wirkte. Jan nahm auf einem weißen Sofa Platz und ließ seinen Blick durch das riesige Penthouse wandern. Wo früher die Restauranttische gestanden hatten, befanden sich nun edle Möbel, wie man sie auch im Wohnzimmer eines herrschaftlichen Palais erwarten würde. Der Oberste hatte bei einer Besprechung die Qual der Wahl, welche Sitzgruppe er als geeigneten Ort für die Besprechung auswählen würde. Allein drei Couchtische mit angeschlossenen Sitzmöbeln konnte Jan von seinem Standort ausmachen. Und dabei überblickte er vielleicht gerade mal ein Drittel der gesamten Wohneinheit des Obersten. Eine Verschwendung von Möbeln und Platz, die den Mitarbeiter der *Abteilung für direkte Wahrheit* überraschte.

»Kepler, da bist du ja«, hörte Jan auf einmal die Stimme des Obersten seinen Namen rufen.

Jan erhob sich und machte einige Schritte, stets begleitet von der Sonne, die ihm von links ins Gesicht schien. Jan erkannte den Obersten, wie er sich gerade von einem Mann verabschiedete. Dessen Identität war für ihn aufgrund der grellen Lichtverhältnisse nicht gleich ersichtlich. Erst als sich der Mann vom Obersten verabschiedet hatte und auf ihn zukam, erkannte Jan in ihm den Wirtschaftsmagnaten Igor Asanin, den neben dem Obersten wohl bedeutendsten Mann im ganzen Prater. Ihm gehörten nicht nur der Hafen Freudenau, die Rennbahn und der Golfklub, sondern auch große Ländereien im Prater sowie die dort in den vergangenen zehn Jahren entstandenen landwirtschaftlichen Betriebe. Die pseudodemokratische Lügenpresse im Ausland bezeichnete Asanin aufgrund seiner Nähe zum Obersten als Prater-Oligarchen. Eines der vielen Beispiele, wie Fleiß und Geschäftssinn von den Handlangern der ehemaligen pseudodemokratischen Elite in den Dreck gezogen wurden, davon war Jan felsenfest überzeugt. Was diese dafür gerne aussparten, waren seine wohltätigen Aktivitäten für die Bevölkerung des Praters. Die Obdachlosenspeisung für jene Menschen, die aufgrund des Sperrwalls an der Innstraße ihre Wohnungen verloren hatten, wurde von einer Firma Asanins unentgeltlich durchgeführt. Und nur der zu seiner Unternehmensgruppe gehörenden Landwirtschaftsfirma und deren Anbauaktivitäten im Grünen Prater hatte man es zu verdanken, dass sich der Prater zumindest zu einem Gutteil selbst versorgen konnte und somit vom Ausland unabhängig war. Auch das große Skipistenprojekt auf der Jesuitenwiese, das im Winter maßgeblich zum Tourismus des Landes beitrug, konnte nur dank der Unterstützung durch Igor Asanin realisiert werden.

Jan grüßte Asanin höflich. Auf Augenhöhe mit dem wichtigsten Wirtschaftsführer des Landes und nun ein Privattermin beim Obersten. Diesen Tag würde sich Jan im Nachhinein ganz dick im Kalender markieren.

»Nimm bitte auf dieser Couch Platz«, sagte der Mitarbeiter, der neben dem Obersten stand und gewartet hatte, bis Asanin den Raum verlassen hatte. Anschließend rollte er den Bildschirm in Position, sodass sich Jan und der Oberste in die Augen sehen konnten. »Kann ich dir etwas bringen?«

»Gerne einen Milchkaffee«, sagte Jan.

Der Mitarbeiter verschwand und ließ die beiden Gesprächspartner alleine.

»Ich grüße dich«, sagte der Oberste. »Wie laufen die Dinge?«

»Ich denke, sie laufen gut«, antwortete Jan. »Die Nacht auf der Donau verlief ruhig, von der Innstraße erhielten wir keine Meldungen über Zwischenfälle. Am Donaukanal gab es schon seit Wochen keinen illegalen Grenzübertritt mehr. Die Dinge scheinen sich zu stabilisieren.«

Im Hintergrund hörte Jan das Surren der Kaffeemaschine.

»Das sehe ich ganz genauso«, sagte der Oberste und lächelte.

Als der Oberste Jan gegenüber auf dem Bildschirm zu sehen war, in seiner legeren Kleidung, mit dem akkuraten Kurzhaarschnitt und der getönten Brille, wirkte er so ganz anders als bei seinem Auftritt auf dem Riesenradplatz zwei Tage zuvor. So nahbar. Auf Augenhöhe.

Der Mitarbeiter brachte Jans Bestellung.

»Na, wie schmeckt er? Das ist Kaffee aus Kenia«, sagte der Oberste und lächelte erneut.

Wie lang war es her gewesen, dass Jan echten Kaffee aus echten Kaffeebohnen getrunken hatte? Mindestens acht oder neun Jahre. Dieses Aroma, einfach herrlich.

»Grandios«, antwortete Jan.

»Das freut mich«, sagte der Oberste. »Kepler, ich habe dich natürlich nicht nur zum gemütlichen Kaffeeplausch einbestellt«, fuhr er fort. »Mein sechsjähriges Amtsjubiläum nähert sich mit großen Schritten und ich habe mir gedacht, dass dies ein passender Anlass wäre, um der Bevölkerung des Praters etwas zurückzugeben. Etwas, das meine Dankbarkeit zeigt, für all die Unterstützung, die mir in den vergangenen Jahren für meinen Kurs der wahren Demokratie entgegengebracht wurde.«

»Das würde der Bevölkerung sicherlich gefallen, eine schöne Idee«, antwortete Jan und war gespannt, was sich der Oberste ausgedacht haben könnte. Vielleicht eine Extraration Lebensmittel? Der Winter würde trotz des angeblichen Klimawandels hart werden, extra Kalorien konnten nicht schaden. Oder Erleichterungen bei grenzüberschreitenden Familientreffen? Was wäre besser geeignet, die Moral der Bevölkerung zu heben, als Familienzusammenführungen in der Vorweihnachtszeit?

»Ich habe mich vorhin mit Igor Asanin über die Finanzierung meiner Memoiren unterhalten. Wir planen eine

Auflage von hunderttausend Stück. Das würde es uns ermöglichen, dass jeder Bewohner des Praters eine persönliche Ausgabe erhalten würde. Das würde lange Wartezeiten und Schlangen in der Staatsbibliothek in der Engerthstraße verhindern. Was meinst du?«

Die persönlichen Lebensaufzeichnungen des Obersten also als Geschenk zum Regierungsjubiläum. Nun ja, auch das hörte sich nach einer ausgezeichneten Idee an, dachte sich Jan. Die Bewohner des Praters könnten auf diese Art von den reichen Erfahrungen des Obersten profitieren und dadurch sicherlich in ihrem eigenen Leben Dinge zum Besseren verändern.

»Eine ganz famose Idee«, pflichtete er dem Obersten bei und fragte sich, warum dieser ausgerechnet ihn in diesen Plan einweihte.

»Und ich will, dass du diese Memoiren schreibst«, folgte seine Antwort auf Jans Frage zugleich.

»Ich?«, fragte Jan erstaunt.

»Ja!«, rief der Oberste ihm geradezu entgegen. »Mir schweben vier Sitzungen vor, bei denen du mich zu unterschiedlichen Themen und Abschnitten meiner Regentschaft befragst. Das bildet dann die Basis für meine Memoiren.«

Jan war perplex. So perplex, dass er im Laufe des Nachmittags vollkommen darauf vergaß, den Arzttermin bei Doktor Scherer im Krankenhaus des Barmherzigen Obersten für Valerie auszumachen. Stattdessen saß er nach dem denkwürdigen Treffen im E-Tower an seinem Schreibtisch und überlegte sich, wie er dieser großen Aufgabe auch nur annähernd gerecht werden konnte.

5 (FREITAG)

»Fühlst du dich besser?«, fragte Jan.

Er hatte Valerie einige Minuten dabei zugesehen, wie sie neben ihm im Bett gelegen und geschlafen hatte. Die Beruhigungsmedikamente, die er ihr in der Nachtapotheke in der Taborstraße organisiert hatte, schienen ihr gutzutun. Sie wirkte wesentlich aufgeräumter.

»Es geht«, antwortete sie mit sanfter Stimme.

Sie bekam ihre Augen nur einen kleinen Schlitz weit auf. Zu sehr wurde sie vom Licht geblendet, das durch das Fenster ins Schlafzimmer fiel. Jan war extra früher aufgestanden, um Emil zu versorgen, damit Valerie ein bisschen länger schlafen konnte. In der Zwischenzeit spielte Emil auf seinem Entersaiger. Der Oberste führte auf diesem speziell für Kinder entwickelten Gerät spielerisch durch den Prater, Errungenschaften und Werte des Landes konnten dadurch authentisch erlernt werden. Gleichzeitig wurde der Prater-Nachwuchs damit auf die Gefahren vorbereitet, die dem Prater von fast allen Seiten drohten. Am liebsten spielte Emil das Mini-Game *Schiffe versenken*, bei dem man Boote, in denen mit Krankheiten infizierte Danubier versuchten, über die Donau in den Prater zu gelangen, abschießen musste. Der kleine Kerl lachte bei jedem Kahn, den er mit der Kanone versenkte. Und bei jedem Volltreffer wurde ein kleines Bild des Obersten eingeblendet, der den jungen Schützen für seine Zielgenauigkeit lobte.

Während Valerie sich freigenommen hatte und den Tag mit Emil verbrachte, war es für Jan ein ganz normaler Vormittag im Oval Office. Er hatte in den Tagen zuvor noch nicht alle Vorbereitungen für das erste Interview mit dem Obersten für dessen Memoiren treffen können. Es fehlte noch ein riesiger Berg von alten Zeitungen aus der Zeit des Übergangs von der Pseudodemokratie hin zur wahrhaftigen Demokratie im Jahr 2023. Für die Zeit seit dem Referendum, in dessen Folge der Oberste die Führung des Praters übernommen und diesen in die Unabhängigkeit geführt hatte, war alles ganz hervorragend im Prater-Museum in der Heinestraße archiviert worden. Aus der Zeit zuvor waren jedoch kaum glaubwürdige Quellen überliefert. Die *Praterpost*, die aufgrund ihrer Objektivität einzig zugelassene gedruckte Zeitung, erschien schließlich erst seit dem Amtsantritt des Obersten.

Alle anderen Printmedien, die es bis zu diesem Zeitpunkt gegeben hatte, wurden am Tag nach der Amtsübernahme aufgrund ihrer Nähe zu den herrschenden pseudodemokratischen Eliten verboten. Das als Lügenflamme in die Geschichte eingegangene Fest, bei dem die Archivbände der pseudodemokratischen Zeitungen am Karmeliterplatz öffentlich verbrannt worden waren, war ein großes Spektakel für das gesamte Land. Vor allem das rosafarbene Papier eines besonders arglistigen Lügenmediums hatte damals wie Zunder gebrannt. Am meisten Freude hatten die Jugendlichen, denen es überlassen worden war, eine kritische Wiener Wochenzeitung den Flammen zu übergeben. Die Schlange vor dem Gerüst, von dem sie die Zeitungen und Archivbände ins Feuer werfen konnten, nahm gar kein Ende mehr. Bis in die Schmelzgasse hinein, dort, wo sich das buddhistische Zentrum befand, standen die Kinder mit eilig herbeigeklaubten Ausgaben dieses von der Führung des Praters als Propagandamedium der pseudodemokratischen Eliten gebrandmarkten Wochenblatts.

So hatte sich Jan mit den regelmäßigen historischen Rückblicken der *Praterpost* sowie den Onlinequellen begnügen müssen, damit er eine objektive Einschätzung der Geschehnisse in den Jahren vor 2023 erhielt, die die Basis für das Gespräch mit dem Obersten bilden sollten.

Im Oval Office saß John an seinem Schreibtisch, er hatte kurz zuvor Mahmoud von seiner Nachtschicht erlöst. Helena war in einem Meeting.

»Na, was habe ich verpasst?«, fragte Jan seinen Mitarbeiter und stützte sich mit seinen Händen auf dessen Sessellehne.

»Der Präsident von Rapid Hütteldorf wird in einer Aussendung der Wiener Vollversammlung zitiert. Man müsse die Politik des Obersten«, nun hielt John einen Zettel hoch und las dabei ganz besonders deutlich vor, »entlarven.« Anschließend legte er das Blatt auf den Tisch und spuckte darauf. »Und von diesem Verein war ich früher mal Fan. Dieses fette, asoziale, kriminelle Arschloch müsste man inklusive seiner Angehörigen weghängen. Ich könnte kotzen«, sagte John.*

»Da hat sich halt mal wieder einer vor den Karren der pseudodemokratischen Eliten spannen lassen. Ist doch nichts Neues«, antwortete Jan. »Ich habe übrigens vorhin mit Siegbert Reicher von der Freiheitspolizei telefoniert, für morgen Abend ist eine Razzia geplant. Wir sollen mit einem Kamerateam mitkommen und die Freiheitspolizei dabei filmen, wie sie die terroristischen Drecksschweine festnehmen. Kannst du das übernehmen? Ich muss mich noch für das erste Gespräch mit dem Obersten morgen Abend vorbereiten. Du kannst dich an Chefredakteurin Miroslava Patak wenden, sie ist bereits informiert.«

»Ja klar, mit großer Freude. Ich rufe gleich unten im achten Stock an und bespreche alles Weitere mit ihr.«

Für den Nachmittag hatte Jan einen Termin in der Volksschule seines Sohnes im Terminplaner stehen. Jan nutzte die Gelegenheit und machte einen Spaziergang über die Praterstraße. Die Schule, die sein Sohn seit einem Jahr besuchte, befand sich in der Nepomukgasse, einer Seitenstraße, nicht weit entfernt vom Praterstern. Der Spaziergang half ihm, seine Gedanken zu ordnen. Seine Überlegungen über Valeries Ausfall vom vergangenen Mittwoch sowie seine Gedanken zur anstehenden Erstellung der Biografie des Obersten. Und schließlich seine Ideen für die Schulstunde in der Klasse seines Sohnes, in der Emil ein Referat über seinen Vater halten sollte.

»Unsere Kraft im Prater!«, holte ihn Zlatko auf einmal aus seinen Gedanken.

Auf Anweisung des Obersten wurden Zeitungen nicht mehr in Trafiken angeboten. Stattdessen gab es auf den Straßen nun dutzende fliegende Verkäufer der *Praterpost*, wodurch eine Reihe von neuen Arbeitsplätzen geschaffen worden waren. Einer der Nutznießer war Zlatko, der seither in der Praterstraße auf- und abging und die neueste Ausgabe der *Praterpost* feilbot.

»Unsere Kraft im Prater«, erwiderte Jan den Gruß. »Wie geht's?«

»Immer gut, wenn ich den Signore sehe«, sagte Zlatko und lachte. »Heute schon die *Praterpost* erworben?«

»Nein, noch nicht«, antwortete Jan, was genau genommen einer Lüge entsprach. Denn er bekam die Zeitung natürlich jeden Tag ins Büro geliefert. Aber es war nicht das erste Mal, dass er, um Zlatko zu unterstützen, trotzdem eine Zeitung bei ihm erstand.

Jan wurde bereits an der Eingangstüre der Volksschule von der Direktorin erwartet. Er kannte sie von ihrer früheren

Stelle im Bildungsbüro der *Abteilung für direkte Wahrheit.* Erst vor kurzem war sie zur Leiterin der Schule bestellt worden. Sie war schon damals eine ausgesprochen faule Person gewesen, verfügte aber über die für beruflichen Erfolg nötigen Beziehungen. Der Erleichterungsseufzer ihrer Mitarbeiter im Bildungsbüro, als sie zur Schulleiterin befördert worden war, war im gesamten T-Tower zu hören gewesen. Mit ihren hochtoupierten roten Haaren war sie schon von weiter Ferne aus zu sehen. Die Studienratbrille, die sie nun trug, hatte sie sich offensichtlich erst mit ihrem Wechsel in die Schule zugelegt.

»Die Kinder warten schon«, sagte sie zu Jan.

Eilig gingen sie durch das Treppenhaus in den zweiten Stock des Gebäudes. In der Klasse saßen an die dreißig Kinder im Alter von Emil und warteten artig auf die Direktorin und den Ehrengast. Jan nickte seinem Sohn, der in der zweiten Reihe neben einem Mädchen saß, aufmunternd zu. Anschließend wurde Jan von der Direktorin vorgestellt. Er setzte sich auf einen freien Platz in der ersten Reihe. Dann wurde Emil aufgefordert, nach vorne zu treten und mit dem Vortrag über den Beruf seines Vaters zu beginnen.

»Mein Papa ist der tollste Mensch auf der ganzen Welt und er hat eine ganz, ganz wichtige Berufung im Prater«, legte der kleine Bub los.

In Emils Augen lag der Stolz über die Anwesenheit seines Vaters. Gleichzeitig war ihm die Konzentration ins Gesicht geschrieben, bei seinem Vortrag bloß keinen Fehler zu begehen.

Während sein Sohn in manchmal holprigem Deutsch den von Jan am Vorabend geschriebenen Vortrag vom Blatt ablas, ließ sein Vater den Blick durch das Klassenzimmer schweifen. An der Wand hing eine überdimensionale Karte von Groß-Prater. Die gesamte Brigittenau gehörte bis zum Beginn des 20. Jahrhunderts genauso zum Gebiet des heutigen Praters wie die Dorfschaften Bruckhaufen und Kaisermühlen jenseits der Donau. Egal ob Habsburger-Monarchie, Nationalsozialisten oder pseudodemokratische Nachkriegsregierungen, sie alle hatten keinerlei Probleme damit, das Gebiet des heutigen Praters immer mehr zu verkleinern. Sie alle begingen dadurch Verrat an den Interessen der Bevölkerung, wollten die Lebensfähigkeit des Praters beschneiden, davon war Jan überzeugt. Ein Vorhaben, das nun der Oberste versuchte, rückgängig zu machen. Eines Tages, so lautete dessen Versprechen, würde der Prater wieder in seiner ursprünglichen Ausdehnung und Größe existieren, genauso wie es Henry Praterlier in seiner volkstümlichen Hymne *Von Spitz zu Spitz* formuliert hatte. Darin besang er die Schönheit und Blüte des von Donau und Donaukanal eingerahmten Staatsgebiets des Praters, der vom Nußdorfer Spitz im Norden bis zum Praterspitz im Südosten reichte. Man konnte nicht früh genug damit beginnen, auch den Nachwuchs im Prater für diese Mission zu gewinnen.

Emil erntete von seinen Mitschülern und der Direktorin großes Lob für seinen Vortrag. Wenn Jan nur annähernd so positives Feedback zu seiner Biografie erhalten würde, wäre er schon sehr zufrieden.

6 (SAMSTAG)

Jan war einigermaßen überrascht, als er die Nachricht auf seinem Saiger erhielt, welchen Treffpunkt der Oberste für das erste Interview vorgeschlagen hatte: den Augarten. In der riesigen barocken Gartenanlage standen zwei Hochbunker aus dem 2. Weltkrieg. Laut Kemal Ilgaz, dem persönlichen Beauftragten des Obersten für Aufklärung, waren die beiden Bunker ein ständiges Mahnmal für das Scheitern der internationalen Eliten. Die alten Herrschaftshäuser, die völkermordenden Nationalsozialisten und die pseudodemokratischen Nachkriegseliten seien alle daran gescheitert, der eigenen Bevölkerung wahre Freiheit zu verschaffen, hatte Ilgaz einmal in einer seiner öffentlichen Fragestunden am Volkertmarkt erklärt. Einer der extra engagierten Fragesteller, die sich unters Publikum gemischt hatten, hatte sich damals über die Verbindung zwischen Nationalsozialisten und Regierungen der Pseudodemokratie verwundert gezeigt. Ilgaz hatte dies wie folgt erklärt: Wie auch bei den Nationalsozialisten, habe an den Händen der Nachkriegspseudodemokratien das Blut von Millionen Menschen geklebt, denn deren Wohlstand sei lediglich auf Kosten der Bevölkerungen in Afrika, Asien und Südamerika möglich gewesen. Erst die wahrhafte Demokratie der neuesten Zeit, wie sie im Prater gelebt werde, sei wahrhaft für ihre Menschen da, ohne sich die Hände schmutzig zu machen. Das Erschießen von Flüchtlingen auf der Donau sei der Regierung des Praters lediglich durch fremde Mächte aufgezwungen worden. Diese würden die Regierung des Praters in ihren Grundfesten erschüttern wollen, indem sie den Obersten und sein Gefolge zu solchen angeblich unmenschlichen Notmaßnahmen zwangen.

Der Treffpunkt im Augarten war vor allem aufgrund der Tatsache interessant, dass der von einer hohen Mauer umgebene Park als Sperrgebiet ausgewiesen war, zu dem die Bevölkerung keinen Zutritt hatte. Denn dort waren Flüchtlinge aus Transdanubien, die in den ersten Flüchtlingswellen des Jahres 2022 aufgenommen worden waren, untergebracht. Die Fenster in den Häusern an der Oberen Augartenstraße und in der Castellezgasse, die auf den Augarten zeigten, waren zugemauert worden, sodass deren Bewohner nicht den Anblick dieser Menschen ertragen mussten.

Ein kleines E-Mobil, das früher auf Golfplätzen die dekadenten Eliten von einem Loch zum nächsten gebracht hatte, fuhr Jan zum Haupteingang des Augartens. »Allen Menschen gewidmeter Erlustigungs-Ort von Ihrem Schaetzer«, lautete die Inschrift über dem Tor der Parkanlage. Hätten die damaligen Herrscher des Hauses Habsburg tatsächlich das Wohl ihres Volkes im Auge gehabt, wären später zahlreiche schmerzhafte Entwicklungen nicht notwendig gewesen, dachte sich Jan, als sich das E-Mobil nach Passieren des Haupttores auf den Eingang des ehemaligen Schlosses zubewegte, in dem mit dem feinen Prater-Porzellan einer der Exportschlager des Landes produziert wurde.

Im Inneren des Schlosses wurde Jan im Pratersaal vom Obersten erwartet. Der kreisrunde Raum war mit einem 360-Grad-Wandbild ausgestattet, das einen Rundblick vom Riesenrad aus zeigte. In der Mitte des Saals stand ein runder Tisch, auf dem zwei Gedecke des Prater-Porzellans vorbereitet waren. »Unsere Kraft im Prater! Setz dich, Jan«, sagte der Oberste aus seinem Bildschirm, der auf einem Podest stand.

»Unsere Kraft im Prater«, grüßte Jan und folgte der Aufforderung.

Vor ihm befand sich ein großer Suppenteller, auf dessen Boden das Riesenrad zu sehen war. Auch auf den Stielen von Gabel, Messer und Löffel war das Wahrzeichen des Landes eingraviert. Es war das erste Mal, dass Jan das feine Service in der Realität zu Gesicht bekam. Nur wenige Menschen im Prater verfügten über die finanziellen Mittel, Prater-Porzellan für ihren Haushalt anschaffen zu können. Achtundneunzig Prozent der Produktion gingen ins Ausland, das hatte Jan einmal gehört. Ein Kellner trat heran und goss Karfiolcremesuppe in den Suppenteller.

»Bon Appetit«, wünschte er und schlich von dannen.

»Wollen wir gleich beginnen?«, fragte der Oberste, nachdem Jan die ersten beiden Löffel der Suppe zu sich genommen hatte.

Auch der Oberste schien einen Teller vor sich stehen zu haben, denn auch er löffelte zwischendurch eine Suppe. An seinem Schnauzbart blieben Rückstände der hellen Suppe zurück.

»Natürlich«, antwortete Jan. Er zückte sein Aufnahmegerät sowie seinen Notizblock. Dann legte er seinen weißen Kugelschreiber auf das cremefarbene Tischtuch. »Wo wollen wir beginnen?«

»Na, wo wohl? Am besten am Beginn«, sagte der Oberste und lachte.

»Gut«, sagte Jan und ließ sich von dessen Lachen anstecken. »Wollen Sie mir davon erzählen, wie und wo Sie aufgewachsen sind?«

»Ach, das ist doch nicht so interessant. Lass uns über den Aufstieg unserer Bewegung infolge des fundamentalen Versagens der Eliten sprechen. Das ist das, wofür sich die Leute interessieren werden«, erklärte der Oberste.

»Einverstanden«, sagte Jan. »Dann würde ich vorschlagen,

dass Sie beginnen zu erzählen und ich zwischendurch mit Fragen einhake, um ins Detail zu gehen?«

»So und nicht anders hätte ich das auch vorgeschlagen.«

Jan sorgte mit dem Löffel in der linken Hand für Suppennachschub. Mit der rechten begann er zu schreiben. *Ein Mann wahrhaftiger Größe und Weisheit*, stand wenige Sekunden später auf seinem Block. Vielleicht würde sich dies auch gleich als Titel für die Biografie eignen?

»In der Politik dreht sich alles um Vertrauen. Hat die Bevölkerung das Gefühl, dass du alles im Griff hast und die Angelegenheiten in ihrem Sinne entscheidest, ist dir ein langer Verbleib im Amt gegönnt. Die Eliten des späten zwanzigsten und frühen einundzwanzigsten Jahrhunderts hatten dieses Vertrauen jedoch durch ihre unkonstruktive und dem Kapital der Großkonzerne hörige Politik verspielt. Außerdem hatten sie ein massives Glaubwürdigkeitsproblem. Denk nur an all die Politiker, die nach ihrer politischen Karriere Lobbying für zwielichtige Konzerne oder zweifelhafte Diktatoren betrieben. Die Leute hatten zu Recht das Gefühl, dass die Regierenden nicht mehr das Interesse des Volkes im Auge hatten.«

»Diese Entwicklung setzte also schon ein, bevor die große Flüchtlingskrise im Jahr 2022 ausbrach?«

»Ja, selbstverständlich. Die Flüchtlingskrise war nur das Tüpfelchen auf dem i. Die in den letzten Jahren des pseudodemokratischen Systems im staatlichen Gebilde namens Österreich regierenden Koalitionen haben deutlich vor Augen geführt, dass die Politiker nicht mit den Interessen des Volks beschäftigt waren, sondern lediglich mit sich selbst und ihrer Macht. Denk nur an die angeblich so umfassenden Reformvorhaben der Jahre 2019 und 2020. Am Ende waren es die Reichen, die von diesen Reformen profitierten.

Dieses jahrzehntelange Machtspiel ohne jeglichen Ehrgeiz, die Probleme der Leute tatsächlich zu lösen, sorgte bei der Bevölkerung für eine tief verwurzelte Abscheu gegenüber dem pseudodemokratischen System. All das führte dazu, dass sich die Menschen nach einem wahrhaft demokratischen Anführer sehnten.«

Weitblick, notierte sich Jan auf seinem Notizblock, um sodann dem Obersten wieder in die Augen zu blicken.

»Aber es gab doch bereits Parteien, die mit der Kritik an genau dieser Politik im ganzen Gebiet der ehemaligen Europäischen Union große Erfolge feierten«, wandte Jan ein.

»Das ist absolut richtig, da hast du im Demokratieunterricht gut aufgepasst«, sagte der Oberste. »Aber nimm zum Beispiel nur mal die Machtergreifung der sogenannten Rechten in Österreich als Beispiel. Was ist denn nach der Machtübernahme passiert? Anstelle von linken Politikern scheffelten sich nun halt andere Politiker die Taschen voll und schanzten sich gegenseitig Posten zu. Für die großen Probleme hatten sie natürlich auch keine Lösung. Damit will ich aber nicht den enormen Nutzen kleinreden, den wir der Rechten von damals noch heute zu verdanken haben. Sie war es, die die Menschen für einfache Antworten empfänglich gemacht hat. Ihre Anführer waren es, die den Zusammenhalt der Bevölkerung entscheidend geschwächt haben. Und schließlich hat die Rechte Maßstäbe gesetzt, wie wir die Bevölkerung mit unseren Ideen für uns gewinnen können.«

»Können Sie das etwas präzisieren? Ich denke, das ist ein zentraler Teil, denn in Zeiten des Meinungsmonopols durch die damalige Lügenpresse wäre es Ihnen wohl niemals gelungen, mit Ihrer Bewegung an die Macht zu gelangen?«

»Natürlich nicht. Erst die Möglichkeit, unsere Wählerinnen und Wähler mit Hilfe der sozialen Online-Netzwerke wie Facebook und der Gratiszeitungen in den öffentlichen Verkehrssystemen direkt mit wahrhaften Informationen versorgen zu können, hat den Weg für die Rechte und schließlich auch für uns frei gemacht.«

»Ist dies nicht eigentlich ein Paradox?«, hakte Jan ein. »Regierungspolitiker der Pseudodemokratie haben in Form von Inseraten mit öffentlichen Mitteln jene Gratismedien gefüttert und gefördert, die anschließend der Rechten zum Sieg und in weiterer Folge unserer Bewegung zum Aufstieg verholfen haben?«

»Durchaus, jedoch macht dies auch deutlich, wie korrupt und kurzsichtig die frühere Machtelite war. Sie gab Unmengen an Geld aus, um Medien zu unterstützen, von denen sie sich im Umkehrschluss Unterstützung für ihre Politik erhoffte. Allein dieser Umstand zeigt, dass die vielpropagierte vierte Gewalt der Pseudodemokratie, die Medien, nicht funktioniert hat.«

»Welchen Stellenwert nimmt in dieser Hinsicht die *Praterpost* ein?«

»Bei der Gründung der *Praterpost* konnten wir im Jahr 2023 auf die Erfahrung der Redaktion einer der führenden Gratiszeitungen des ehemaligen Österreich zurückgreifen. Die Mitarbeiter der Redaktion wussten, wie man die Stimmung der Bevölkerung trifft und anheizt. Das war für uns natürlich Gold wert.«

»Wie stehen Sie zu den Vorwürfen aus dem Ausland, unter anderem aus der Brigittenau, dass die *Praterpost* lediglich dazu dienen würde, die Angst der Bevölkerung vor Terroranschlägen und Flüchtlingen aus Danubien zu schüren?«

»Du hörst dich ja schon fast wie ein Korrespondent der internationalen Presseschickeria an«, antwortete der Oberste.

Der Kellner trat heran, servierte den Suppenteller ab und

stellte einen Teller mit einem fantastisch duftenden Zwiebelrostbraten vor Jan auf den Tisch. Dieser erstarrte ob der Bemerkung des Obersten. Hatte er den Bogen mit dieser Frage überspannt? Dabei wollte er dem Obersten doch lediglich die Gelegenheit geben, auf diese oftmals vorgetragenen Vorwürfe auch im Rahmen seiner Biografie kontern zu können. Doch Jans Befürchtungen wurden von einem lauten Lachen des Obersten vertrieben.

»Wirklich nicht schlecht«, sagte der Oberste. »Du hast die Lügenpresse wohl ausgiebig studiert?«

»Ja, selbstverständlich. Gegnerbeobachtung und Gegenaufklärung gehören zu unseren Hauptaufgaben«, antwortete Jan erleichtert.

»Bevor ich auf diese Frage antworte, möchte ich an dieser Stelle noch etwas betonen«, sagte der Oberste.

»Bitte, nur zu«, ließ Jan ihn selbstverständlich gewähren und machte sich über die Hauptspeise her.

Wie lange hatte er schon kein echtes Fleisch mehr gegessen?

»Ohne unsere Freunde und Bündnispartner aus Simmering wäre der Aufbau der *Praterpost* nicht möglich gewesen. Das Know-how und auch die finanzielle Unterstützung im Wahlkampf 2023 waren essentiell dabei, um die Bevölkerung wahrhaftig informieren zu können.«

»Auf die Rolle unseres Bündnispartners im Südosten werde ich natürlich besonders eingehen«, sagte Jan.

»Gut«, sagte der Oberste. »Um auf deine Frage zurückzukommen. Alle Länder haben ihre eigenen Zeitungen. Ich verstehe wirklich nicht, warum uns unsere Gegner im Ausland verbieten wollen, unsere Bürger mit der *Praterpost* zu informieren. Schließlich sind wir ein genauso souveräner Staat wie die anderen ehemaligen Bezirke Wiens. Nimm nur mal die Veröffentlichung der Fotos von Terroristen, Sexualstraftätern oder ausländischen Spionen als Beispiel. Alle unsere Bürger sollen in der Lage sein, mögliche Gefahrenquellen in ihrer Umgebung sofort identifizieren und melden zu können. Wenn die Regierungschefin der Brigittenau es bevorzugt, Terroristen frei herumlaufen zu lassen, dann ist das ihr gutes Recht. Dann soll sie aber auch mit den Folgen dieser Politik leben und nicht gleichzeitig mit dem Zeigefinger auf uns deuten. Und bei all diesen Diskussionen darf man nicht vergessen, dass die moderne Geschichtsschreibung eindeutig und unwiderlegbar bewiesen hat, dass die Danubier Menschen zweiter Klasse sind. Ihre charakterlichen Merkmale lassen einfach keinen anderen Schluss zu. Sie sind hinterhältig und bösartig. Und vor den von diesen Menschen ausgehenden Gefahren müssen wir unsere Bevölkerung bewahren. Das kann uns niemand verbieten.«

»Können Sie sich noch an die Wahlnacht des Jahres 2023 erinnern? Ich meine den Moment, in dem feststand, dass die vor Ihnen regierende Unrechtsregierung, die für einen Verbleib des Praters im Wiener Staatenverbund eintrat, von den Wählern abgestraft worden war?«

»Selbstverständlich. Diesen Augenblick, in dem ich vor die Menschenmassen auf dem Karmeliterplatz trat ...«.

»Sie meinen den heutigen Siegesplatz?«, wagte Jan es nur kurz, den Obersten zu unterbrechen.

»Ja, natürlich. Wie konnte es mir nur passieren, in diesen alten Duktus zu verfallen«, bedankte sich der Oberste für Jans Ergänzung. »Den Moment, in dem ich auf den Balkon im obersten Stockwerk des Hauses *Zum Goldenen Hirschen* am Siegesplatz trat, werde ich mein Lebtag nicht vergessen. Vier lange Monate der politischen Aufbauarbeit hatten sich endlich ausgezahlt. Es war einfach überwältigend zu sehen, mit welch großer Mehrheit die Bevölkerung unserer Bewegung das Vertrauen geschenkt hatte, nachdem wir zuvor alle Skandale der herrschenden Elite angeprangert hatten. Dass uns zugetraut wurde, diese einmalige Krise unseres Territoriums, noch dazu als eigenständiger Staat, mit mir als Präsidenten, meisten zu können, ehrt mich noch heute.«

»Wie blicken Sie im Nachhinein auf die Loslösungsverhandlungen von Wien und dem ehemaligen Bundesstaat Österreich zurück? Immerhin brachte die ehemalige Leopoldstadt einen Stein ins Rollen, zahlreiche ehemalige Bezirke folgten unserem Beispiel und damit Ihrer weisen und vorausschauenden Politik. Heute sind alle ehemaligen Bezirke eigenständige Territorien, die über die Wiener Vollversammlung lose miteinander verbunden sind. Würden Sie diese Entwicklung, die ja nachweislich zum Segen von uns allen vonstattenging, als Ihr Lebenswerk bezeichnen?«

Nun blickte der Oberste erhaben, er hob den Kopf ein bisschen an und schien fast über die Kamera, die ihn an einem unbekannten Ort filmte, hinwegzusehen. Er ließ einige Sekunden verstreichen, bevor er auf Jans Frage antwortete.

»So habe ich das noch nie gesehen. Aber ja, ich denke, du hast recht. Es den Bevölkerungen des ehemaligen Großstadtmolochs Wien zu ermöglichen, ihren eigenen Weg zu gehen, darauf werden in einigen Jahrzehnten die Historiker zurückblicken und feststellen, dass das eine Lebensleistung war, die ihresgleichen sucht.«

»Eine Lebensleistung, für die Sie jedoch auch einen hohen Preis zu zahlen haben«, merkte Jan an. »Seit zwei Jahren konnten Sie aufgrund anhaltender Morddrohungen an keiner öffentlichen Veranstaltung mehr persönlich teilnehmen und Sie müssen sich ständig in einem sicheren Versteck aufhalten.«

Der Oberste sah nachdenklich in die Kamera. »Da hast du recht, Jan. Verdammt recht. Aber ich spüre in mir die Pflicht, diese Herausforderung auf mich zu nehmen. Zum Wohle der Bewohner des Praters.«

Zum Abschluss des Gesprächs erkundigte sich der Oberste über das Wohlergehen von Valerie, Emil und dem baldigen jüngsten Familienzuwachs. "Jan war ganz erstaunt und einigermaßen stolz, dass sich der Oberste bei all seinen vielfältigen Tagesgeschäften die Mühe gemacht hatte, sich über sein Privatleben zu informieren.

»Ich wünsche euch alles Gute«, sagte der Oberste, bevor sein Gesicht vom Bildschirm verschwand und nur noch die virtuelle grün-blau-rote Fahne des Praters zu sehen war.

Jan packte seinen Notizblock und das Aufnahmegerät ein, erhob sich von seinem Platz und bedankte sich beim Kellner für das ausgezeichnete Essen. Anschließend marschierte er zu jener Eingangstür zurück, durch die er zuvor das Schloss betreten hatte. Doch der Sensor schien nicht zu funktionieren, die Glasschiebetür öffnete sich nicht.

»Das kommt dauernd vor, ist irgendein Fehler in der Technik«, sagte auf einmal ein Sicherheitsbeamter hinter Jan. »Du kannst das Gebäude aber auch über den Augarten verlassen, kein Problem.«

So überraschend der Mann aufgetaucht war, so schnell war er auch wieder verschwunden. Er hatte eine Uniform der Porzellanfabrik getragen, gehörte also offensichtlich zum Arbeitspersonal des Hauses. Jan zögerte damit, dem Rat zu folgen. Der Augarten war Sperrgebiet, schwer bewacht von Spezialeinheiten der Freiheitspolizei. Alle Bewohner des Praters waren gut beraten, einen großen Bogen um dieses Gebiet zu machen. Immer wieder machten Gerüchte die Runde, wonach Krankheiten sich von den Lagerinsassen auch über die Mauern der Gartenanlage ausbreiteten. Und dieses Gebiet sollte Jan nun einfach so betreten? Das war doch verrückt! Und doch überkam ihn eine gewisse Neugier.

Jan durchschritt den kreisrunden Prater-Saal und öffnete eine Tür auf der gegenüberliegenden Seite. Dahinter erstreckte sich ein langgestreckter Speisesaal mit zahlreichen Tischen und einer Bar im hinteren Bereich, die jedoch menschenleer war. An der linken Seite stand eine Tür offen, die dem Luftzug nach ins Freie zu gehen schien. Jan sah sich nochmals um, doch es war nach wie vor niemand zu sehen. Anschließend steuerte er langsam und vorsichtig auf die Tür zu. Dort angekommen, ergab sich für ihn ein weiter Blick hinein in den Augarten und auf das von den Nationalsozialisten errichtete Flakbunker-Ungetüm. Jan sah die Reste der Sommerblüher, er sah ordentlich geschnittene Baum- und Heckenreihen und all das, was man in einer Barockgartenanlage erwarten würde. Er sah weiße Golfwagen über das Gelände fahren und Menschen, die mit ihren langgeformten Schlägern kleine weiße Bälle in die Luft beförderten. Was er jedoch nicht sah, waren gefangengehaltene Danubier.

7 (SONNTAG)

»Natürlich informiert er sich über dich«, sagte Valerie am Frühstückstisch zu Jan, nachdem dieser ihr von der Unterhaltung mit dem Obersten am Vortag erzählt hatte.

Er war erst spät am Abend wieder nach Hause gekommen, denn er hatte noch mit Siegbert Reicher telefonieren wollen. Der Chef der Freiheitspolizei musste schließlich wissen, was es mit dem verwaisten Flüchtlingslager im Augarten auf sich hatte. Stundenlang hatte er im Büro auf einen Rückruf gewartet, bis Reicher sich schließlich doch noch kurz vor Mitternacht gemeldet hatte. Es würde derzeit eine Generalreinigung stattfinden, deswegen seien alle Flüchtlinge und Gefangenen in die beiden Augartenbunker gesperrt worden. Was die Golfspieler im Augarten zu suchen hatten, konnte auch Reicher nicht erklären. Stattdessen regte er sich fürchterlich über jenen Mitarbeiter von Prater-Porzellan auf, der Jan Zutritt zum Augarten gewährt hatte. Diesen wollte er für seine Fahrlässigkeit zur Rechenschaft ziehen.

»Er informiert sich über uns alle«, schwächte Jan Valeries Kommentar ab. »Es gibt Dossiers zu allen Bewohnern des Praters.«

»Aber natürlich, wie konnte ich das nur vergessen. Wir leben ja in einem Überwachungsstaat.«

Die Schwangerschaftshormone schienen trotz der Sitzung bei Doktor Scherer am Vortag weiterhin Valeries Sinne zu beeinträchtigen. Jan spürte in sich die Angst hochkriechen, dass sich ihre Stimmungslage mittelfristig zu einer ausgewachsenen Paranoia entwickeln könnte.

»Das ist eine Auszeichnung für mich«, erwiderte Jan.

»Oder glaubst du tatsächlich, der Oberste persönlich hat genug Zeit, um über jede Person informiert zu sein?«

»Nein, denn dafür hat er ja euch und die ganzen technischen Spielereien. Es wird ja sogar überwacht, wer im Reisebüro mit der VR-Brille wohin reist. Unternimmst du einen Trip nach Floridsdorf, landest du sofort auf einer Liste mit Verdächtigen.«

»Hör doch auf mit den alten Kamellen. Wie oft habe ich schon versucht, dir zu erklären, dass es sich dabei um ein Versehen handelte? Die Software hatte einen Fehler, allein deshalb wurde die Freiheitspolizei damals auf dich aufmerksam. Abgesehen davon hättest du wirklich vorsichtiger sein müssen. Du weißt doch genau, wie delikat dieses Thema ist. Gerade bei dir.«

»Natürlich, der Fehler lag selbstverständlich bei mir und nicht in unserem gesellschaftlichen System. Klassischer Userfehler«, sagte Valerie mit sarkastischem Unterton.

»Was ist Userfehler?«, fragte Emil auf einmal. Bis dahin hatte er der Unterhaltung seiner Eltern während des Frühstücks eher teilnahmslos beigewohnt. Nun schien er über ein Wort gestolpert zu sein, das seine Aufmerksamkeit erregte.

»Du weißt doch, dass Menschen im Gegensatz zur Technik sehr fehleranfällig sind. Wenn Menschen die Technik fehlerhaft benutzen, spricht man von einem Userfehler. Das kommt vom englischen Wort für benutzen, *use*«, versuchte Jan ihm zu erklären.

»Was heißt Jus?«, schien Emil die Erklärung nur bedingt zufriedenzustellen.

»Jus bezeichnete früher ein Studium auf der Universität, in dem man das Funktionieren der rechtsstaatlichen Justiz erlernen konnte. Aber dergleichen braucht es heutzutage ja nicht mehr«, sorgte Valerie dafür, dass Jan erst gar nicht auf Emils Nachfrage antworten konnte.

»Nicht vor unserem Sohn«, zischelte Jan zu ihr hinüber. »Du hörst dich ja schon fast so an wie ein Mitglied der FDP.«

Valerie stand auf und ging mit Emil gemeinsam ins Badezimmer. Jan machte sich langsam wirklich ernsthafte Sorgen. Er musste unbedingt Kontakt mit Doktor Scherer aufnehmen und sich eine Einschätzung ihres Gesundheitszustandes geben lassen.

»Hinrichten, die Schweine«*, sagte John gerade, als Jan an diesem Morgen das Büro im T-Tower betrat.

»Ist was passiert?«, fragte der Abteilungsleiter seinen Mitarbeiter, nachdem er seine Jacke an der Garderobe aufgehängt und seinen durchsichtigen Rucksack abgestellt hatte.

»Gestern fand die Razzia im Stuwerviertel statt. Am Ilgplatz ist doch dieses bei Terroristen beliebte Lokal namens *Dezentral*. Dort haben unsere Leute drei Terroristen und Schlepper festgenommen, die offensichtlich gerade an einem Anschlagsplan gearbeitet haben.«

»Weiß man Näheres?«, fragte Mahmoud.

»Nein, nur dass es wohl gegen die Wiener Weltsportspiele gehen sollte. Wahrscheinlich ein Anschlag, bei dem auch chemische Substanzen eingesetzt werden sollten.«

»Zeigt wieder mal, dass unsere Sicherheitssysteme funktionieren. Und nötig sind«, erklärte Mahmoud. »Ich setze sofort eine Presseaussendung auf.«

»Mach das«, sagte Jan zu Mahmoud. »Sind die Terroristen schon erschossen worden?«

»Ja, gleich nach der Einvernahme wurden sie in der Freudenau niedergemacht. Ich hätte sie ja eher aufgebrochen wie einen Hirsch und ausgeweidet wie einen Fisch«, erklärte John.*

»Hauptsache, wir sind sie los«, bestätigte Jan.

Anschließend erzählte er vom Treffen mit dem Obersten am Tag zuvor. John und Mahmoud hörten ihm aufgeregt zu.

»Da könnte man ja richtig neidisch werden«, sagte John, als Jan mit seinem Bericht fertig war.

»Tu nur, ich halte dich nicht auf«, antwortete Jan. »Wie sehen denn die Planungen für den morgigen Staatsbesuch aus?«

»Alles auf Schiene«, erklärte Helena, die bis hierhin das Gespräch ihrer Kollegen verfolgt hatte. Sie war zuständig für die Planung des Besuchsprogramms. Gemeinsam mit der Freiheitspolizei und Kemal Ilgaz vom Büro des Obersten hatte sie dafür zu sorgen, dass alles einen reibungslosen Verlauf nahm. »Das Programm für den Besuch von Präsident Reimann steht. Er weiht am Vormittag die neue Donaukanalfähre in der Freudenau ein und setzt als erster Passagier über. Anschließend führt ein Blumenkorso mit Fiakern über die Gärtnerstraße zum Lusthaus, wo es zu einem ersten Arbeitsgespräch mit dem Obersten kommen wird.«

»Wann findet das Treffen Reimanns mit Igor Asanin statt?«, unterbrach Jan Helenas Aufzählung. Er wusste, dass Reimann vor allem das Treffen mit Asanin sehr am Herzen lag.

»Gleich im Anschluss an das Treffen im Lusthaus. Wir mussten darauf achten, dass das offizielle Protokoll eingehalten wird. Nicht auszudenken, Reimann wäre zuerst mit Asanin zusammengetroffen und erst anschließend mit dem Obersten.«

»Sehr gut«, lobte Jan Helena für die umsichtige Organisation. »Wo findet das Treffen mit Asanin statt?«

»In Asanins Stadtvilla in der Praterstraße«, antwortete die hübsche Blondine.

»Dann sehe ich den *Dogenhof* endlich mal wieder von innen, sehr schön«, sagte Jan. Das Gebäude war Ende des neunzehnten Jahrhunderts von einem reichen Geschäftsmann im venezianischen Stil errichtet worden. Zum damaligen Zeitpunkt fand im nahe gelegenen Prater die Schau *Venedig in Wien* statt, für die eine Venedig-Silhouette samt mit Wasser gefüllten Kanälen nachgebaut worden war. Nach dem Sieg der wahrhaften Volksbewegung im Jahr 2023 hatten die Besitzer der im Erdgeschoss befindlichen Cafés *Dogenhof* und *Supersense* sowie die in den Geschossen darüber wohnenden Mieter ihre Liegenschaften an Asanin verkauft. Der wichtigste Unternehmer des Praters konnte sich daraufhin in dem sechsstöckigen Gebäude die für einen erfolgreichen Industriellen notwendigen Räumlichkeiten einrichten. Im obersten Stockwerk besaß er eine Wohnung, in der er internationale Gäste und hochrangige Politiker empfing. Und deren Besuche waren äußerst zahlreich. Man erzählte sich, dass es deshalb zu Konflikten zwischen Asanin und dem Obersten gekommen sei. Jan tat diese Gerüchte als erfolgreiches Einsickern von Propaganda aus dem Ausland ab, der es einen Riegel vorzuschieben galt. Der Oberste gab die Richtung vor. Asanin war sein kongenialer ökonomischer Partner. In Jans Augen waren die Rollen klar verteilt.

8

Die kleinen Tröpfchen am unteren Rand des Küchenfensters hatten sich zu einer undurchsichtigen Schicht zusammengeschlossen. Ein Zeichen dafür, dass die Heizung funktionierte. Ungewöhnlich, dachte Valerie.

Die Kondenströpfchen hätten auch die gesamte Scheibe in Beschlag nehmen können, es hätte keinen Unterschied gemacht. Das Grau in Grau der gegenüberliegenden Fassade, das Ton in Ton mit dem grauen Himmel für ein einträchtiges, deprimierendes Farbenspiel sorgte, sah auch durch die klare Glasscheibe nicht besser aus. Valerie fuhr mit dem silbernen Löffel durch die braune Brühe in der vor ihr auf dem kleinen Küchentisch stehenden Tasse. Mit der anderen Hand stützte sie den schwer gewordenen Kopf. Es war keine gute Nacht gewesen. Unruhig war sie immer wieder aufgewacht, tat sich anschließend schwer wieder einzuschlafen. Und so waren zwei oder drei Stunden Schlaf zusammengekommen. Wenn überhaupt. In einer Dreiviertelstunde würde sie die Wohnung verlassen, zur Arbeit gehen und dort den ganzen Tag verbringen. Am Abend würde sie zurückkehren in die trostlose Rotensterngasse. Zurück in ihre trostlose Wohnung. Zurück in ihr trostloses Leben. Und doch gab es da etwas in ihrem Bauch, für das es sich lohnte, dieses trostlose Leben weiterzuführen. Etwas, das ihr Hoffnung gab. Hoffnung auf ein besseres, ein schöneres Leben. Ein Leben, in dem es wieder eine richtige Familie geben konnte.

Jan brachte das Geld nach Hause, Valerie kümmerte sich um den Nachwuchs. Die Rollen waren lange Zeit klar verteilt zwischen ihnen beiden. Dass sich dieser Lebensstil bei

Familie Kepler angesichts der Umstände nicht mehr aufrecht halten ließ, daran bestand für Valerie kein Zweifel. Jan lebte in seiner eigenen Welt, war für sie nicht mehr greifbar. Sie vermisste ihn so sehr. Sie brauchte ihn an ihrer Seite. Sein entspanntes Lächeln in der Früh, wenn sie im Bett das erste Mal ihre Augen öffnete. Seine Textnachrichten, die er ihr, verteilt über den gesamten Tag, zukommen ließ. Seine Nähe und Geborgenheit, wenn sie abends gemeinsam an diesem Tisch saßen und den Tag Revue passieren ließen. Er war ihr Fels in der Brandung. Und Valerie empfand es in diesem Moment als Ironie, dass sich ihr Verhältnis seit ihrem Kennenlernen 2019 so umgekehrt hatte. Damals war sie für ihn die starke Person gewesen, die ihm Orientierung gab. Jan war schon früh depressiv gewesen, das hatte seine Mutter Erika ihr eines Tages anvertraut, als sie bei ihr in Kaltenleutgeben, im niederösterreichischen Alpenvorland, zu Besuch gewesen war. Es war das erste Mal gewesen, dass Erika ihr etwas derart Persönliches anvertraut hatte, nachdem Valerie und sie so ihre Anfangsschwierigkeiten miteinander gehabt hatten. Jan war ein Einzelgänger, der sich immer schwergetan hatte, sich anderen anzuvertrauen. Ihnen überhaupt zu vertrauen. Und sich selbst zu trauen.

Er redete nicht gerne über seine Kindheit und seine Jugend. Auch sein abgebrochenes Studium und ganz generell die Zeit, bevor er Valerie kennenlernte, versuchte er, so gut es eben ging, auszublenden. Zu vergessen. Zu viele Ideen und Vorhaben schien es gegeben zu haben, die sich in Luft aufgelöst hatten. Die nie das Licht der Welt erblickt hatten, weil sich Jan auf einen unseriösen Geschäftspartner eingelassen hatte oder eine der zahlreichen unsinnigen gesetzlichen Bestimmungen ihm einen Strich durch die Rechnung gemacht hatte. »Das sind doch alles Verhinderungsbeamte«, kam es aus Jan in jenen seltenen Situationen heraus, in denen sie doch auf sein Gefühlsleben zu sprechen kamen. Wie gerne hätte Valerie diese Worte in diesem Moment, in dem sie am Frühstückstisch in der grauen Küche saß, von Jan gehört. Doch sie war allein. Allein mit den unzähligen Tröpfchen, die an der Fensterscheibe die Sicht auf die graue Außenwelt versperrten.

9 (MONTAG)

Draußen tobte ein fürchterlicher Herbststurm, immer wieder flogen vom Wind herbeigewehte kleine Gegenstände und Papierfetzen gegen die Fensterscheiben des Büros der *Abteilung für direkte Wahrheit* im 13. Stock des T-Towers. Mahmoud hatte den Verdacht gehegt, dass die Propagandaagenturen der übrigen Wiener Staaten die stürmischen Verhältnisse nutzen wollten, um Flugzettel mit widerlichen Anschuldigungen in den Prater treiben zu lassen. Doch nachdem sich die Mitarbeiter das herumfliegende Papier genauer angesehen hatten, kam man zu dem Schluss, dass es sich lediglich um Werbematerial einer von Asanins Firmen handelte. Keine Gefahr also.

Helena und Jan waren an diesem Montagvormittag für die Begleitung des Besuchs des Simmeringer Präsidenten Rudolf Reimann eingeteilt worden. Helenas Einsatz war dabei obligatorisch, immerhin fungierte sie bei Staatsbesuchen stets als First Lady. Diese Rolle hatte ihr im Lauf der vergangenen Jahre in der ausländischen Lügenpresse die Bezeichnung *Die schöne Seite der hässlichen Fratze* eingebracht. Nicht wenige Verehrer, auch im Ausland, zählte sie seitdem zu ihren Fans. Ihrem Twitter-Account folgten zehntausende Personen, die nachweislich nicht im Prater wohnten und die auch nicht von der IT-Crew der *Abteilung für direkte Wahrheit* als künstliche Intelligenz ins Leben gerufen worden waren. Und natürlich gab es unzählige Gerüchte über ein angebliches Verhältnis zwischen Helena und dem Obersten.

Der Konvoi, der den Bildschirm mit dem Obersten zum an die Freudenau grenzenden Donaukanal brachte, bestand aus zwei gepanzerten Limousinen. Auf die Fiaker wurde aufgrund der widrigen Wetterverhältnisse verzichtet. Die dunklen BMWs trugen auf der Motorhaube jeweils kleine Flaggen des Praters als Hoheitszeichen. Durch die getönten Scheiben wirkte das stürmisch-graue Novemberwetter noch trostloser, als es ohnehin schon war. Vor und hinter den beiden Limousinen sicherte jeweils ein Auto der Freiheitspolizei den Konvoi. Darüber versuchten Drohnen mit ihren mobilen Raketenabwehrsystemen dem Sturm zu trotzen. Zwar absolvierte der Oberste auch diesen Staatsbesuch lediglich in virtueller Form, einen Angriff auf einen offiziellen Konvoi des Obersten konnte und wollte sich die Freiheitspolizei trotzdem nicht leisten.

Im großzügig gestalteten Rückraum der Limousine saß mit Kemal Ilgaz der persönliche Beauftrage des Obersten. Neben ihm war der mobile Bildschirm installiert worden, auf dem schon jetzt der Oberste zu sehen war. Ihnen gegenüber hatten Helena und Jan Platz genommen. Während der gesamten Dauer der Fahrt nutzte der Oberste die Gelegenheit, um nochmals seine Rede durchzugehen. Immer und immer wieder sagte er vor sich den ersten Satz auf. »Wahre Partner erkennt man nicht in Zeiten der Hochkonjunktur, sondern in Zeiten der Krise. Es hätte keine Krise gebraucht, um zu wissen, dass wir Seite an Seite mit unseren Simmeringer Freunden stehen. Aber trotzdem sind wir froh, Sie, Herr Präsident Reimann, an unserer Seite zu wissen!« Für einen kurzen Augenblick erinnerte der Oberste Jan an den kleinen Emil, wie er den Vortrag über seinen Vater vor seinen Klassenkameraden aufgesagt hatte. Sofort jedoch wischte Jan diesen Gedanken zur Seite. Ein solch abschätziger Gedanke über den Obersten gehörte sich nun wirklich nicht.

Als der Konvoi in der Freudenau ankam, dort, wo ein halbes Jahr zuvor die neu errichtete Brücke der Freundschaft zwischen dem Prater und Simmering einem feigen terroristischen Anschlag zum Opfer gefallen war, befand sich das an diesem Tag einzuweihende Fährschiff noch auf der anderen Seite des Donaukanals. Jan bekam die Türe des Autos kaum auf, weil sich der heftige Herbststurm von allen Seiten dagegenstemmte. Auch hier wurden allerhand Kleinteile durch die Luft gewirbelt. Die Baumkronen wiegten sich hin und her, vereinzelt versuchten Vögel gegen die Böen anzukämpfen. Erst eine kurze Flaute erlaubte es Jan, aus dieser misslichen Situation nicht als Schwächling hervorzugehen. Er ließ dem Beauftragten des Obersten den Vortritt, der aus dem Kofferraum den roten Teppich holte und diesen vor der Tür ausrollte. Anschließend schob er den mobilen Bildschirm auf einem mit Rollen ausgestatteten Gestell zum Fähranleger.

Wie auf Kommando setzte nun auch auf der Simmeringer Seite hektische Betriebsamkeit ein. Eine Wagenkolonne fuhr vor und entließ die Entourage von Präsident Reimann aus dem Inneren. Eine Gesellschaft von gut zehn Personen betrat die Fähre, die sich nach Aufnahme ihrer Gäste langsam in Bewegung setzte. Dank des oberhalb geführten Führungsseils konnte das grüne Schiff der starken Strömung des grau-braunen Wassers trotzen. Exakt sieben Minuten später betrat Präsident Reimann als erstes Mitglied der Delegation das Ufer des Praters.

»Geschätzter Oberster, wie lang ist es her?«, begrüßte er den Obersten und breitete seine Arme aus.

Reimann war über sechzig Jahre alt. Trotz seines fortgeschrittenen Lebensalters saß sein Anzug wie angegossen. Der Mann betrieb regelmäßig Sport, ließ sich als Teilnehmer bei den Simmeringer Judomeisterschaften genauso ablichten wie beim Jagen oder Reiten auf der Simmeringer Haide. Sein gutmütiger Gesichtsausdruck mit dem milden Lächeln täuschte nur oberflächlich darüber hinweg, dass sich dahinter ein knallharter Politiker verbarg, der stets um seinen eigenen Vorteil bemüht war. In den Staaten auf dem Gebiet des ehemaligen Wiens war der Oberste der Einzige, der sich mit ihm auf Augenhöhe messen konnte. Lediglich im Kleidungsstil lagen Welten zwischen den beiden Politikern, denn auch an diesem Tag war der Oberste seinem legeren Kleidungsstil treu geblieben. Dieser stand schließlich sinnbildlich für einen klassenlosen Umgang im Prater. Jeder Mensch war im Prater gleich viel wert, deswegen waren Anzüge – selbst bei Staatsbesuchen – verpönt. Und deswegen galt auch das allgemeine Du im zwischenmenschlichen Umgang als Gebot der Stunde. Lediglich der Respekt vor den Leistungen des Obersten gebot es, ihn im direkten Gespräch zu siezen.

»Zwei Wochen müssen es mindestens gewesen sein«, antwortete der Oberste im Scherz. »So schnell vergesse ich deine denkwürdige Rede vor der Wiener Vollversammlung im Rathaus nicht. Herrlich, wie du dir als Protest gegen die Rede der Präsidentin der Brigittenau den Schuh ausgezogen und ihn anschließend auf den Tisch gehauen hast. Einfach grandios!«

»Was bildete sich die blöde Pute auch ein? Mir vorzuwerfen, Simmering würde andere Wiener Bundesstaaten versuchen zu unterjochen. So ein Schwachsinn!«

»Wie wahr, wie wahr«, sagte der Oberste.

Die beiden gingen sehr herzlich miteinander um, während die zugelassenen Pressefotografen eifrig ihre Fotos anfertigten. Für die Begrüßung waren auch Medien der ausländischen Presse zugelassen, schließlich sollte dieses Treffen eine Botschaft nach außen senden. Die anderen Staaten sollten miterleben, dass zwischen Simmering und den Prater nicht ein Blatt der umherfliegenden Papiere passte.

Bevor die beiden Staatsmänner das Auto in Richtung Lusthaus bestiegen, wurden die Vertreter der ausländischen Presse wieder zum Checkpoint an der Rotundenbrücke geleitet, von wo sie ins neutrale Wien ausreisen konnten.

Der Konvoi mit Reimann und dem Obersten folgte dagegen der ehemaligen Trasse der Straßenbahnlinie 80. Diese verband bis in die Mitte des zwanzigsten Jahrhunderts das Lusthaus mit dem Donaukanal. Ihre Wiederinstandsetzung gehörte zu einem jener Infrastrukturprojekte, mit denen der Oberste in enger Absprache mit Igor Asanin Wirtschaft und Infrastruktur des Praters beleben wollte.

Die Fahrt dauerte zehn Minuten. Die Straßen waren gesperrt worden, sodass keine Hindernisse für eine Verzögerung sorgen konnten.

Jubelnde Menschenmassen, die den Besuch von Reimann begleiten sollten, waren ursprünglich erst für den späteren Blumenkorso über die Hauptallee vorgesehen, dessen Abhaltung angesichts der Wetterverhältnisse mittlerweile jedoch sehr fraglich erschien.

Das Lusthaus, auf einem achteckigen Grundriss mit drei Stockwerken als Lustschloss für Bürgertum und Adel im 19. Jahrhundert errichtet, war festlich geschmückt. Zu seiner im Pratergelb gehaltenen Farbe gesellten sich zahlreiche Fahnen in den Farben der beiden Staaten sowie festliche Girlanden. Die Verzierung erinnerte Jan an eine Radierung aus dem Jahr 1814, die er vor nicht allzu langer Zeit in der *Praterpost* gesehen hatte und die das zu Ehren der siegreichen Leipziger Völkerschlacht geschmückte Lusthaus zeigte.

Der Beauftragte des Obersten mit dem Bildschirm vorneweg, folgten Reimann und sein Stab sowie Helena und Jan in den zweiten Stock des Gebäudes. In der Mitte des kreisrunden Saals wartete ein ebenso runder Tisch. Dessen Oberfläche war mit einer weißen Tischdecke bedeckt, auf der Tischservice und ein vierarmiger Kerzenhalter standen. Darüber hing ein prachtvoller Kronleuchter, dessen Kerzen jedoch schon vor langer Zeit gegen Stehglühbirnen ausgetauscht worden waren. Runde Tische hatten den Vorteil, dass bei einem Empfang wie diesem keine Sitzordnung eingehalten werden musste. Es gab kein Kopfende und somit auch keine Gefahr, dass sich jemand unterordnen musste. Alle acht Personen, die nun an diesem Tisch saßen, waren gleichrangig. Wenngleich jeder Teilnehmer wusste, dass dem natürlich nicht so war.

Jan nahm an der rechten Seite des Obersten Platz, zu seiner Rechten saß wiederum Helena. Neben ihr hatte Kemal Ilgaz Platz genommen, daran anschließend begann die Simmeringer Delegation. Zwei Berater von Präsident Reimann, dann das ausländische Staatsoberhaupt und schließlich eine Frau, die Jan dem Simmeringer Pressestab zuordnete. Es herrschte eine positive Stimmung. Es wurden Komplimente ausgetauscht und kleine Witzchen in die Unterhaltung eingestreut.

»Pferdelungenbraten, ich bin entzückt«, sagte Reimann nach einem Blick auf die für das heutige Essen vorbereitete Menükarte. »So kann das ja nur ein erfolgreicher Besuch werden.«

Reimann legte die Menükarte wieder auf den Millimeter genau dort auf den Tisch zurück, von wo er sie zuvor genommen hatte. Anschließend musterte er mit einem schneidigen Blick jede einzelne Person am Tisch. Er wirkte dabei fast so, als ob es darum ginge, eine Person auszuwählen, die es alsbald zu erschießen galt. Jan kam das Schaudern, als Reimanns Augen vom Obersten zu ihm weiterwanderten.

Sobald man wegsah, hatte man schon verloren. Gemäß diesem Motto senkte Jan seinen Blick in diesem Moment um keinen Millimeter. Er sah Präsident Reimann in die Augen und versuchte dabei so routiniert und cool wie möglich zu wirken. Ohne Gesichtsregung sahen sich beide für einige Sekunden an, bevor Reimanns Blick weiter zu Helena wanderte. Jan hatte den Test bestanden. Im Hintergrund erklang leise klassische Musik.

Die Kellner brachten die Getränke, Weißwein aus der Wachau. Als der erste Gang des Menüs, eine Erdäpfelsuppe mit Zutaten aus dem angrenzenden Prater, abgeschlossen und die Mägen sich ein wenig beruhigt hatten, gingen der Oberste und Reimann zum eigentlichen Zweck des Gesprächs über. Der Präsident Simmerings hielt sich nicht lange mit Nebensächlichkeiten auf und kam direkt zum Punkt. Rigoroseres Vorgehen gegen die Mitglieder der FDP im Prater, die er bezichtigte, in Simmering für Unruhe unter der Bevölkerung zu sorgen. Schließlich seien erst in der Vorwoche Flugblätter in Simmering aufgetaucht, die ganz eindeutig von Unruheherden diesseits des Donaukanals stammen müssten. Dazu forderte er eine erweiterte Erlaubnis zur Nutzung des Freudenauer Hafens ein, der von strategischer Bedeutung für die Simmeringer Wirtschaft war. Und schließlich das heikelste Thema: die Entfernung des Brigittenauer Ärgernisses. Oder, wie es Reimann formulierte, »die Eingliederung der Brigittenau in unser gemeinsames Wertesystem«. Jeder der Anwesenden wusste, was Reimann damit meinte.

Die Brigittenau war eine der letzten Bastionen jener pseudodemokratischen Elite, die das ehemals vereinte Wien jahrzehntelang heruntergewirtschaftet hatte. Aber auch dort war das politische System aufgrund der Flüchtlingsthematik dabei zu kippen. Davon waren alle an diesem Tisch sitzenden Personen überzeugt.

»Aus dem Nichts heraus werden wir das aber sicherlich nicht bewerkstelligen können«, wandte der Oberste ein. »Mit ihrer feigen und verweichlichten Art der Politik wird uns die Präsidentin der Brigittenau sicherlich keinen Grund frei Haus liefern, der ein Eingreifen unsererseits rechtfertigen würde.«

»Aber bitte, mein Bester«, sagte Reimann und lehnte sich in seinem Holzsessel zurück. »Wer will denn da so genau sein? Hat Caesar einen Grund gebraucht, um sich seiner Rivalen zu entledigen? Hat Hitler gewartet, bis Polen ihn angreift, um losschlagen zu können? Große Staatsmänner warten nicht auf eine Gelegenheit, sie führen sie herbei!«, sagte er und schlug dabei mit der Faust auf den Tisch. »Wenn sie uns keinen Anlass bieten, dann bieten wir ihnen einen!«

»Was schlägst du also vor?«, fragte der Oberste.

Die Flexibilität des Obersten in dieser Frage gefiel dem Präsidenten des wichtigsten Verbündeten ganz augenscheinlich.

Jan nutzte die Verschnaufpause nach dem Hauptgang für ein kurzes Telefonat mit Valerie auf dem kleinen Balkon. Von hier aus hatte man einen prächtigen Blick auf die Hauptallee, an deren Rändern sich die üppigen Erdäpfel- und Rübenfelder erstreckten. Emil war in der Volksschule, Valerie war in ihrem Büro im *Praterplex*. Die Beschäftigung mit der Arbeit schien ihr gutzutun. Sie hatte sogar angekündigt, am Abend etwas kochen zu wollen. Beruhigt betrat Jan wieder den Saal und sah in die Runde. In einer Ecke standen der Bildschirm mit dem Konterfei des Obersten und Reimann zusammen, vertieft in ein Vieraugengespräch. Helena und die Frau aus Reimanns Team unterhielten sich zwanglos am Tisch. Als Jans Mitarbeiterin ihn erblickte, erhob sie sich und ging mit einem vielsagenden Blick an ihm vorbei zur Toilette. Jan folgte ihr.

Im Vorraum, in dem sich das Waschbecken befand und von dem aus die beiden weißen Türen zur Herren- und Damentoilette führten, sah Jan gerade noch, wie die Tür zur Herrentoilette ins Schloss fiel. Er griff die Türklinke und drückte sie hinunter. Ein kleines quadratisches Milchglasfenster war gekippt, kühle Luft strömte in den kleinen Raum herein. Die gleichzeitig laufende Heizung kämpfte mit deutlich hörbarem Rauschen gegen die Kälte an. Ein Umstand, der ganz sicher nicht den geltenden Energiespargesetzen entsprach. Aber das war Jan in diesem Moment ganz egal. Eine der beiden WC-Kabinen stand offen. Er drückte die Türklinke der zweiten, geschlossenen Tür hinunter. Helena hatte ihn dort bereits erwartet.

10 (DIENSTAG)

An diesem Morgen, an dem sich der Sturm gelegt hatte, stand ein Sicherheitsbriefing mit den Spitzen der Freiheitspolizei und dem Obersten auf dem Programm. Zu diesem Zweck fand sich Jan um acht Uhr früh im siebzehnten Stock, also eine Etage unter den Wohnräumlichkeiten des Obersten, im E-Tower am Donaukanal ein. Zuvor hatte er sich noch einen Überblick über die Medienresonanz des Treffens zwischen dem Obersten und Präsident Reimann am Tag zuvor geben lassen. Das übliche Geheul der pseudodemokratischen Presse war zu erwarten gewesen. Doch die objektiven Onlinemedien und natürlich die *Praterpost* feierten die Zusammenkunft als Zeichen der funktionierenden Zusammenarbeit von unabhängigen Bundesstaaten und als Absage an den Zentralismus der früheren pseudodemokratischen Wiener Stadtregierung.

Teil der Simmeringer Delegation war auch Udo Huber. Jan hatte ihn schon mehrfach zuvor auf bilateralen Meetings gesehen.

Siegbert Reicher, Chef der Freiheitspolizei, begann die Sitzung mit einem Überblick über die aktuelle Lage an den Außengrenzen. In der jüngsten Nacht hatte es vier versuchte Grenzübertritte an der Donau gegeben, alle Boote konnten noch auf dem Fluss eliminiert werden. Am Grenzübergang Innstraße sei es zu kleineren Menschenansammlungen auf der Brigittenauer Seite gekommen. Die Grenztruppen hätten sich jedoch nicht provozieren lassen, sodass die Lage grundsätzlich als »ruhig« bezeichnet werden konnte. Die Explosion einer Mine im Donaukanal auf der Höhe der Augartenbrücke gegen vier Uhr früh ließ darauf schließen, dass es einen versuchten illegalen Grenzübertritt gegeben hatte. »Es konnten auf unserer Uferseite jedoch keine verdächtigen Personen ausgemacht werden. Und an der Grenze zu unseren Simmeringer Freunden besteht ja sowieso traditionell kein Grund zur Beanstandung«, schloss Reicher seinen Bericht und sah zufrieden zu Udo Huber hinüber. Dieser nickte wohlwollend.

Anschließend waren die beiden Generäle am Wort, die jenen Teil der Truppen des ehemaligen Österreichischen Bundesheeres befehligten, die sich nach der Sezession des Praters von der Republik Österreich und der Stadt Wien für einen Übertritt in die Freiheitspolizei des Praters entschieden hatten. Ihr Hauptstandort war die Ernst-Albrecht-Kaserne in der Vorgartenstraße. Sehr wohlwollend hatten die Soldaten zur Kenntnis genommen, dass das seit Jahrzehnten vor sich hin rottende Gebäude durch eine Tochterfirma aus dem Imperium von Igor Asanin aufwendig renoviert worden war. Diese Maßnahme hatte sich nicht gerade nachteilig ausgewirkt, als es darum ging, die Soldaten von einer Entscheidung für den Prater zu überzeugen. Lieferungen von modernstem Militärgerät aus Simmering taten ihr Übriges.

Der im Bildschirm aufscheinende Oberste hörte sich alle Berichte in Ruhe an, bis er schließlich Udo Huber das Wort erteilte.

»Erst mal vielen Dank, dass ich heute in dieser Runde dabei sein kann. Ich möchte an dieser Stelle den Wert der Zusammenarbeit zwischen unseren beiden Staaten unterstreichen«, sagte Huber. »In Folge der gestrigen Vereinbarungen hat unser Aufklärungsstab ein dreistufiges Projekt entwickelt, mit dessen Hilfe es gelingen wird, die Bevölkerung der Brigittenau aus der Unterjochung durch die pseudodemokratische Diktatur zu befreien.«

Die erste Stufe, so lautete der von Huber präsentierte Plan, beinhaltete ein Attentat auf Roland Bergmeister, den Botschafter des Praters in der Brigittenau. Dieser solle bei einem Bombenanschlag ums Leben kommen.

»Wir sollen einen unserer eigenen Leute opfern?«, fragte Siegbert Reicher.

»Um an das große Ziel zu gelangen, müssen Menschen geopfert werden. Das werden Sie sicherlich verstehen«, antwortete Huber trocken. »In der Folge werden die Medien der objektiven Presse über eine Terrorzelle im Prater berichten, die aus Anhängern der ehemaligen Pseudodemokratie sowie eingeschleusten Danubiern besteht. Dann folgt die zweite Stufe«, fuhr Huber fort. »Die Sicherheitskräfte der Freiheitspolizei werden Mitglieder dieser Zelle bei einer Razzia im Café *Else* in der Heinestraße ausheben und in Gewahrsam nehmen. Aus den Geständnissen dieser Personen wird deutlich hervorgehen, wer für das Attentat verantwortlich ist.«

»Die Präsidentin der Brigittenau?«, nahm Siegbert die Antwort vorweg.

»Ganz genau«, erklärte Huber.

»Und dann schlagen wir los?«, fragte einer der Generäle von der Freiheitspolizei.

»Nein, wir wollen ja keinen militärischen Konflikt vom Zaun brechen. Wir fordern die Brigittenau lediglich dazu auf, uns die Hintermänner der Tat auszuliefern.«

»Sie meinen, die Hintermänner *in den Prater* auszuliefern«, korrigierte der General.

»Wohin auch immer«, antwortete Huber. »Ist letztlich auch egal wohin, denn diese Hintermänner wird es in der

Brigittenau ja nicht geben, also können sie sie auch nicht ausliefern.«

»Genial«, sagte der General zufrieden. »Und dann schlagen wir los?«

»Nein, Gewalt ist nur der allerletzte Schritt, und dieser wird nicht notwendig sein. Denn zeitgleich werden wir eine mediale Offensive beginnen, in deren Mittelpunkt die Verbindungen zwischen der Präsidentin der Brigittenau und der Trinkwasserkatastrophe in den beiden Staaten jenseits der Donau beleuchtet werden.«

»Welche Verbindung?«, fragte der andere General verdutzt.

»Sie wissen sicherlich, in welcher Branche der Ehemann der Präsidentin tätig ist?«

In der Runde setzte allgemeines Schweigen ein, das schließlich erst vom Obersten gebrochen wurde.

»Der gute Herr ist Geschäftsführer der Firma *Waterclean*, die Maschinen zur Trinkwasseraufbereitung produziert.«

»Ja«, sagte Huber. »Und wir werden medial überzeugend darlegen, dass er seit Ausbruch der Krise hunderte Millionen von Wiener Schilling mit dem Verkauf seiner Geräte und dem anschließenden Export über die Donau verdient hat. Und dass die pseudodemokratische Politik der Brigittenauer Präsidentin lediglich zur Profitmaximierung der Geschäfte ihres Gatten dient. Ein militärisches Eingreifen wird also nicht nötig sein, denn die Dame wird bei den Wahlen in der Brigittenau in zwei Wochen von ganz alleine aus dem Amt gejagt werden.«

»Ich hätte ja nichts dagegen gehabt, unsere neuen Panzer endlich mal in der Praxis testen zu können«, sagte einer der beiden Generäle.

In seiner Stimme lag ein Hauch von Enttäuschung.

»Das könnt ihr doch weiterhin bei der Abwehr der Flüchtlinge tun«, versuchte der Oberste ihn zu trösten.

»Das ist aber nicht dasselbe«, sagte der General.

Das Attentat auf Roland Bergmeister war für den 11. November geplant worden. Es verblieben für Jan also drei Tage, um die mediale Strategie der *Abteilung für direkte Wahrheit* für dieses Ereignis vorzubereiten, die mit Trauer und Betroffenheit gespickten Reden des Obersten zu schreiben sowie die entsprechenden Online-Bots zu programmieren und in Stellung zu bringen. Und natürlich Valerie sowie Emil an diesem Tag vom Ort des Attentats so weit wie nur irgend möglich entfernt zu halten.

11 (MITTWOCH)

»Unsere Kraft im Prater! Wie geht's dem Nachwuchs?«, rief Jan dem Portier im T-Tower zu, während er durch die elektronische Zutrittssperre marschierte.

»Wächst und gedeiht!«, echote es zurück. Die Besprechung des Vortages hatte in Jan neue Energie freigesetzt. Endlich tat sich mal wieder was. Endlich gab es ein konkretes Ziel, auf das sich hinarbeiten ließ. Nichts war lähmender als das bloße Verwalten des Ist-Zustandes. In der Tat lag die Kraft. Und diese galt es auszuschöpfen. Voll und ganz, für den Prater. So lautete Jans Maxime.

Die Morgenbesprechung fand an diesem Mittwoch im Besprechungsraum auf dem Dach des T-Towers statt. Jan war der Erste des Teams, der sich hier eingefunden hatte. Im Aufzug hatte er beschlossen, nicht vorab ins Büro zu fahren, um seinen Mantel und die Aktentasche abzulegen, sondern direkt nach ganz oben zu fahren. Er wollte für einen Moment alleine in diesem Raum sein. Seinen Blick über das vor ihm liegende Wien schweifen zu lassen. Der ehemals erste Bezirk der Millionenmetropole war nun, vier Jahre nach der Auflösung der Pseudodemokratie, eine neutrale Zone, die von allen selbstständigen Wiener Staaten anerkannt wurde und weiterhin den Namen Wien tragen durfte. Es war ein Tummelplatz der Diplomatie und des Austausches. Und gleichzeitig ein Ort des Rückzuges. Nirgends konnte man in diesen Tagen so gut die Gedanken schweifen lassen wie bei einem Stück Esterházytorte im Café *Tirolerhof*, gleich gegenüber jenen Räumlichkeiten, in denen sich ehemals die Kunstsammlungen der weltberühmten Albertina befunden hatten.

»Unsere Kraft im Prater! Guten Morgen, Jan«, hörte er plötzlich hinter sich eine Stimme sagen, als er noch mitten in seinen Esterházy'schen Mehlspeisengedanken versunken war.

»Unsere Kraft im Prater! Hallo Mahmoud«, begrüßte er seinen Mitarbeiter, der den Besprechungsraum betreten hatte.

Hinter ihm folgten, wie an einer Perlenschnur aufgereiht, Helena und John. Sie nahmen an Jans linker und rechter Seite Platz.

»Guten Morgen euch allen«, begrüßte er seine Truppe.

Er blieb bewusst stehen und stützte sich lediglich mit den Fingerkuppen seiner Hände auf dem Besprechungstisch ab. Ein bisschen Dynamik konnte in diesem Moment nicht schaden, dachte er sich.

»Wie sieht die Statistik der vergangenen Nacht aus?«

Mahmoud rührte mit einem Löffel in seiner Kaffeetasse und wippte mit den Füßen hin und her. John und Helena sahen voller Erwartung zu Jan.

»Drei versenkte Boote und ein alter Kahn, der es im Schutz der Dunkelheit tatsächlich bis zu unserem Ufer geschafft hat«, erzählte Helena.

»Wie konnte das denn passieren? Haben Siegbert und seine Jungs vom Grenzschutz wieder mal zu tief ins Glas geblickt?«, fragte Jan.

»Keine Ahnung«, stellte Helena konsterniert fest. »Es gibt sogar Überlebende.«

»Der gute Siegbert mit seiner Freiheitspolizei wird wohl nachlässig. Das wird dem Obersten nicht gefallen«, sagte Jan. »Auf der anderen Seite spielt uns das aber in die Karten.« Seine Mitarbeiter sahen Jan mit erwartungsvollen Augen an. Er beschloss, sie noch ein bisschen auf die Folter zu spannen, und hörte sich erst die weiteren Vorkommnisse der vergangenen Nacht sowie die Auswertung der Saiger-Statistik der aktuellen Morgenbotschaft an. Stolze neunundachtzig Prozent verfolgten die Ansprache des Obersten, wohl eine Folge des Besuches von Rudolf Reimann und dem daraus resultierenden Medienecho. Anschließend bat Jan um die Pläne zum Mediendesign des heutigen Tages.

Mahmoud spulte routiniert sein Tagesprogramm ab. Er hatte die halbe Nacht an einer Geschichte gesponnen, bei der er aber zu keinem passenden Ende gekommen war. Es sollte ein Beitrag für die Website offengesagt.pr werden, und dieser sollte den Stellvertreter der Brigittenauer Präsidentin diskreditieren. »Ich habe erst überlegt, ihm eine Beziehung mit seiner Tochter anzudichten«, erzählte Mahmoud.

»Aber nein«, wandte Helena sofort ein und schlug die Hände über dem Kopf zusammen. »Das hatten wir doch erst neulich mit deren Kulturminister. Wie langweilig.«

»Ja, eh, deswegen habe ich ja die ganze Nacht hin und her überlegt«, verteidigte sich Mahmoud.

»Was haben wir sonst noch?«, fragte Jan in die Runde.

»Die Wiener Wochenzeitung macht in ihrer heutigen Ausgabe mit einem Dossier über das angebliche berufliche Scheitern des Obersten zu Zeiten der Pseudodemokratie auf«, berichtete Helena. Sie nahm die Zeitung in die Hand und hielt das Cover in die Höhe. Auf diesem war das Foto eines Ladengeschäftes in der Stuwerstraße zu sehen. Die Rollbalken waren heruntergelassen, das darüber hängende blaue Schild mit der Aufschrift *Terminplaner* hatte schon mal bessere Jahre gesehen. Es fanden regelmäßig Versuche statt, im Vorleben des Obersten nach dunklen Flecken zu suchen. Dies ließ sich nicht verhindern, auch wenn nach jedem Bericht und den entsprechenden Interventionen der

Abteilung für direkte Wahrheit klar war, dass es im Leben des Obersten solche Schattenseiten natürlich nicht gab.

»Welcher Schmierfink hat den Artikel geschrieben?«, fragte Jan.

»Dreimal raten«, antwortete Helena.

»Konrad Fleck?«, fragte Jan.

Natürlich wusste jeder im Raum, dass dies eine Frage rein rhetorischer Natur war.

»Der Kandidat hat hundert Punkte«, antwortete Helena, während John einen Schluck aus der Kaffeetasse nahm.

»Nur gut, dass es immer derselbe Journalist ist«, sagte Jan. »John, du suchst dir bitte aus unserem Dossier über ihn ein paar der üblichen Schweinereien heraus und bereitest sie für unsere Online- und Offlinemedien auf. Ich will, dass morgen jeder Bürger unseres schönen Landes in der *Praterpost* genüsslich nachlesen kann, mit wem der Herr Fleck ins Bett geht. Haben wir aktuelles Fotomaterial dazu?«

»Ja, die Grafikabteilung hat letzte Woche einige neue Schnappschüsse von Fleck angefertigt. Als wenn sie geahnt hätten, dass wir sie nun gut gebrauchen können«, erklärte John. »Die lassen sich im Grafikprogramm gut für diverse Adaptierungen herrichten«, schob er hinterher, schelmenhaftes Lachen inklusive. »Deponieren wir zusätzlich ein paar Kinderpornos auf seiner Computerfestplatte?«, fragte John.

»Bestens«, sagte Jan.

Die weiteren Berichte, die ihm seine Mitarbeiter in der Folge vortrugen, waren allesamt mäßig spannend, sodass sie zügig zum letzten Punkt der Tagesordnung kommen konnten.

»Es gibt da noch etwas«, erklärte Jan, als Mahmoud sich gerade aus seinem Sessel erheben wollte. Nachdem er diesen Satz gesagt hatte, ließ sich Mahmoud wieder in sein schwarzes Sitzmöbel zurückfallen. Anschließend sah er ihn mit erwartungsvollen Augen an. »Am Freitag wird ein Attentat auf Roland Bergmeister verübt werden, bei dem dieser ums Leben kommen wird. Als Drahtzieher werden wir der Weltöffentlichkeit am Tag danach eine Gruppe Oppositioneller mit Verbindungen in die Brigittenau präsentieren.«

»Sofort am Tag danach?«, fragte Helena. »Ist das nicht ein bisschen zu schnell?«

»Unsere Polizei arbeitet halt zügig und gründlich. Unsere Bevölkerung soll ja nicht auf den Gedanken kommen, dass wir die Lage nicht im Griff hätten.«

»Auch wieder wahr. Warum ausgerechnet Bergmeister?«, fragte Helena weiter.

»Bergmeisters Eltern stammen aus dem ehemaligen Floridsdorf, er hat sie unmittelbar nach der Grundwasserkatastrophe auf unsere Seite der Donau bringen lassen. Er ist also einer von uns, aber in der Bevölkerung aufgrund dieser familiären Verbindung schlecht genug beleumundet, sodass ihn niemand vermissen wird. Außerdem sucht der Oberste schon längere Zeit nach einem Nachfolger für seine Position als Botschafter des Praters in der Brigittenau. Bergmeister ist ihm zu soft.«

»Was haben wir über die Attentäter?«, fragte Helena weiter.

»Das«, antwortete Jan, »ist das Angenehme an der Sache. Wir dürfen uns jemanden aus unserer Freundeskartei aussuchen. Der Oberste lässt uns freie Hand.«

Als Freundeskartei wurde innerhalb der *Abteilung für direkte Wahrheit* das Dossier mit den Namen jener Personen bezeichnet, die in den vergangenen Jahren mit missliebigen Kommentaren oder sonstigen kritischen Zwischentönen aufgefallen, aber nicht straffällig geworden und somit dem Zugriff der Exekutive entzogen waren. Dieses Namensdossier bestand neben der offiziellen Liste mit Mitgliedern der *Freiheit-für-den-Prater*-Bewegung. Es gab immer wieder Anlässe, bei denen diese Leute ganz nützlich waren. Und nun kam einer dieser Anlässe.

»Wie geil ist das denn«, sagte Mahmoud und warf mit einer Kopfbewegung seine halblangen blondierten Haare nach hinten.

»Weihnachten und Ostern zusammen! Da können wir unserer Kreativität ja endlich mal freien Lauf lassen«, stimmte John fröhlich zu.

»Ich will bis heute Abend Vorschläge auf dem Tisch haben«, gab Jan die Regieanweisung aus.

»Wie viele Personen dürfen wir denn auswählen?«, fragte Mahmoud.

»Zwei bis drei Leute dürfen es schon sein«, antwortete Jan.

Mahmoud schien mit dieser Auskunft nicht ganz zufrieden zu sein.

»Ach so«, antwortete er. »Es ist nämlich so ..., da gibt es einen Kerl, der gerade ziemlich aufdringlich an meinem Freund rumbaggert.«

»Hat er Verbindungen zur Freiheitspolizei oder zur Bewegung des Obersten?«, fragte Jan nach.

»Nein, absolut unauffällig. Ist so ein Typ der Sorte, die sich aus allem am liebsten raushält.«

»Na gut«, sagte Jan. »Ausnahmsweise.«

»Na toll«, brachte sich jetzt Helena mit einem Seufzer in die Thematik ein. »Ich hätte da auch den einen oder anderen aufdringlichen Verehrer, den ich mir gern vom Hals schaffen würde.«

Dabei sah sie Jan mit einem lasziven Lächeln an.

»Du hast dir schon im Vorjahr bei dem fingierten Vorfall mit der Wanze im Büro des Obersten deinen nichtsnutzigen

Bruder vom Hals schaffen können, der dir das Erbe eurer Eltern streitig gemacht hat. Das reicht. Jetzt ist Mahmoud an der Reihe«, sprach Jan ein Machtwort.

Helena nickte artig, nicht ohne ihr Lächeln abzulegen.

»Also, außer Mahmouds Nebenbuhler brauchen wir zwei Personen, denen wir das Attentat in die Schuhe schieben können. Bis heute, achtzehn Uhr, will ich Namen, Biografien und Details zu den hinterlegten Beweisen ihrer Schuld auf meinem Schreibtisch haben«, gab Jan die Devise aus.

»Geht klar«, sagte John und sprang auf.

Gemeinsam mit Mahmoud verließ er den Saal.

»So leicht wirst du mich nicht los«, flüsterte Jan Helena ins Ohr, als er an ihr vorbei zur Tür ging. Gerade leise genug, dass die im Raum verteilten Mikrofone es nicht mitbekommen konnten. »Meine Aufdringlichkeit wirst du noch eine Zeit lang erdulden müssen.«

»Es wird mir eine Ehre sein«, erwiderte sie.

Die aus Fleischersatz bestehenden Köfte, die der Kellner soeben vor Valerie auf den Tisch gestellt hatte, dufteten herrlich. Und auch Jans Kebap-Teller machte einen guten Eindruck. Die beiden schafften es viel zu selten in ihr libanesisches Stammlokal in der Ausstellungsstraße. Umso schöner war es, wenn sie es doch mal zeitlich einrichten konnten. Und wenn es sich nur um ein schnelles Mittagessen handelte.

»Habe ich dir schon erzählt, dass Saskia und Werner heiraten werden?«, fragte Valerie, nachdem sie den ersten Bissen hinuntergeschluckt und anschließend ein zufriedenes Gesicht aufgesetzt hatte.

»Nein, ist nicht wahr!«, sagte Jan erstaunt.

Er konnte Saskia nicht leiden. In Jans Augen hatte sie einen denkbar schlechten Einfluss auf Valerie. Sie schien sie immerfort aufstacheln zu wollen. Auch und insbesondere gegen Jan. Ein unangenehmer Charakter.

Seit einer gefühlten Ewigkeit hatte die Kollegin seiner Frau sehnsüchtig darauf gewartet, dass ihr langjähriger Freund endlich die alles entscheidende Frage stellen würde. Schon als Jan Valerie kennengelernt und sie ihn in die Welt ihrer Freundinnen eingeführt hatte, war das bei Saskia ein Thema gewesen. Dabei hatten die beiden auch bereits eine gemeinsame Tochter.

»Und woher der Sinneswandel?«, erkundigte sich Jan.

»Darüber rätselt Saskia selbst ein bisschen. Es macht sie fast misstrauisch«, sagte Valerie, lächelte und nahm einen Schluck Mineralwasser aus dem vor ihr stehenden Glas.

»Und hat sich unser Nachwuchs heute schon gemeldet?«, fragte Jan sie ein wenig später, nachdem der Kellner die beiden leergeputzten Teller abgeräumt hatte.

»Ja, wieder mal sehr aktiv«, sagte Valerie. »Wobei er sich wohl irgendwie gedreht haben dürfte. Ich spüre seine Tritte heute eher nach innen und nicht gegen die Bauchdecke. Irgendwie spooky.«

»Er soll sich nur richtig austoben«, erklärte Jan und bat den Kellner anschließend um die Rechnung.

»Zweihundertvierzehn Schilling«, sagte der Kellner wenig später und hielt Jan den Kassenzettel unter die Nase.

»Zweihundertvierzig«, sagte dieser und reichte ihm das frisch aus der Druckerei gekommene Geld.

»Wie immer sehr großzügig«, sagte der Kellner und bedankte sich.

»Es war ja auch wie immer sehr ausgezeichnet«, stellte Jan zufrieden fest.

Jan half Valerie in den Mantel und brachte sie zur Haltestelle des 11A, mit dem sie von der Ausstellungsstraße zum Kino beim Stadioncenter gelangte.

»Pass schön auf dich auf«, sagte Jan zur Verabschiedung und gab ihr einen Kuss auf die Stirn.

»Mir passiert schon nichts, ich habe doch immer einen kleinen Aufpasser dabei«, antwortete sie und deutete mit dem Finger auf ihren Bauch.

Das Mittagessen mit Valerie tat Jan gut. Für einen kurzen Moment konnte Jan seinen Kopf auf andere Gedanken bringen. Und Valerie machte an diesem Tag einen sehr stabilen und positiven Eindruck. Das beruhigte ihn.

Es war bereits dunkel, als John und Mahmoud an diesem Abend das Büro im T-Tower betraten. Es hatte merklich abgekühlt.

Die beiden setzten sich auf zwei Sessel vor Jans Schreibtisch und legten diesem anschließend eine Flügelmappe auf den Tisch.

»Wir sind fertig«, sagte John. »Und schon sehr gespannt, wie dir unsere Geschichten gefallen«, fuhr er fort und grinste Jan an.

Dieser nahm die Mappe in die Hand und schlug sie auf. Robert Moser lautete der Name der Person, die mit einem Foto und einem kurzen Lebenslauf auf der ersten Seite präsentiert wurde. Erst auf der zweiten Seite wurde es interessant, denn dort folgte die Geschichte, die sich die beiden zu Robert Moser und seiner Verstrickung in das Attentat am Freitag ausgedacht hatten. Einer der IT-Spezialisten hatte bereits frei erfundene Unterlagen über Vorbesprechungen zum Attentat sowie Pläne zum Bau einer Bombe auf Mosers Computer hinterlegt. Die zweite Person hieß Georg Jenner. Er war der Nebenbuhler, den sich Mahmoud vom Hals schaffen wollte. Mittels Bildbearbeitungssoftware würde unmittelbar nach dem Attentat sein Profil in die Bilder einer

Überwachungskamera in der Nähe des Tatortes transferiert werden. Zusätzlich sollten fingierte Gesprächsprotokolle aus seinem Mobiltelefon deutlich machen, dass er nicht nur in der Nähe des Anschlags war, sondern auch Kontakt zu den übrigen Attentätern gepflegt hatte. Person Nummer drei war Werner Krause. Für ihn hatte sich Mahmoud etwas ganz Besonderes ausgedacht, denn er sollte der Haupttäter werden. Mahmoud hatte jenen Fingerabdruck-Scan, den jeder Bürger bei der Passausstellung hinterlegen musste, entnommen und auf die Tatwaffe übertragen lassen. Zusätzlich würde sich bei Nachforschungen ergeben, dass Krause wenige Tage zuvor beim Grenzübergang Innstraße in die Brigittenau ausgereist war, um nur wenige Stunden später wieder in den Prater einzureisen. Der Schnellrichter würde dies so auslegen, dass Krause sich dort die Waffe hatte aushändigen lassen.

»Klingt gut«, sagte Jan, als er die Mappe geschlossen und wieder auf den Tisch gelegt hatte. Vor allem, dass der Name Werner Krause auf der Liste auftauchte, gefiel Jan außerordentlich gut. »Und wer ist die andere Nase? Also dieser Moser?«

»Absolut unauffälliger Typ«, antwortete Mahmoud. »Einer der Sorte Mensch, die meint, man könne sich ganz normal verhalten und brauche keinen Datenschutz, weil man als Einzelperson eh zu uninteressant für jegliche Überwachungsmaßnahmen wäre.«

»Na dann beweisen wir ihm mal, dass er sich mit dieser Einstellung irrt. Alle drei Personen können wir im Anschluss an das Attentat glaubwürdig als Anhänger der FDP positionieren?«

»Selbstverständlich. Es ist ein Kinderspiel, jemanden in die Nähe der FDP zu rücken, so unvorsichtig wie diese Oppositionellen sind«, antwortete Mahmoud. »Wobei ich mich ohnehin schon die längste Zeit frage, wieso die sich keinen anderen Namen ausgedacht haben? *Freiheit für den Prater*! So ein Blödsinn. Wo soll es noch mehr Freiheit geben als in einem Land, dessen Sicherheitskräfte Freiheitspolizei heißen? Und erst dieses lächerliche FDP-Logo mit den zwei Händen, die sich über dem Riesenrad vereinigen.«

»Was hat sich unsere Strategieabteilung zum Attentat ausgedacht?«, fragte Jan.

»Bergmeister sitzt jeden Freitag im *Ansari* und isst dort zu Mittag. Einer unserer Männer wird maskiert in das Lokal stürmen und Bergmeister erschießen. Attentäter Nummer zwei wird währenddessen das Lokal sichern. Anschließend werden beide rauslaufen und in ein Auto springen, in dem deutlich sichtbar eine dritte maskierte Person hinter dem Steuer sitzen wird.«

»Isst Bergmeister dort in der Regel alleine oder in Begleitung?«

»Alleine«, antwortete John. »Zumindest wenn man von seinem Verhaltensprofil in den vergangenen acht Wochen ausgeht.«

»Wo fahren unsere Leute dann hin?«

»Sie stellen den Wagen in der Tiefgarage am Nestroyplatz ab, also gleich ums Eck. Dort haben wir alle Überwachungskameras so präpariert, dass die drei Männer die Anlage unerkannt verlassen werden können. Anschließend speisen wir die von uns präparierten Aufnahmen ins System ein.«

»Woher haben wir den Wagen?«, fragte Jan.

»Den haben wir gestern in der Rembrandtstraße organisieren lassen. Unauffälliger Kleinwagen, der vor einem Jahr von den Asanin-Automobilwerken über den Hafen Freudenau in den Prater eingeführt worden ist.«

»Gut«, sagte Jan. »Vielleicht sollte unser Mann im *Ansari* noch einen Kellner erschießen. Dann sieht das Ganze nach einer nicht so professionellen Tat aus.«

»Oder vielleicht ein Kind, das unbeteiligt an einem Tisch sitzt?«, wandte Mahmoud ein. »Das würde in der Bevölkerung wesentlich mehr Betroffenheit erzielen, als wenn es irgendeinen Kellner trifft.«

Mahmoud wandelte in Sachen strategisches Denken langsam auf Helenas Spuren.

»Du hast recht«, sagte Jan, »nehmen wir ein Kind.«

Mahmoud sah ihn zufrieden an.

»Perfekt«, lobte Jan die beiden zusammenfassend. »Helena, gibt es von dir noch etwas?«

»Ich finde es seltsam, dass es drei Männer sind. Hätte man da nicht auch eine Frau inkludieren können?«, fragte die Blondine.

»Du wieder mit deiner Gendergerechtigkeit«, sagte John und verzog das Gesicht.

»Das hat nichts mit Gendergerechtigkeit, sondern mit realen Lebenssituationen zu tun«, verteidigte sich Helena. »Auch Frauen können schließlich Attentate verüben.«

»Helena hat recht«, sprang ihr Jan bei. »Hast du vielleicht auch gleich jemanden im Angebot für uns?«, fragte er sie anschließend.

»Um Gottes willen, nein. So primitiv wie John und Mahmoud, dass ich ein solches Schauspiel für einen privaten Rachefeldzug nutze, bin ich dann doch nicht.«

»Wie war das damals noch mal mit deinem Bruder?«, hakte Mahmoud ein.

»Das war etwas anderes«, entgegnete Helena und verzog das Gesicht.

»Außerdem hat das nichts mit primitiv zu tun«, verteidigte sich John. »Aber irgendwelche Deppen brauchen wir halt als Attentäter.«

Jan sah nun wieder zu den beiden hinüber. Mahmoud und

John überlegten einige Sekunden und erkundeten dabei mit ihren Augen das gesamte Büro.

»Es hat in meiner Schule eine Lehrerin gegeben, mir der ich auf Kriegsfuß stand: Esther Kögler. Eine von der Sorte, die uns zu besseren Menschen erziehen wollte und so ein Schwachsinn. Die könnte man statt Krause nehmen«, schlug John vor.

»Nein, Krause brauchen wir. Für Kögler fliegt Moser raus«, erklärte Jan.

Seine Mitarbeiter sahen ihn verwundert an.

»Okay«, sagte Helena schließlich.

»Dann an die Arbeit! Zeigt mir, was ich euch im Storytelling-Workshop beigebracht habe!«

Mit reichlich Energie ausgestattet, sprangen alle auf und verließen das Büro.

12 (DONNERSTAG)

»Das Kätzchen kommt wieder«, sagte Emil und erbat den ihm in seiner Sicht zustehenden Platz auf dem Schoß von Valerie.

»Oh, ist das Kätzchen wieder in Schmusestimmung?«, sagte Valerie mit gespielt überraschter Stimme.

Emil kletterte etwas unbeholfen auf Valeries Oberschenkel und rollte sich dort im Stile einer Katze ein. Valerie hatte dadurch zwar einige Mühe, sich nach vorne zu beugen, um ihre Kaffeetasse auf dem Frühstückstisch zu erreichen. Doch wenn Emil sich einbildete, als Katze Streicheleinheiten bekommen zu müssen, war Valerie machtlos. Oben angekommen, begann Emil mit seiner Zungenspitze ihren Unterarm zu lecken, so wie er es in den Tagen zuvor bei der Nachbarskatze hatte beobachten können.

»Wie schauen deine Pläne für heute aus?«, fragte Jan Valerie. Er konnte sich natürlich ausmalen, was sie an einem normalen Arbeitstag vorhatte. Doch er wollte mit dieser unverfänglichen Frage das Terrain für eine weitaus weniger unverfängliche zweite Frage vorbereiten.

»Das Übliche. Wir haben heute Nachmittag die Finanzprüfung der Simmeringer Zentrale bei uns im Haus. Das wird ganz schön mühsam, Saskia und ich sind schon seit Tagen unentspannt deswegen.«

»Na, ihr werdet das schon gut hinbekommen. Mit Zahlen konntest du ja immer gut umgehen. Und wie schaut es morgen aus?«, ging er zu seinem eigentlichen Anliegen über.

»Ich nehme an, dass die auch morgen noch bei uns sein werden.«

»Also geht sich keine Mittagspause bei dir aus?«, vergewisserte sich Jan.

»Oho, bringt mich die Buchprüfung etwa gerade um eine Einladung zum Mittagessen?«, fragte Valerie und lächelte ihn an.

»Gut möglich«, sagte er und lächelte zurück.

»Nein, ich befürchte, ich werde mir morgen nur schnell was aus der LHO holen und dann mit Saskia im Büro essen. Außerdem müssen wir doch endlich mit dem Saal Nummer vier weiterkommen. Die Kinoinhaber liegen mir schon seit Wochen in den Ohren, dass der Kinosaal nach dem Wassereinbruch im Juli endlich wieder geöffnet werden muss.«

Sehr gut, dachte sich Jan. Das hörte sich nicht so an, als ob Valerie Gefahr laufen würde, sich in der Nähe des geplanten Anschlags am anderen Ende des Praters aufzuhalten. Nicht auszudenken, sie oder Emil würde dem Treiben in die Quere kommen.

»Was gibt's?«, fragte Jan wenig später frohgelaunt in die morgendliche Besprechungsrunde im obersten Stock des T-Towers.

Dreizehn von der Landung am Handelskai abgehaltene Danubier sowie eine Aufmerksamkeit von zweiundsechzig Prozent für die via Saiger verbreitete Morgenansprache des Obersten, lautete die Tageszusammenfassung an diesem Donnerstag. Beides Werte, die ausbaubar erschienen, wie Jan befand.

Für den Nachmittag stand das zweite Interview mit dem Obersten zu seiner Biografie auf dem Programm. Jan flanierte zu Fuß über die Praterstraße bis zum Praterstern und weiter über die Venediger Au ins Stuwerviertel. Er hatte angesichts des für den folgenden Tag geplanten Attentats eigentlich erwartet, dass der Oberste diesen Termin auf die Zeit danach verlegen würde. Doch den Anführer des Praters schien dies nicht davon abzuhalten. Also blieb es bei dem Interviewtermin, für den sich beide dieses Mal in der Stuwerstraße trafen. Der Ort wurde vom Obersten bewusst ausgesucht, denn hier befand sich jenes Geschäft, das früher von ihm beziehungsweise seiner Familie geführt worden war. Und das erst wenige Tage zuvor in einem polemischen Artikel in einem ausländischen Lügenmedium denunziert worden war.

Das Schwerpunktthema dieses zweiten Interviews war die im Jahr 2022 einsetzende Flüchtlingskrise.

»Hier hat damals alles angefangen«, sagte der Oberste, als Jan das Geschäftslokal betreten hatte.

Im Inneren war bereits der Flachbildschirm mit der Videoübertragung installiert worden. Der Oberste hatte seinen Gesprächspartner bereits erwartet.

Kurz nach dem Amtsantritt des Obersten war das Geschäft mit der blauen Fassade im Haus Stuwerstraße 24 blitzblank herausgeputzt worden.

»Alles sieht heute genauso aus, als ob ich hier gestern noch gearbeitet hätte«, sagte der Oberste mit sichtlich beeindruckter Stimme.

Unter einer Glasscheibe lagen in einer Theke mehrere verschiedene Modelle von Terminplanern. Darauf befanden sich eine große Kasse und gleich daneben der berühmte Block, von dem jedes Kind im ganzen Prater wusste. Jener Block, auf dem der Oberste damals seine letzte Bestellung aufgenommen hatte. Der schwarze Kugelschreiber lag noch heute genauso da, wie er ihn damals hatte liegen lassen. Es war ein erhabener Moment, hier zu stehen. Jans letzter Besuch lag sicherlich schon mehr als ein Jahr zurück. Es musste die lange Nacht der Museen gewesen sein. Eines jener Relikte aus der Zeit der Wiener Pseudodemokratie, die bis in die moderne Gegenwart des Praters überlebt hatte.

»Und jetzt frage ich dich ganz im Ernst«, sagte der Oberste schließlich. »Sieht so ein Geschäft aus, das bankrottgegangen ist?«

»Natürlich nicht«, antwortete Jan. Aber die Frage zeigte ihm, dass der äußerst herabwürdigende Artikel im ausländischen Lügenmedium seine Wirkung beim Obersten nicht verfehlt hatte.

Jan setzte sich auf einen vorbereiteten schwarzen Ledersessel, der neben der Theke platziert worden war. Zwischen ihm und dem Bildschirm stand ein Hochtisch, auf dem sich ein Wasserkrug und ein leeres Glas befanden.

»Für heute haben wir das Thema Flüchtlinge auf dem Programm, passt Ihnen das noch?«, fragte Jan eingangs.

»Selbstverständlich«, antwortete der Oberste. »Schließlich ist das ein bis heute hochaktuelles und brisantes Thema.«

Jan legte seinen Notizblock im A5-Format neben den Wasserkrug und goss sich anschließend Wasser in sein Glas.

»Dann gehen wir doch mal am besten gleich zurück in den April des Jahres 2022. Ende März waren die ersten Fälle von verunreinigtem Trinkwasser in den beiden damals noch zu Wien gehörenden Bezirken Floridsdorf und Donaustadt gemeldet worden. Beide Bezirke grenzen im Süden an die Donau und somit auch an unser Territorium, auf der anderen Seite, nach Norden hin, sind sie ausschließlich von Niederösterreich umschlossen. Und dieses Niederösterreich hat damals in Person seiner Landeshauptfrau in einem vollkommen überraschenden Schritt die Grenzen geschlossen. Angeblich, um die Ausbreitung von Seuchen im Keim zu ersticken. Können Sie sich noch an den Tag erinnern?«

»Ja, natürlich. Das ist wie mit dem Anschlag auf das World Trade Center oder dem Tag, als Donald Trump zum Präsidenten gewählt wurde. Es war der 2. April 2022. Ich glaube, es war ein Montag. Denn tags zuvor war der erste warme Tag des Jahres und ich hatte die Gelegenheit genutzt, um im Prater auf der Hauptallee joggen zu gehen.«

»Beleuchten wir diesen Montag, an dem die ersten Meldungen über die Ticker der Agenturen liefen. Was war Ihr erster Gedanke, als sie vom Ausmaß der Tragödie und der Grenzschließung hörten?«

»Ich befand mich zu dem Zeitpunkt in einer Sitzung des Leitungsgremiums unserer Bewegung. Es kam ein Mitarbeiter herein und machte uns auf eine Sendung des ORF, des damaligen pseudodemokratischen Zwangssenders, aufmerksam. Wir schalteten den Fernseher ein und es war schrecklich zu sehen, wie all diese hilflosen Menschen entlang der Brünner Straße und in der Seestadt Aspern auf der Straße waren, um sich um die Tanklaster mit den Trinkwasserlieferungen zu raufen. Dann folgte die Meldung, dass Niederösterreich sich abschottete und Soldaten des dritten Pionierbataillons aus der Birago-Kaserne in Melk zur Grenzsicherung in Marsch gesetzt hatte.«

Der Oberste sah Jan mit eindringlichem Blick an, während sich die Passanten draußen in der Stuwerstraße augenscheinlich wunderten, warum so viel Sicherheitspersonal vor dem Eingang des Museums postiert war. Hin und wieder versuchte jemand, durch die Milchglasscheibe etwas zu erkennen, und presste seine Nase an die Scheibe.

»Was passierte dann?«, fragte Jan.

»Als die ersten Kolonnen von Menschen versuchten, über die Reichsbrücke in die damalige Leopoldstadt, also das Gebiet des heutigen Praters, zu gelangen, habe ich sofort versucht, die damalige Bezirksvorsteherin zu erreichen. Es war uns allen sonnenklar, dass wir den Ansturm aus dem Norden nicht würden bewältigen können. Doch das damalige Führungspersonal des Bezirks war leider anderer Meinung. Mit den heute bekannten Folgen, an denen wir noch immer zu leiden haben.«

»Sie meinen die ungeklärte Situation der im Prater befindlichen Flüchtlinge?«

»Ganz genau. Wir haben es hier mit einer Hypothek zu tun, die noch unsere Kinder und Kindeskinder zu erdulden haben werden. All die tausenden von Menschen, die damals im Prater aufgenommen worden waren, mussten ja schließlich auch versorgt werden. Und versteh mich nicht falsch, selbstverständlich musste man diesen Menschen irgendwie helfen. Doch wir hier im Prater waren dazu nicht alleine in der Lage.«

»Wie ging es damals weiter?«

»Die Bezirksführung versuchte in vollkommen naiver Weise die anderen Bezirke, die südlich des Donaukanals lagen, davon zu überzeugen, dass auch sie Flüchtlinge aufnehmen sollten. Doch du kannst dir vorstellen, was passierte. Jeder Bezirk fand eine Ausrede, warum er nicht helfen könne. Bei den einen war es Platzmangel, bei den anderen hatte man Angst vor der schwierigen Integration der Neuankömmlinge, die sich in ihren Traditionen und Bräuchen ja grundsätzlich von uns unterscheiden. Stell dir nur vor, ein Danubier würde im Hinterhof eines Hauses im Prater sein Kaninchen schlachten. Was gäbe das für einen Aufschrei? Uns allen war schon damals klar, dass all diese Menschen eine lange Zeit bei uns bleiben würden und es ihnen sehr schwerfallen würde, sich unseren Bräuchen anzupassen. Und die Geschichte gab uns recht, bis heute ist an eine Rückkehr in die von Kriminalität und Siechtum durchsetzten Slums nördlich der Donau nicht zu denken.«

»Simmering nahm schon damals eine Sonderrolle ein«, warf Jan ins Gespräch ein, während ein Mitarbeiter aus dem Stab des Obersten Jans Glas wieder mit Wasser füllte.

»Ja, Simmering war damals der einzige Bezirk, der die Folgen richtig abschätzte und eine konsequente Politik in der Flüchtlingsfrage verfolgte: Null Toleranz und eine Abkehr von der damals herrschenden pseudodemokratischen Gutmenschenkultur.«

»Können Sie erläutern, was Sie unter dieser speziellen Kultur verstehen?«, hakte Jan nach.

»Das ist einfach erklärt. Die pseudodemokratische Regierung der Leopoldstadt hatte natürlich bemerkt, dass ihr Rückhalt in der Bevölkerung am Schwinden war. Deshalb sah sie die Flüchtlingswelle der Danubier als willkommenen Anlass, die Bevölkerung mit dankbaren Flüchtlingen zu ergänzen, die sich – so die naive Hoffnung der damaligen Politiker – bei der nächsten pseudodemokratischen Wahl natürlich erkenntlich zeigen würden.«

»Was passierte dann weiter?«

»Es kam, wie es kommen musste. Die Bezirke auf der anderen Seite des Donaukanals, also die Innere Stadt und der Süden von Wien, weigerten sich Flüchtlinge aufzunehmen, bevor nicht ein gerechter Verteilungsschlüssel ausgearbeitet worden war. Manche, wie zum Beispiel Liesing, schlossen eine Aufnahme gleich ganz kategorisch aus. Als Folge dessen sperrten Alsergrund, Innere Stadt und Simmering alle Brücken über den Donaukanal. Wir waren also praktisch auf uns alleine gestellt.«

»Nicht ganz, denn die Brigittenau ist ja genauso Teil der Landfläche zwischen Donau und Donaukanal wie auch wir im heutigen Prater.«

»Ganz genau, nur waren die handelnden Personen in der

Brigittenau leider keine große Hilfe. Auch dort war man fatalerweise der Meinung, man müsse all diese trostlosen Danubier aus dem Norden hereinlassen. Und aus einem mir nicht erklärlichen Grund konnte sich die Bezirksführung sogar nach den Wahlen 2023 mit dieser Politik an der Macht halten. Ich denke, und das haben ja bereits zahlreiche Analysen des Simmeringer Zentrums für Politik gezeigt, dass die herrschenden Reste der Eliten des pseudodemokratischen Systems hier ganz massiv interveniert haben, weil sie es sich machtpolitisch nicht leisten konnten, sowohl die Brigittenau als auch die damalige Leopoldstadt zu verlieren.«

»Und dann kam das Jahr 2023«, sagte Jan.

»Ja, dann kam das Jahr des großartigen Sieges unserer Bewegung. Und am Tag nach unserem Wahltriumph, den das Establishment gar nicht mehr verhindern konnte, weil die Massen zu offensichtlich auf unserer Seite waren, habe ich keine Sekunde verstreichen lassen und unsere Einheiten aus der Ernst-Albrecht-Kaserne an das Donauufer berufen und Befehl ausgegeben, die Reichsbrücke sowie die Brücke der Südosttangente über die Donau zu sperren. Als die Flüchtlinge sich illegalerweise Zutritt über die Eisenbahnbrücke sowie die Brücke der damaligen U-Bahnlinie 2 verschaffen wollten, hatten wir keine andere Möglichkeit, als diese zu sprengen.«

»Und die Flüchtlinge, die zum damaligen Zeitpunkt bereits auf dem Gebiet des heutigen Praters waren?«

»Für die musste natürlich eine Lösung gefunden werden, das stand außer Frage.«

»Wie kam es zum Flüchtlingspaket I?«, fragte Jan interessiert nach.

»Unser Hauptziel war es, so viele Menschen wie möglich wieder aus dem Prater herauszubringen. Die Elendslager konnten ja wirklich niemandem zugemutet werden. Die

Menschen, die dort hausten, fingen natürlich an, sich in der Umgebung herumzutreiben. Ich erinnere mich noch mit Grausen an all die Danubier, die das Gratis-WLAN-Angebot im Bahnhof Praterstern missbrauchten und stundenlang dort alle Bänke besetzt hielten. Ein Graus für die Passanten und all die internationalen Gäste, die zum Wurstelprater oder zum Riesenrad wollten.«

»Wer kam auf die Idee, die Flüchtlinge in einer Nacht-und-Nebel-Aktion über die damals noch ungesicherte Grenze in die Brigittenau abzuschieben?«

Der Oberste streckte auf einmal wie ein Schulbub die Hand in die Höhe und meldete sich. »Das war meine Idee«, sagte er und lachte. »Wir mussten rasch handeln, ewige Diskussionen konnten und wollten wir uns nicht leisten. Diskussionen, die zu nichts führen, gab es ja schon zu Zeiten der Pseudodemokratie nur allzu häufig und das war die Bevölkerung leid. Und wir wussten die Bevölkerung ja auf unserer Seite, schließlich hatte sie die Pseudodemokratie mit ihren langwierigen Debatten und ausschließlich auf ihre Macht schielenden, inhaltsleeren Politikern in sämtlichen Wahlen ab der Mitte der 2010er-Jahre abgewählt. Wir wussten, dass wir dafür gewählt worden waren, Entscheidungen zu treffen. Also trafen wir Entscheidungen.«

»Sie ernteten viel Kritik dafür, dass damals mit angeblich unverhältnismäßiger Brutalität vorgegangen wurde. Bis heute werden von Medien in der Brigittenau und in anderen Staaten immer wieder Gerüchte gestreut, wonach auch vierunddreißig Minderjährige zu Tode gekommen seien.«

»Weißt du ...«, sagte der Oberste. »All die Menschen, die glauben, uns kritisieren zu müssen für das, was wir damals getan haben, sollten uns bis in alle Ewigkeit dankbar dafür sein. Denn sonst wären sie selbst in die Situation gekommen, unangenehme Entscheidungen treffen zu müssen. Davor haben wir sie bewahrt. Und was hört man als Reaktion? Vorwürfe, nichts als Lügenpropaganda! Ich bin immer wieder erschüttert, wie leichtfertig hier mit dem Finger auf uns, auf die gesamte Bevölkerung des Praters gezeigt wird. Jeder Einzelne von uns wird persönlich diffamiert durch diese Lügenhetze. Aber wir lassen uns dadurch nicht auseinanderdividieren. Im Gegenteil, wir gehen alle gemeinsam noch viel stärker aus dieser Situation heraus!«

»Nach der ersten großen Abschiebung im Rahmen des ersten Flüchtlingspaketes wurde im Führungsgremium das Flüchtlingspaket II abgesegnet, das sich der Behandlung jener Danubier widmete, die sich weigerten, den Prater zu verlassen. Können Sie erläutern, wie sich diese Maßnahmen bis heute bewährt haben?«

»Bestens«, sagte der Oberste. »Sie haben sich bestens bewährt. Es macht einen ungeheuren Unterschied, wenn man einem Flüchtling die Konsequenz seiner Weigerung, unser Gebiet zu verlassen, plastisch vor Augen halten kann.«

»Sie spielen auf die Auspeitschungen auf dem Siegesplatz, dem ehemaligen Karmeliterplatz, an?«

»Ganz genau. Wir hielten es nur für gerecht, den Verbleib auf unserem Gebiet zu sanktionieren. Und es darf in diesem Zusammenhang nicht vergessen werden, dass die Danubier diese Form der Sanktionierung in ihrer zurückgebliebenen Kultur nördlich der Donau bis heute selbst anwenden. Das hat das Historische Institut in seiner Expertise und seinem Rechtsgutachten ganz eindeutig festgestellt. Auspeitschungen waren auf dem Gebiet der Danubier bis ins achtzehnte Jahrhundert weit verbreitet, in manchen Gegenden von Aspern sogar bis heute. Das belegen die geheimen Videoaufnahmen, die wir aus Aspern zugespielt bekommen haben.«

»Auch dafür sind Sie im Ausland sehr stark kritisiert worden.«

»Dem kann ich nur entgegenhalten, dass ich nicht vom Ausland in mein Amt gewählt worden bin, sondern von der Bevölkerung des Praters. Und diese wird meinen Kurs bei den Wahlen im kommenden März bestätigen. Das sind die einzigen Menschen, denen ich mich verpflichtet fühle. Oder hast du etwa jemals Kritik an unserer Vorgehensweise hier im Prater mitbekommen?«

»Natürlich nicht«, log Jan und lachte verlegen. Denn in seinen eigenen vier Wänden konnte er sich von Valerie so manche kritische Bemerkung dazu anhören. Wobei sie als Nachfahrin von Danubiern in einer speziellen Situation war, das war Jan bewusst. Aber das konnte er vor dem Obersten in dieser Gesprächssituation natürlich nicht wirklich darlegen.

»Was soll mit den geflüchteten Danubiern passieren, die noch heute im Augarten-Camp hausen?«, ging Jan zu seiner nächsten Frage über.

»Wir halten sie aufgrund der Ansteckungsgefahr und der von ihnen ausgehenden Gefahr für die öffentliche Sicherheit so lange dort fest, bis sie freiwillig ausreisen. In dieser Frage habe ich keinen Grund, auch nur einen Millimeter von meiner Haltung abzugehen.«

»Nun zu meiner abschließenden Frage für heute«, sagte Jan schließlich einige Zeit später, gegen Ende des Gesprächs, das bis zu diesem Zeitpunkt gut zwei Stunden gedauert hatte. Jan hätte zwar noch Ewigkeiten mit dem Obersten sprechen können, aber er wusste, dass der Oberste auch noch andere Verpflichtungen hatte. »Wie lässt sich die Frage der Danubier in Ihren Augen lösen?«

»Das ist zum Glück nicht mehr unser Problem«, sagte der

Oberste. »Wie vorhin schon erwähnt, fühle ich mich nicht für die Probleme in anderen Ländern zuständig.«

»Aber Sie werden sich doch sicherlich trotzdem Gedanken über eine Lösung machen?«

»Ich wäre ein schlechter Führer, wenn ich mir keine Gedanken dazu machen würde«, sagte der Oberste und lachte. »All die internationale Hilfe, die Flüchtlingscamps, die dutzenden Konferenzen auf dem Kahlenberg unter Beteiligung aller wichtigen Kräfte. Was haben all diese Bemühungen in den vergangenen vier Jahren gebracht?«

Jan war sich nicht sicher, ob der Oberste nun tatsächlich eine Antwort von ihm hören wollte.

»Nichts!«, rief dieser sogleich aus. »Gar nichts. Daher bin ich davon überzeugt, dass diese beiden Failed States auf der anderen Donauseite ausbluten müssen. Mit jedem toten Flüchtling, der die Donau hinabtreibt, wird das Schlechte auf dieser Welt kleiner. Und nur so besteht die Chance, dass die Transdanubier aus eigener Kraft wieder zu einem starken Volk werden. Jede Einmischung von außen ist daher zweifelsfrei zum Scheitern verurteilt.«

»Das schließt auch die minderjährigen Flüchtlinge ein?«, fragte Jan ein letztes Mal nach.

»Aber selbstverständlich. Wir können uns durch traurige Kinderaugen nicht davon abhalten lassen, was für unser Volk das Beste ist. Wenn der Danubier sich dazu entschließt, über die Donau zu uns zu flüchten, hat er auch alle Konsequenzen daraus zu tragen.«

»Ich danke Ihnen für das aufschlussreiche Gespräch«, sagte Jan.

Sein Kopf dröhnte, als das Interview beendet war. Die lange Konzentrationsphase während solcher Gespräche nötigte

Jan meistens so viel Energie ab, dass er anschließend keinen geraden Satz mehr aufs Papier bringen konnte. Trotzdem musste er seine Konzentration wahren, saß er doch noch immer dem mächtigsten Mann im Prater gegenüber.

»Ich will dir noch etwas zeigen«, sagte der Oberste und bedeutete Jan, dass er zu einer jener Wandvitrinen gehen solle, die über und über mit Notizbüchern gefüllt waren. Es handelte sich um sehr alte Modelle, jene in der obersten Reihe zeigten schon deutliche Gebrauchsspuren. »Dieses braune Notizbuch mit dem Ledereinband, dort oben, siehst du das?«, präzisierte er. »Das war das erste Notizbuch, das mein Vater damals nach dem Krieg entworfen hat. In diesem Notizbuch liegt die Wiege all dessen, was später aus mir geworden ist. Dieses Notizbuch ist Symbol für den Aufstieg des gesamten Praters.« Jan konnte nichts Besonderes an dem zerfledderten Notizbuch entdecken. Aber oft ist es ja nicht das Äußere, sondern es sind die inneren Werte, die solche Gegenstände besonders machen. »Das muss unbedingt in den Text hinein«, sagte der Oberste in bestimmendem Ton.

»Kannst du dich noch an die Situation erinnern, in der George W. Bush damals von den Anschlägen auf das World Trade Center erfahren hat?«, fragte er anschließend.

»Äh, ja, natürlich«, sagte Jan, etwas überrascht vom sprunghaften Themenwechsel.

»Er saß damals im Kreise von unschuldigen Kindern und ließ sich, wenn ich nicht irre, gerade von einem Kind etwas aus einem Kinderbuch vorlesen, als einer seiner Mitarbeiter hereinkam und ihn von den Anschlägen unterrichtete.« Die Bilder aus einem Kindergarten in Florida waren damals um die Welt gegangen. »Genau so was will ich morgen haben, wenn der Anschlag auf Roland Bergmeister geschehen ist. Ich will im Kreise der Zukunft des Praters diese erschütternde Nachricht erhalten. Irgendeine Schule – oder noch besser: ein Kindergarten.«

»Das ist kein Problem«, sagte Jan zu ihm. »Wir organisieren das.«

Bevor sich der Oberste verabschiedete, hielt er noch mal kurz inne und sah Jan mit ernstem Blick an. »Ich fürchte, mir ist da vorhin etwas im Gespräch herausgerutscht, was wohl besser nicht im Protokoll stehen sollte«, sagte er.

»Was meinen Sie?«, fragte Jan etwas irritiert.

»Falls mir tatsächlich das Wort *Führer* herausgerutscht sein sollte, streichen wir das bitte.«

»Selbstverständlich«, antwortete Jan.

Der Bildschirm wurde mit einem Schlag schwarz und wechselte anschließend zur virtuell wehenden Fahne des Praters.

Der Nachmittag war von hektischen Vorbereitungen gekennzeichnet. Es musste eine Schule organisiert werden, in der der Oberste am folgenden Tag während des Attentats zu Gast sein konnte. Die Wahl fiel schließlich auf die Volksschule in der Vereinsgasse. In dem Moment, in dem der Oberste die Nachricht vom Bergmeister-Attentat erhalten würde, sollte er eine Gesangsdarbietung der Schülerinnen und Schüler verfolgen. Diese sollten die Praterhymne von Henry Praterlier zum Besten geben. Der Oberste würde ein Tränchen vergießen, vor lauter Rührung über die mit Inbrunst vorgetragene Hymne. Und genau in diesem Moment sollte ihn die Meldung über das Attentat erreichen.

John briefte die Kollegen von *PraterTV*, damit sie während ihrer Liveübertragung den Obersten zum richtigen Zeitpunkt im Bild haben würden.

Jan war erledigt, als er an diesem Abend die Wohnungstür

in der Rotensterngasse aufsperrte. Das Interview mit dem Obersten, die hektischen Planungen für den folgenden Tag, das alles hinterließ Spuren. Diese führten gemeinsam mit der Anspannung vor dem folgenden Tag dazu, dass er nur noch ins Bett fallen und die Augen schließen wollte.

»Und, wie war's?«, fragte Valerie, die auf der Couch saß und *Praterstraße*, eine von *PraterTV* produzierte Telenovela, ansah.

»Willst du dir das nicht anschauen?«, fragte er sie anstelle einer Antwort. Ihm war absolut nicht nach Reden zumute.

»Das läuft nur als Hintergrundgedudel. Emil schläft schon lange und ich wollte auf dich warten. Die Serie ist wie immer fürchterlich. Vor lauter Nebensächlichkeiten und Schmusidusi wird man nur so eingelullt, damit das Hirn nur ja nicht mehr in der Lage ist, sich über ernsthafte Dinge Gedanken zu machen.«

Jan setzte sich neben seine Frau und starrte auf das Regal, das zwischen dem hell erleuchteten Fernseher und den Fenstern stand. Im Arbeitszimmer seines Vaters hatten Bücher auf diesem Regal gestanden. In einer Zeit ohne Bücher staubten die leeren Regalbretter dagegen nur so vor sich hin. Wenn die Biografie des Obersten eines Tages fertig sein würde, wäre Jans Vater sicher stolz gewesen, dass das Regal wieder seinem eigentlichen Zweck diente. Da war sich der Leiter der *Abteilung für direkte Wahrheit* sicher.

»Anstrengend«, sagte Jan. »Ist im Büro gerade ziemlich stressig.«

»Anstrengend gut oder anstrengend schlecht?«, fragte Valerie und legte ihren Arm um ihn.

»Gut«, antwortete er. »Eigentlich gut. Es ist auf jeden Fall etwas weitergegangen.«

»Und wie war das Interview mit deinem Obersten?«

»Sag das nicht so verächtlich«, maßregelte er sie.

Für solche Anspielungen hatte Jan an diesem Abend keine Nerven. Er wusste, dass sie den Titel lächerlich fand, den sich der Oberste nach dem Sieg über die Pseudodemokratie gegeben hatte. Aber sie hätte auch einfach mal akzeptieren können, dass die Dinge so waren, wie sie waren.

»Gut. Also wie war das Interview mit deinem Chef?«, trug sie ihr Anliegen erneut vor.

»Es war sehr gut«, sagte er. Nachdem Jan keine Lust hatte, ins Detail zu gehen, gab er ihr die Mitschrift, die vom Transkriptionsbüro noch am Nachmittag angefertigt worden war.

»Warum sind denn manche Stellen geschwärzt?«, fragte Valerie, während sie die Seiten durchblätterte.

»Das passiert automatisch durch das Sicherheitsprogramm der IT. Ich kann dir gar nicht so genau sagen, welche Passagen das waren. Das erfolgt alles während der Eingabe des Textes durch den vorprogrammierten Algorithmus.«

»Aha«, sagte Valerie. »Lustig, dass nicht mal ihr diese Funktion deaktivieren könnt.«

»Ich gehe Zähne putzen«, erklärte Jan.

Er wuchtete seinen müden Körper aus der Couch und ließ Valerie mit dem Manuskript alleine. Sie würde sowieso eines Tages in der fertigen Biografie blättern, insofern standen in diesem Manuskript keine Geheimnisse, die er vor ihr verbergen musste.

Als er aus dem Badezimmer zurückkehrte, hatte sich Valerie kein Stück bewegt. Sie saß noch genauso da wie wenige Minuten zuvor und studierte gebannt den niedergeschriebenen Text.

»Das ist so unglaublich menschenverachtend«, sagte sie mit leiser Stimme, als sie seine Rückkehr ins Wohnzimmer registriert hatte.

Sie sah ihn nicht an, sondern beließ ihre Augen auf den schwarzen Buchstaben, die über das gesamte weiße Papier verteilt waren.

»Was meinst du?«, fragte er sie.

»Einfach alles! Diese ganzen Passagen über die Transdanubier. Wie kann ein Mensch so was ernst meinen? Noch dazu ein Mensch, der sich in einer solch verantwortlichen Position befindet wie dein Chef?« Noch immer hielt sie ihre Augen auf den Text gerichtet. »Die Passagen, in denen er über die damals zu Tode getrampelten Kinder bei der Räumung des Augartens spricht. Das ist doch fürchterlich«, sagte Valerie.

»Ach Valerie, musst du jetzt wirklich um diese Uhrzeit eine Gutmenschen-Diskussion beginnen? Ich hatte einen harten Tag. Ich bin müde. Ich kann echt nicht mehr.«

»Ich hatte auch einen harten Tag, trotzdem lege ich meinen Menschenverstand nicht ab, wenn ich nach Hause komme. Und dieser sagt mir, egal zu welcher Uhrzeit und in welcher Stimmung ich bin, dass die Räumung des Augartens einfach nur unmenschlich war.«

»Was hätten wir denn damals tun sollen? Uns waren die Hände gebunden, wir hätten nicht alle Menschen hier versorgen können!«, schrie Jan sie aus dem Nichts heraus an. Diese laute Überreaktion tat ihm noch in derselben Sekunde unendlich leid. Aber er hatte sie gewarnt, er wollte keine solchen Diskussionen mit ihr um diese Uhrzeit führen.

»Es gibt angeblich genug Essen für hunderttausend Bewohnerinnen und Bewohner des Praters. Zusätzlich rollen Lebensmittelzüge aus Simmering tagtäglich über den Donaukanal zu uns. Und dann soll man nicht in der Lage sein, zehntausend zusätzliche Menschen zu versorgen?«

Valerie konnte Jans scheinheilige Argumente nicht mehr hören. Sie fragte sich mittlerweile, wen der Oberste und seine Entourage für ihr Versagen verantwortlich machen würden, wenn es die Danubier nicht geben würde. Das Schicksal? Das Wetter? Die Eichhörnchen im Prater?

»Es geht doch gar nicht darum! Es war ein Signal nötig an all die Transdanubier, die auf der Donauinsel campierten und auf eine Möglichkeit zum Übersetzen an unser Ufer warten. Dass es sich eben nicht auszahlt, die Gefahren der Flucht auf sich zu nehmen, weil es hier für sie keine Zukunft gibt.«

»Hör gefälligst auf, so abschätzig von den Leuten zu reden. Das sind keine Transdanubier, sondern Menschen wie du und ich. Und vergiss nicht, würde es diese Menschen nicht geben, dann würde es uns und Emil auch nicht geben!«

Wie Jan es hasste, wenn Valerie immer und immer wieder auf diesen Punkt kam. Mit diesem Totschlagargument ließen sich all die ihr unangenehmen Debatten mit einem Schlag zu ihren Gunsten entscheiden.

»Ja, auch du stammst aus Transdanubien. Und wenn du noch lauter schreist, bekommt es auch die Freiheitspolizei über die Mikrofone in den Nachbarwohnungen mit. Aber du vergisst dabei immer einen wesentlichen Punkt: Du bist schon vor der Flüchtlingskrise in den Prater gekommen! Du bist eine von uns!«

»Und deshalb bin ich ein wertvollerer Mensch als Tante Angela, die drüben in der Lobau lebt? Falls sie überhaupt noch lebt. Alle Wälder sind doch mittlerweile abgeholzt und es fehlt vor dem Winter an allen Ecken und Enden das Brennmaterial.«

»Wir drehen uns um Kreis«, sagte Jan in harschem Ton. »Wir wissen doch mittlerweile, dass wir bei diesem Thema nicht auf einen grünen Zweig kommen. Sei gefälligst froh, dass du hier bist und nicht drüben bei deiner Tante, die es im Übrigen auch nicht besser verdient hat!«

»Was soll das denn jetzt bitte heißen?«, schrie Valerie.

Sie warf das Manuskript mit einer wütenden Handbewegung zur Seite und sprang auf. Die einzelnen Blätter verteilten sich in den gesamten Raum. Valerie stand mit funkelnden Augen vor ihm, die Hände zu Fäusten geballt und in die Hüften gestemmt.

»Was hat das denn mit meiner Tante zu tun?«

»Deine Tante war doch lange Jahre als Mitglied der Linken im Gemeinderat tätig. Hätte sie damals gemeinsam mit ihren Kollegen der pseudodemokratischen Lügenelite ihren Job gemacht, wäre es nie so weit gekommen. Dann könnten all die armen Kinderchen jetzt noch in den Auwäldern der Lobau herumspringen.«

»Du bist so ein Arschloch!«, schrie Valerie.

»Und du verschließt die Augen vor der Realität! Wir können im Prater nicht die ganze Welt bei uns aufnehmen! Das geht einfach nicht, Punkt! Das ist die unbequeme Wahrheit. Gewöhn dich endlich daran!«

»An ein solches Maß an Menschenverachtung werde ich mich niemals gewöhnen«, schrie Valerie und rauschte an Jan vorbei in Richtung Schlafzimmer. »In was für eine Welt setzen wir nur unsere Kinder«, waren die letzten Worte, die er von ihr hörte.

In eine Welt, die sicher war, dachte Jan. Das war doch alles, was man erwarten und erhoffen konnte. Eine Welt, die vollkommen frei von Gefahren war. Was war denn so falsch daran, eine solche Welt anzustreben?

»Was ist denn los?«, hörte Jan auf einmal die Stimme ihres gemeinsamen Sohnes hinter sich.

Er drehte sich um und sah in verschlafene kleine Knopfaugen. Mit der rechten Hand rieb Emil sich durch das Auge. Dann blickte er verstört seinen Vater an.

»Nichts ist los«, sagte Jan zu ihm. »Alles ist gut. Mama und Papa sind nur nicht einer Meinung. Das geht vorbei.«

»Ihr seid nie einer Meinung«, sagte Emil und in seiner süßen kleinen Stimme lag all die Traurigkeit, die ein siebenjähriger Bub empfinden und zum Ausdruck bringen konnte. Jan brach fast das Herz beim Anblick seines Sohnes.

Das hatte Valerie jetzt von ihrer ewigen Streitsucht. In Jan stieg Wut über das Verhalten seiner Frau auf. Warum konnte sie nicht ein bisschen pragmatischer sein? Ein bisschen mehr so wie Helena?

»Na komm«, sagte Jan, nahm Emil an der Hand und ging mit ihm ins Kinderzimmer.

Der Bub stapfte tapfer in sein Bett und zog sich die Bettdecke bis hinauf zum Kinn. Es war kühl im Zimmer.

»Liest du mir noch etwas vor?«, fragte der kleine Bub.

»Aber natürlich«, antwortete Jan. So müde er auch war, Valeries von den Schwangerschaftshormonen erhitztes Gemüt wollte er nun ganz sicher nicht in seiner Nähe spüren. Seine störrische Frau sollte sich erst mal wieder beruhigen und realisieren, was sie soeben angerichtet hatte. Was sollte Emil denn von ihnen denken, wenn sie immer wieder solche Szenen provozierte? Am Ende würde er vielleicht sogar in der Schule davon erzählen. Eine größere Bloßstellung konnte Jan sich nicht vorstellen. Und alles nur, weil Valerie sich nicht im Griff hatte.

Jan setzte sich auf den Teppich neben dem Bett seines Sohnes und lehnte sich mit dem Rücken an das Nachtkästchen. Dann nahm er das Lieblingskinderbuch seines Sohnes zur Hand. Es war ein großformatiges Bilderbuch, das zum Glück nicht unter das Verbotsgesetz fiel, verfasst für Kinder, die eigentlich etwas jünger waren als Emil. Der Name des Buches lautete *Ritter Leopold und die Prinzessin* und gehörte zu jener Kinderbuchreihe, die im Frühjahr von der *Abteilung für direkte Wahrheit* herausgegeben worden war. Darin hatte Ritter Leopold die schwierigsten Abenteuer zu bestehen, denn er und seine Prinzessin wurden immerfort vom bösen Drachen Danubio bedroht. Dieser wollte sich stets die Schätze und Frauen Leopolds unter den Nagel reißen.

»Gib mir all dein Geld und deine Frauen«, las Jan an Emils Lieblingsstelle die Aufforderung des hässlichen Danubios. Der Drache stand mit einer drohenden Geste und einem Schwert in der Hand dem tapferen Ritter Leopold gegenüber. Doch dieser ließ sich nicht einschüchtern. »Du hast mein Geld und meine Frauen nicht verdient, du elendiger Hasenschänder«, sagte der Ritter. »Weiche zurück, du hässliche Fratze, sonst schlag ich dich entzwei!«

»Hihi, hässliche Fratze«, gluckste Emil vergnügt vor sich hin.

Wie es sich für einen stolzen Ritter in einem Kinderbuch gehörte, wusste Ritter Leopold am Ende der Geschichte natürlich zu obsiegen.

Während Jan die Texte der einzelnen Sprechblasen vorlas, schweifte sein Blick immer wieder auf die andere Seite des Kinderzimmers. Dort stand, unter dem großen Poster der Prater-Jugendvereinigung, bereits das Gitterbett, in dem das kleine Geschwisterchen von Emil, nach seinem Umzug vom elterlichen Bett, seine ersten Nächte verbringen würde. In Momenten wie diesem freute sich Jan wahnsinnig auf den neuen Erdenbürger, der ihnen ab Mai Gesellschaft leisten würde. Vor allem freute er sich für Emil, dass er bald ein Geschwisterchen zum Spielen haben würde.

13 (FREITAG)

Zwei Scheiben Brot aus der Prater-Brotfabrik in der Castellezgasse, dazu zwei Scheiben Wurst und Kaffee standen an diesem Freitagmorgen auf dem Frühstückstisch und warteten darauf, von Jan verzehrt zu werden. Draußen war es noch dunkel, vereinzelt hörte man einen Vogel die letzten Töne des Herbstes anstimmen. Jan war nach dem abendlichen Streit mit Valerie verdammt froh, dass er an diesem Morgen so früh aufstehen musste. An diesem Tag sollte Geschichte geschrieben werden. Geschichte, die die Wiederwahl des Obersten im März garantieren und der von der Lügenschickeria gepeinigten Bevölkerung in der Brigittenau die Freiheit schenken würde. Da war kein Platz für Auseinandersetzungen über einzelne Menschenleben wie am Abend zuvor. Jan war überzeugt davon, dass er und seine Familie in einer Zeit lebten, in der nur das große Ganze zählte. Und es würde der Tag kommen, an dem auch Valerie dies einsehen würde.

Jan ging bewusst ein bisschen früher aus dem Haus, um den Spaziergang über die menschenleere Praterstraße genießen zu können. In den Geschäften warteten die Inhaber und Angestellten auf Kunden. Doch nur vereinzelt war um sechs Uhr in der Früh bereits etwas los. Durch die Fenster in der lila verkachelten Fassade des Friseurs im Alliiertenhof konnte er erkennen, dass eine ältere Frau sich die Haare schneiden ließ. Der Haarschneider tänzelte aufgeregt um sie herum und Jan sah, wie sich dessen Lippen bewegten, während die ihren aufeinander ruhten. Es war ein typisches Exemplar jener Sorte Friseur, die ständig den Mund offen haben und reden musste, dachte sich Jan und ging weiter. Das *Eatalico* im Erdgeschoss des Galaxy-Towers war gänzlich verwaist. Drei Kellner standen vor der Tür und zogen in unregelmäßigen Abständen an ihren Zigaretten. Dies ließ darauf schließen, dass auch im Inneren nicht allzu viel los war. Im angrenzenden Fahrradgeschäft herrschte dagegen schon eifriger Betrieb. Es war also nicht so, wie es die ausländische Lügenpresse nur zu gerne von sich gab, dass sich die völlige Freigabe der Ladenöffnungszeiten zum Nachteil der Bevölkerung ausgewirkt hätte. Den Bewohnern des Praters musste vollkommen freie Hand gewährt werden, wie und wann sie ihrer Tätigkeit nachgingen. Nur dann konnten sie sich voll und ganz ökonomisch entwickeln. Das hatte der Oberste sehr richtig erkannt, davon war Jan felsenfest überzeugt.

Ein mulmiges Gefühl überkam ihn, als er am Sportgeschäft vorbei auf den kleinen Platz stieß, auf dem sich fünf Stunden später das Drama um Roland Bergmeister abspielen würde. Alle Restaurants hatten bereits geöffnet und doch lag eine gespenstische Ruhe über dem Platz, auf dem man sich im Sommer mit seinen grünen Bäumen und den vielen Sitzmöglichkeiten ein bisschen so vorkommen konnte wie im Paris des zwanzigsten Jahrhunderts. Und alles im Blick hatte auf diesem Platz der Oberste, dessen Konterfei auf einem Denkmal vor dem *Ramasuri* zu sehen war.

In schnellen Schritten ging Jan am *Ansari* vorbei in Richtung Donaukanal. Es war nicht das erste Mal, dass die Regierung des Obersten in Form eines solchen Attentates im Sinne der Bevölkerung handeln musste. Eigentlich konnte nichts schiefgehen, das war allen Beteiligten klar. Und doch überkam Jan in diesem Moment, als er den Platz überquerte, ein kalter Schauer. Er war nicht unglücklich darüber, als er den Checkpoint *Barflys* endlich erreicht hatte, den es zu passieren galt, wenn man ins schwerbewachte Regierungsviertel wollte.

Auch während der Morgenbesprechung war die Luft zum Zerreißen gespannt. Mahmoud wippte mit seinen Schuhen nervös hin und her, während Helena die Nachrichtenlage des Morgens zusammenfasste. Jan hatte den Eindruck, dass sie von allen die Entspannteste war. Natürlich wusste er, dass sie auch eine gute Schauspielerin war. Aber sie strahlte an diesem Morgen eine würdevolle Ruhe und Entschlossenheit aus, die allen Beteiligten guttat.

Im Nachhinein wusste Jan gar nicht mehr, womit er die Zeit am Vormittag vertan hatte. Wahrscheinlich gab es noch unzählige Dinge zu erledigen: Pressestatements als Reaktion auf das Attentat vorbereiten, die Rede des Obersten durch die Endproduktion jagen und schließlich freigeben. Die vielen kleinen Helferlein in den sozialen Medien auf ihren Einsatz vorbereiten und schließlich die Sonderausgaben der *Praterpost* sowie die für die Saiger maßgeschneiderte Ansprache des Obersten realisieren. Es sollten keine fünfzehn Minuten vergehen, bis jeder Bürger des Praters wissen würde, was passiert war. Nur so ließ sich der Moment in Form einer emotionalen Schockwelle perfekt für die Zwecke der Regierung nutzen. Alle Maßnahmen mussten wie ein Uhrwerk ineinandergreifen. Und Jan war gemeinsam mit dem Chefberater des Obersten, Kemal Ilgaz, dafür zuständig, dass kein Rädchen sich verhakte. Eh er sich versah, waren vier Stunden vergangen. Und zur Zufriedenheit aller Beteiligten lief das Uhrwerk bis zu diesem Zeitpunkt wie geschmiert.

Um 11:50 Uhr fanden sich Helena, Mahmoud, John und

Jan sowie die Chefs von *Praterpost* und *PraterTV* im Konferenzraum im obersten Stockwerk des T-Towers ein. Auf den Bildschirmen herrschte noch graues Schneetreiben. Es war vereinbart worden, dass das Attentatskommando erst weitere fünf Minuten später den Livestream starten sollte, über den die Anwesenden im Konferenzraum sowie im benachbarten E-Tower das Geschehen verfolgen konnten.

»Wie sieht es bei unseren drei offiziellen Attentätern aus? Sind alle auf Position?«, fragte Jan Mahmoud.

»Ja«, sagte Mahmoud und schaltete auf einem der Bildschirme den in einem Büro sitzenden Werner Krause zu.

Eines der Überwachungsteams hatte am Tag zuvor eine Kamera sowie einen kleinen Störsender installiert. Dadurch konnte dafür gesorgt werden, dass Krause zum betreffenden Zeitpunkt keine Anrufe entgegennehmen konnte, mit denen er sich ein Alibi hätte verschaffen können. Auch seine komplette Hausinfrastruktur war vom Netz genommen worden. Krause saß auf seinem Schreibtischsessel und schien Unterlagen durchzugehen. Im Anschluss sahen die Beteiligten im Konferenzraum auch Esther Kögler sowie Georg Jenner bei ihren Alltagsangelegenheiten zu. Auch diese beiden Personen befanden sich in beabsichtigter absoluter sozialer Isolation.

Die Spiele konnten also beginnen. Doch schien die Technik den gespannt wartenden Betrachtern einen Strich durch die Rechnung zu machen. Denn die Bildschirme, die das Vorgehen des Attentatskommandos übertragen sollten, blieben auch dann noch grau, als die Übertragung eigentlich schon längst hätte laufen müssen. Und so verging Minute um Minute, ohne dass sich etwas tat. Aufgrund der absoluten Funksperre, die verhängt worden war, damit aus den nahen anderen Bezirken keine Funksprüche mitgehört werden konnten, gab es auch keine Möglichkeit, nachzufragen. Über die Festnetzleitung hinüber in den E-Tower erfuhr Jan, dass auch dort auf den Bildschirmen nichts zu sehen war.

»Wir haben keinen aktuellen Status«, erklärte Kemal Ilgaz schmallippig, ehe er sofort wieder auflegte.

Im Konferenzraum machte sich eine nervöse Grundstimmung breit. Es war bereits 11:58 Uhr und noch immer war nichts zu sehen.

»Vielleicht sind sie aufgehalten worden?«, fragte Mahmoud in die Runde.

»Meinst du, sie werden sich auf dem Weg von Simmering zur Praterstraße noch einen Burger bei McDonald's gegönnt haben?«, fragte John.

Eine flapsige Äußerung, die wohl der inneren Anspannung geschuldet war.

»Ruhig Blut«, versuchte Jan die Situation zu entspannen. »Die Grenzstation am Donaukanal hat das Passieren des Autos dokumentiert und ins System eingespeist. Sie waren zwar ein bisschen später dran als gedacht, aber alles absolut im grünen Bereich.«

Weitere Sekunden und Minuten vergingen, ohne dass sich etwas auf den Monitoren tat. Als die digitale Uhr an der weißen Wand schließlich 12:05 Uhr anzeigte, startete plötzlich die Übertragung. Nun sah man die Perspektive von jedem der drei Attentäter auf einem der drei Bildschirme. So hatten die Beobachter im Konferenzraum eine genaue Übersicht, was gerade wo passierte.

Auf dem mittleren Bildschirm war die Perspektive eines der Männer zu sehen. Sein Kopf schien immer wieder mal ein wenig nach rechts oder links zu wogen, grundsätzlich behielt die unbekannte Person aber den starren Blick auf die Praterstraße bei. Anscheinend hatte sich das Trio direkt vor dem *Ansari* auf einem der seitlichen Parkplätze postiert. Der perfekte Stellplatz, um im Lokal rasch das Werk zu vollbringen und anschließend schnellstmöglich wieder ins Auto zu gelangen. Das Bild der Kamera, die in der Videobrille des Fahrers angebracht war, wechselte stetig zwischen der im Armaturenbrett eingebauten Uhr sowie dem Eingang des Lokals hin und her. Auf dem rechten Bildschirm war schließlich die Situation aus der Perspektive der Person auf dem Beifahrersitz zu sehen. Es musste sich dabei um den Schützen handeln. Die Person auf der Rückbank sollte mit ihm gemeinsam aus dem Auto springen und die Tür zum Lokal absichern. In Gedanken hörte Jan Helena spöttisch fragen, warum keine Frau als Attentäterin ausgewählt worden war. Manchmal ging ihm ihre emanzipierte Einstellung echt zu weit.

»Warum sitzen die denn noch immer im Auto? Die müssten doch schon längst losgeschlagen haben«, sagte ein stetig nervöser werdender Mahmoud, der immer wieder auf seine Uhr blickte. »Laut des Bewegungsprofils der vergangenen zwei Wochen ist die Wahrscheinlichkeit groß, dass Botschafter Roland Bergmeister gegen 12 Uhr nach der Rechnung verlangt und spätestens um 12:15 Uhr das Lokal verlässt. So eine Scheiße.«

»Wir können ohnehin nichts dran ändern«, sagte Jan. »Wenn er vor ihnen das Lokal verlässt, dann machen wir es halt an einem anderen Tag.«

»Deine Coolness hätte ich auch gerne«, kommentierte John den Beruhigungsversuch.

Doch Jan war ab jenem Zeitpunkt, an dem das Kamerasignal empfangen werden konnte, tatsächlich wesentlich beruhigter. Nun wusste er, was geschah. Unwissenheit war stets die schlechteste Option.

Plötzlich machte sich im Innenraum des Autos eine gewisse Unruhe breit. Scheinbar wurden nun die letzten Vorbereitungen getroffen, die Kameras wechselten wie wild ihre Perspektiven.

»Wenn das mal nicht zu spät ist«, sagte John, als sich zwei Türen des Autos öffneten und der Beifahrer sowie der Mann auf der Rückbank hinaussprangen.

»Jetzt gilt's«, sagte Jan. Und noch im selben Moment schoss auch ihm Adrenalin durch die Blutbahnen.

Zwei Attentäter stürmten zur Eingangstür des Lokals, rissen diese auf und standen vor einem schweren Vorhang, der das Innere des Lokals vor einströmenden kalten Luftzügen von draußen schützen sollte. Attentäter Nummer zwei blieb an der Tür stehen und hielt diese offen, während Nummer eins mit einer wilden Geste den Vorhang zur Seite schob. Über sein Mikrofon konnten die Beteiligten an den Bildschirmen die lauten Schreie hören, die nun durch das ganze Lokal gellten. Menschen gingen unter den Tischen in Deckung, Gläser und Flaschen flogen auf den Tischen herum und das Personal suchte hinter der langgezogenen Theke Deckung. Der Attentäter schoss mehrere Salven in den darüber befindlichen Spiegel, das Spiegelglas zerbarst in tausende Einzelteile, die auf die hinter der Theke kauernden Menschen herabfielen. Im Konferenzraum waren die Schreie des Attentäters zu hören. »Es lebe die Brigittenau!« Immer und immer wieder schallte dieser Spruch durch den langgestreckten Raum mit seiner hohen Raumdecke. Der Attentäter bahnte sich seinen Weg an der Theke entlang, bis er schließlich am anderen Ende des Lokals an einem massiven Hochtisch aus Holz ankam, auf dem mehrere Ausgaben der *Praterpost* lagen und zwei mit bunten Blumen gefüllte Vasen Zeugnis des vergangenen Sommers gaben. Hinter diesem folgte eine letzte Reihe mit Tischen. Rechts davon führten zwei Durchgänge zu einem Nebenraum. Durch die Kopfbewegung des Attentäters war es den Anwesenden im Konferenzraum für den Bruchteil einer Sekunde möglich, ins Innere dieses Nebenraums zu blicken.

»Sind das Kinder?«, rief Helena auf einmal. »Verdammt, das waren doch Kinder in dem Nebenraum!«

Es gab keine Möglichkeit das zu überprüfen, denn der Attentäter hatte seinen Kopf bereits wieder auf sein Ziel gerichtet.

»Ich habe nichts gesehen«, sagte Jan.

»Das muss eine ganze Schulklasse gewesen sein«, sagte Mahmoud hastig.

Jans Gedanken wanderten sofort zu Emil. Was, wenn sein Sohn mit seiner Klasse im *Ansari* zu Besuch war? Wenn gerade eine Verkostung georgischer Mahlzeiten auf dem Lehrplan gestanden hatte und er zur falschen Zeit am falschen Ort war. Am wirklich ganz und gar falschen Ort?

Keine zwei Sekunden später hatte der Attentäter mehrmals auf Bergmeister gefeuert. Dessen Körper reagierte mit einem kurzen Zucken auf jedes einzelne der großkalibrigen Projektile, die in Kopf und Brust eindrangen. Mindestens fünf Schüsse hatte der Attentäter abgegeben. Jeder einzelne davon wäre wohl für sich tödlich gewesen. Und mit jedem einzelnen Schuss wuchs Jans Sorge um Emil, der sich möglicherweise im Nebenraum aufhielt.

Jan und seine Mitarbeiter folgten dem Attentäter auf seinem Rückweg durch das Lokal. Wie abgesprochen, schoss er mehrere Male wahllos auf Restaurantgäste, mindestens zwei von ihnen musste er tödlich getroffen haben. Der Mann schob den Vorhang zur Seite und rannte durch die Tür, die von seinem Kompagnon aufgehalten worden war, ins Freie.

Beide sprinteten zum Auto, sprangen hinein und keine zwei Minuten nach Beginn der Aktion setzte sich der Wagen mit quietschenden Reifen wieder in Bewegung.

Die Übertragung endete.

Mahmoud begann zu klatschen, auch John schien ein Stein vom Herzen gefallen zu sein. »Sah doch gut aus«, sagte er in die Runde. Helena blickte Jan mit ihren großen blauen Augen an.

»Ihr entschuldigt mich bitte kurz«, sagte Jan und erhob sich von seinem Platz.

Im Eilschritt machte er sich auf den Weg zu seinem Büro. Er kramte sein Handy aus einer der Innentaschen seines Mantels hervor und schaltete es ein. Gefühlt dauerte es Minuten, Stunden, Tage, bis endlich das bunte Display aufleuchtete und der Signalton aus dem metallisch klingenden Lautsprecher zu hören war. Dann wählte Jan im Telefonbuch die Nummer der Schule. Weitere quälende Sekunden vergingen, während sich die Verbindung aufbaute. Was, wenn Emil etwas passiert war? Valerie würde es ihm niemals verzeihen. Ihre Ehe wäre am Ende. Jan würde es sich niemals verzeihen. Er wäre am Ende. Jan dachte an den vergangenen Abend zurück. Wie er seinem Sohn aus dem Bilderbuch die Geschichte des tapferen Ritters vorgelesen hatte. Er flehte zu Gott, dass sein tapferer Sohn diesen Tag unbeschadet überstanden hatte. Dass er nicht mit seiner Schulklasse im *Ansari* war. Es folgte das Besetztzeichen.

Wie groß konnte die Wahrscheinlichkeit sein, dass Emil ausgerechnet in diesem Moment mit seiner Klasse einen Ausflug ins *Ansari* unternommen hatte? Verschwindend gering. Aber sie bestand, allen Wahrscheinlichkeitsrechnungen zum Trotz. Er versuchte es telefonisch bei Valerie, doch dort hörte er lediglich das Freizeichen. Wahrscheinlich war sie gerade mit den Buchhaltern beschäftigt, dachte sich Jan. Was ein gutes Zeichen war, denn wäre etwas passiert, würde seine Frau nicht in aller Seelenruhe ihrer Beschäftigung nachgehen. Auf der anderen Seite: Alles war erst wenige Minuten zuvor passiert. Bis man sie über die Involvierung ihres Sohnes in ein Attentat verständigen würde, konnten gut und gerne zwei Stunden vergehen. Schließlich waren die normalen Einsatzkräfte der Freiheitspolizei nicht in den Attentatsplan eingeweiht, alles musste also seinen streng nach Protokoll vorgesehenen Verlauf nehmen. Jan marschierte zurück zum Konferenzraum. Es würde schon alles gut gegangen sein, er musste sich keine Sorgen machen. Es musste einfach alles gut sein bei Emil.

14

Wenn das Feuerwerk beim Maifest auf der Kaiserwiese im Prater ertönte, wusste Valerie, dass der Sommer vor der Tür stand. Die Tage wurden langsam länger, die Stadt begann auch an den Abenden an allen Ecken zu wurrln. Das aufkeimende Grün im Prater sorgte dafür, dass die verschlungenen Waldwege neben der Hauptallee uneinsehbarer wurden, was da und dort für abendliche zwischenmenschliche Zusammenkünfte der anderen Art genutzt wurde. Die Eisläden öffneten wieder ihre Pforten und ganz allgemein erwachte das Leben aus seinem viel zu langen Winterschlaf. Den Beginn für diese Entwicklung markierte stets das Maifest mit seinen Konzerten und Attraktionen. Und abends das Feuerwerk, dessen Lichtspiel den Prater und die umliegenden Gebäude in die buntesten Farben tauchte. Die roten Waggons des Riesenrads leuchteten gelb, grün und blau. Selbst als Valerie noch ein Kind war und abends noch nicht so lange draußen bleiben durfte, hatte sie das Feuerwerk stets von ihrem Bett aus verfolgt. Sie war so lange wach geblieben, bis sie endlich in den umliegenden Fenstern die Reflexionen der bunten Farben der Feuerwerkskörper tanzen sehen konnte. Dazu die in immer kürzeren Intervallen erfolgenden Knallgeräusche, die auf den langsam, aber sicher nahenden Höhepunkt des Feuerwerks hindeuteten.

Die Erinnerungen an das farbenprächtige Feuerwerk beim Maifest waren es, die Valerie auch heute noch immer dann Hoffnung und Ablenkung gaben, wenn wieder mal Luftschutzalarm ausgelöst worden war. Wenn sie überstürzt aus der Wohnung ins Stiegenhaus laufen musste und bei der alten Frau Haas läutete. Mit ihr gemeinsam hastete sie, so rasch es die gebrechlichen Knochen der alten Dame zuließen, in den Keller. Auf Holzbänken saßen die Bewohner des Hauses im Rechteck verteilt. Die Luft roch modrig und feucht. Eine einzelne, in der Mitte des Raums von der Decke hängende Glühlampe sorgte für zumindest etwas Licht. Tanzende Lichtreflexionen an den umliegenden Fenstern konnte Valerie von hier aus nicht wahrnehmen. Doch die dumpfen Einschläge der Raketen waren fast wie früher, damals, als sie als kleines Mädchen mit leuchtenden Augen mit den explodierenden Feuerwerksraketen um die Wette strahlte. Der einzige Unterschied bestand darin, dass sie sich nicht stetig steigerten, bis zum großen Finale am Ende des Feuerwerks. Sondern dass aus dem Nichts heraus ein einziger lauter Knall jeden Insassen dieses Kellerlochs auslöschen konnte. Ein gutes Dutzend Menschen war es, das hier Zuflucht vor den todbringenden Marschflugkörpern gesucht hatte. Waren es zu Beginn des Jahres nur einzelne, über einen ganzen Monat verteilte Alarme oder Luftschutzübungen gewesen, die die verängstigten Menschen hier zusammenbrachten, so häuften sich die Alarme in den vergangenen Wochen. Oftmals mehrere Nächte hintereinander mussten die Bewohner der Stadt die Luftschutzkeller aufsuchen, ihre Gasmasken dabei stets im Griff, um dem verlockend süßlichen Geruch des Senfgases zumindest einige Zeit lang trotzen zu können. Mit der flachen Hand fuhr sich Valerie in kreisenden Bewegungen über ihren Bauch, der rein äußerlich noch nichts vom darin befindlichen Wunder der Natur preisgab. Valerie war heilfroh darüber. Um nichts in der Welt wollte sie in diesem muffigen Keller mit seinem schummrigen Licht gleichermaßen beglückwünscht und bemitleidet werden.

Ein dumpfer Knall. Gefolgt von mehreren kleinen, ebenso dumpfen Explosionen. Vielleicht eines der Sprengstofflager im Hafen Freudenau? Der Ölhafen in der Lobau? Oder die Erzherzog-Albrecht-Kaserne in der Vorgartenstraße? Wo auch immer die Rakete eingeschlagen war, sie schien glücklicherweise ihr Ziel erreicht zu haben. Und somit war ihr hoffentlich auch Jan nicht zum Opfer gefallen. In Situationen wie diesen, hier im Luftschutzkeller, in dem Frau Haas nun alte Luftschutzkellergeschichten ihrer Großmutter aus dem Zweiten Weltkrieg zum Besten gab, beneidete Valerie ihren Mann um seine exklusive Abgeschiedenheit.

Niemand schien der alten Frau zuzuhören. Die meisten hier versammelten Nachbarn starrten ins Leere. Das junge Mädchen aus der Wohnung im vierten Stock hielt sich die Ohren zu und wippte mit dem Oberkörper hin und her. Posttraumatische Belastungsstörung, die in diesem Moment, in diesem Keller, der in Sekundenschnelle zum Massengrab werden konnte, neue Nahrung erhielt.

In was für eine Welt setzte sie bloß ihr ungeborenes Glück? Eine Welt ohne Sicherheit, ohne Geborgenheit. Ja nicht einmal eine Versorgung mit dem Nötigsten, mit Nahrungsmitteln schien im Wien des Jahres 2028 gewährleistet. Sie beschloss, wenn sie die heutige Nacht überleben sollte, sich zu Jans Eltern in Kaltenleutgeben durchzuschlagen. Sie würde ihnen von ihrem ungeborenen Enkel erzählen. Das würde den Lebensmut der alten Leute heben, nun, da sie von ihrem einzigen Sohn nicht mehr viel hatten.

Die heutige Nacht überleben. Valerie nahm sich vor, das zu schaffen. Und was sie sich vornahm, das gelang ihr auch.

15 (SAMSTAG)

»Du hast das doch gewusst, gib es zu!«

Valerie schrie Jan so wild an, wie sie es schon lange nicht mehr getan hatte. Sie hatte die ganze Nacht von Freitag auf Samstag am Bett von Emil Wache gehalten, bis er endlich eingeschlafen war. Als Jan im Morgengrauen, es regnete in Strömen, endlich nach einem langen Arbeitstag nach Hause gekommen war, war sie sofort auf ihn zugestürmt. Noch in der Nacht hatte er von ihr erfahren, dass Emil tatsächlich im Nebenraum des Lokals *Ansari* gewesen, ihm aber zum Glück nichts passiert war. Zumindest nicht körperlich. Ein Lehrer hatte blitzschnell reagiert und alle Kinder in einem Eck zusammengedrängt und so vor den Attentätern geschützt. Die immer wiederkehrenden Antiterrorschutzübungen in den Schulen hatten sich also einmal mehr bezahlt gemacht. Jan war erleichtert. Valerie schleuderte ihm die Schimpfwörter durch die Luft entgegen, vollkommen ohne inhaltlichen Zusammenhang.

»Wie kannst du unseren Sohn nur so fahrlässig in Gefahr bringen?«, schrie sie immer und immer wieder. »Und behaupte bloß nicht, dass du damit nichts zu tun hast!«

Jan trachtete danach, sie zu beruhigen, versuchte sie in den Arm zu nehmen. Es dauerte lange, bis es ihm schließlich gelingen sollte und Valeries wütende Schreie endlich in ein lautes Schluchzen übergingen.

»Es ist ihm doch nichts passiert«, sagte Jan.

»Seine Schule hat mich zu Mittag im Büro angerufen. Seine Schulklasse war in dem Lokal, in dem sich auch der Anschlag auf Roland Bergmeister ereignet hat. Sie waren direkt im Nebenraum und ließen sich vom Koch die Zubereitung von georgischen Teigtaschen erklären, als diese Bastarde in dem Restaurant um sich geschossen haben. Es hätte sonst etwas geschehen können! Und du stellst dich hier hin und sagst, es sei nichts passiert.«

»Wie geht es ihm denn?«, fragte Jan.

»Er steht noch unter Schock«, wimmerte Valerie.

Es folgten einige Sekunden der Stille. Vielleicht waren es auch Minuten, so genau konnte Jan das nicht abschätzen. Vielleicht hatte er diesen emotionalen Ausbruch seiner Frau gebraucht, um wirklich zu realisieren, welch großes Glück die kleine Familie am Vortag gehabt hatte. Nach einer Weile löste sie sich sanft aus seiner Umarmung, trat einen Schritt zurück und sah ihm tief in die Augen.

»Ich bin mir dessen bewusst, dass du mir über deine Arbeit nicht immer die volle Wahrheit sagen kannst. Aber in diesem Fall muss ich dich darum bitten, dass du ganz aufrichtig zu mir bist«, sagte sie mit ruhiger und abgeklärter Stimme. In ihrem Gesichtsausdruck lag die wuchtige Klarheit ihres Verstandes. Jan fühlte sich an Horrorfilme erinnert, in denen ein soziopathischer Charakter von der einen auf die andere Sekunde sein Gemüt ändern konnte. Einen Schalter umlegen und in Windeseile jemand anderer sein konnte. Jemand anderer mit einem überaus angsteinflößenden Gesichtsausdruck. »Hast du etwas mit dem Anschlag zu tun?«

»Aber selbstverständlich nicht«, sagte Jan sofort. »Wie kommst du denn nur auf diesen aberwitzigen Gedanken? Nach allem, was wir bis jetzt wissen, handelt es sich um drei Personen, mindestens zwei davon mit enger Verbindung zur Untergrundszene der FDP. Wie kommst du nur auf den Gedanken, dass ich etwas mit diesem feigen Anschlag auf einen unserer Mitbürger zu tun haben könnte?«

Er machte einen Schritt auf sie zu, doch Valerie wich in genau demselben Ausmaß vor ihm zurück.

»Du kannst dir deine Propagandareden sparen«, sagte Valerie. »Ich bin nicht eine von diesen blinden Verehrerinnen des Obersten, die ihr mit euren Lügengeschichten einlullen könnt. Also frage ich dich jetzt noch ein einziges Mal. Und ich schwöre zu Gott, wenn ich jemals dahinterkommen sollte, dass du mich in diesem Moment angelogen hast, werde ich Himmel und Hölle in Bewegung setzen, damit du Emil nie wieder auch nur aus der Entfernung zu Gesicht bekommen wirst. Hast du etwas mit dem Anschlag zu tun?«

»Aber natürlich nicht. Was denkst du denn von mir, Liebes?«, sagte Jan im vollen Bewusstsein, dass ihre Drohung ins Leere ging. Keine Wirkung bei ihm hinterlassen konnte. Das Scheidungsgericht würde niemals einer Danubierin das Sorgerecht für ein im Prater geborenes Kind zusprechen. Und dass das Gericht von der Herkunft Valeries erfahren würde, dafür würde Jan schon sorgen.

In diesem Moment verlor Valerie vollends die Fassung. Sie sackte in sich zusammen und weinte auf dem Boden liegend.

»Vielleicht solltest du morgen zu Doktor Scherer schauen? Es ist doch alles sehr viel gerade«, sagte er zu ihr, nachdem er sich zu ihr hinuntergebeugt hatte und ihr zur Beruhigung über den Rücken streichelte.

»Kein Doktor dieser Welt kann das Unrecht gutmachen, das in diesen Tagen uns allen angetan wird. Niemand kann das!«, sagte sie, ohne ihn dabei anzuschauen.

Valerie schlief noch tief und fest, als Jans Wecker eine Stunde, nachdem sie zu Bett gegangen waren, seinen immer nachdrücklicher werdenden Intervallton aussendete. Jan hatte nicht richtig geschlafen, es war mehr ein Dämmerzustand, der vom regelmäßigen Aufprall der Regentropfen auf die Fensterscheibe orchestriert worden war. Er quälte sich aus der Wohnung.

Es lag eine seltsame Stimmung über dem Prater. Die Tropfen fielen und tanzten in den Pfützen auf der Straße und Jan musste auf dem Weg durch die Rotensterngasse unweigerlich an Valeries Tränen denken, die nur wenige Stunden zuvor als Tropfen auf den Parkettboden des Flurs in der gemeinsamen Wohnung gefallen waren.

Helena und John hatten in dieser Nacht die Stellung gehalten. Aufgrund der Vorkommnisse des Vortages war es ratsam gewesen, dass zwei Personen das Büro besetzt hielten, um die zahlreichen Anfragen aus dem Ausland zu beantworten. Weitere Beiträge für *PraterTV* mussten skizziert, produziert und abgenommen werden. Dementsprechend stieß Jan auf zwei erschöpft wirkende Mitarbeiter, als er die Glastür zum Großraumbüro im T-Tower öffnete.

»Da bist du ja endlich«, begrüßte ihn Helena mit müden Augen. »Der Medienkoordinator von Simmering will dich sprechen, um die gemeinsame Erklärung vorzubereiten. Der Chefredakteur der *Praterpost* wartet auf einen Rückruf. Und der Öffentlichkeitsmensch von unserem Abgeordneten im Wiener Sicherheitsrat will gebrieft werden, weil die Brigittenau für heute eine Dringlichkeitssitzung einberufen hat.«

»Aye, aye, Madam«, sagte Jan und salutierte vor ihr. Helena schenkte ihm dafür ein Lächeln, das mit einem Schlag jede Müdigkeit aus seinem Gesicht verschwinden ließ.

»Wie geht's unseren drei Verdächtigen?«

»Zwei wurden bereits heute Nacht festgenommen, Jenner und Kögler. Sitzen bereits im Getreidehaus ein. Schlafentzug und Isolationshaft, das komplette Programm.«

»Und Nummer drei?«

»Auf der Flucht«, sagte Helena. »Keine Spur von Werner Krause.«

Verdammt, ausgerechnet Krause, dachte Jan.

John fuchtelte im Hintergrund während eines Telefonats mit den Armen herum.

»Wie konnte das passieren? Lass uns nach nebenan gehen«, befahl er Helena. Sie folgte ihm zum kleinen Archivraum, von dem aus sie John bei dessen Telefonat nicht störten. Drei Quadratmeter verblieben in der Mitte des quadratischen Raumes, alle Wände waren bis oben hin mit Aktenordnern vollgeräumt. Und so roch es auch. Jan fühlte sich an einen Besuch in der Bücherei in der Zirkusgasse während seiner Schulzeit erinnert. Die Schüler waren damals aufgefordert worden, Bücher für daheim auszusuchen. Er hatte nicht nachvollziehen können, wie schnell seine Mitschüler sich damals irgendwelche dämlichen Kinderbücher und Jugendkrimis ausgesucht hatten. Sie hatten ihre Zeit mit all dieser von der Pseudodemokratie geförderten Lügenliteratur vertrödeln wollen, anstatt sich um die drängenden Probleme des Praters zu kümmern, der damals noch als Leopoldstadt ein Teil des Wiener Zentralismus gewesen war. Wie froh er sein konnte, dass sein Sohn sich nicht mit derart nutzlosen Büchern auseinandersetzen musste. Die Biografie des Obersten, aus der Feder seines Vaters, bildete da natürlich eine Ausnahme.

»Du siehst müde aus«, sagte er, als er die Tür hinter sich geschlossen hatte.

»Müde ist gar kein Ausdruck«, erklärte Helena.

Er streichelte ihr sanft über den Oberarm. Nach dem heftigen emotionalen Zusammenprall mit Valerie und den anstrengenden vergangenen Stunden sehnte er sich nach Ruhe und Geborgenheit. Doch Helena packte seine Hand und schob sie von sich weg.

»Dafür haben wir jetzt keine Zeit«, sagte sie. »Für dreizehn Uhr ist die zweite Vernehmung von Jenner und Kögler angesetzt. Die Leiterin des Getreidehauses hat darum gebeten, dass jemand seitens der Attentatsplanung anwesend ist, damit sie auch kurzfristig dem Verhörverlauf entsprechende Informationen zum Attentat einholen können.«

»Kann ich machen, kein Problem«, sagte er zu Helena. Das Getreidehaus lag nur einen Steinwurf vom *Praterplex*, dem Kino, in dem Valerie arbeitete, entfernt. »Gibt es nicht mal irgendeine Spur von Werner Krause?«

»Nein. Wir haben aber bereits seine Frau ins Getreidehaus bringen lassen. Normalerweise dauert es nicht lange, bis sich die Gesuchten stellen. Die Verhöre durch die Freiheitspolizei will man seinen Liebsten ja nun wirklich nicht zumuten.«

Jan und Helena tauschten sich ein paar Minuten über die eingehenden Nachrichten und die Medienstrategie für den heutigen Tag aus. Dann öffnete er wieder die Tür zum Großraumbüro.

»Und vergiss nicht, Montag ist die große Rede des Obersten in der Molkerei. Die muss noch vorbereitet werden«, sagte Helena zu ihm, als sie wieder im Büro angekommen waren.

Sie konnte nun wieder in normaler Zimmerlautstärke mit ihm sprechen, denn John hatte sein Telefonat zwischenzeitlich beendet.

»Danke für die Erinnerung, hätte ich glatt vergessen«, sagte er mit einem Augenzwinkern.

Helena setzte sich wieder an ihren Platz, obwohl sie nun eigentlich nach Hause hätte gehen können. Sie war eine außerordentlich pflichtbewusste Frau, auch das war eine der

Charaktereigenschaften, die Jan sehr an ihr zu schätzen wusste. Wahrscheinlich lag die Abweisung seines körperlichen Annäherungsversuches kurz zuvor auch tatsächlich nur in ihrer Konzentration auf die aktuelle Situation begründet. Er musste sich keinen Kopf machen. Nicht auch noch deswegen. Nach ein paar Tagen würde sich das wieder legen.

Kurz vor zwölf Uhr verließ Jan an diesem Samstag den T-Tower am Donaukanal. Es regnete nach wie vor. Sein Temperaturempfinden sagte ihm, dass sich wohl auch bald Schnee dazugesellen würde. Es war nicht nur merklich nasser geworden in den vergangenen vierundzwanzig Stunden, sondern auch deutlich kälter. Er zog sich den Mantelkragen hoch und stapfte hinüber auf die andere Seite der Taborstraße, wo die Taxis warteten. »Molkereistraße«, sagte er zum Fahrer, der sofort den leise summenden Elektromotor seines Autos startete. Die Molkerei lag direkt am Weg zum Getreidehaus. Es konnte nicht schaden, sich als Vorbereitung für die Rede mit dem dortigen Direktor zu unterhalten.

Die Molkerei war eines der zentralen Vorzeigeprojekte des Obersten, Kernelement seines Wirtschaftsplans, mit dem er Arbeitsplätze der verarbeitenden Industrie im Bezirk etablieren wollte. Und es war tatsächlich gelungen, die Molkerei auf ihrem historischen Standort in der Molkereistraße wiederzuerrichten und mit Leben zu füllen. Als Investor hatte man Igor Asanin gewinnen können. Dank seines Engagements standen Exportmöglichkeiten in den gesamten Osten zur Verfügung. Schwierig gestaltete sich einzig der Import der Rohware.

Als das Taxi von der Ausstellungsstraße in die Molkereistraße eingebogen war, konnte man die dem historisierenden Stil nachempfundene Fassade der Molkerei bereits sehen. Sie hob sich wohltuend vom übrigen Hausbestand im Stuwerviertel ab, der großteils aus der Nachkriegszeit stammte und die architektonische Einfallslosigkeit der Pseudodemokratie widerspiegelte. Es würde noch Jahrzehnte dauern, bis auch diese Häuserzüge wieder im stolzen Stil von der Größe der in ihnen wohnenden Bewohnerinnen und Bewohner künden würden.

Die Molkerei erstreckte sich über ein Gelände von rund zehntausend Quadratmetern, auf dem zuvor ein Studentenheim und eine Bildungsanstalt der Pseudodemokratie gestanden hatten. Hier waren Studierende darauf gedrillt worden, dem Diktat von Wirtschaft und Elite Untertan zu sein, und so war die Bevölkerung überaus froh gewesen, als der Oberste als eine seiner ersten Maßnahmen entschieden hatte, die Fachhochschule abreißen zu lassen und an ihrer Stelle einen Produktionsbetrieb anzusiedeln. In der Gestaltung ihrer Fassade schloss die neue Molkerei an ihren 1902 fertiggestellten Vorgängerbau an, der nach dem Zweiten Weltkrieg wieder geschlossen worden war. Über dem großen Tor in der Mitte des Gebäudes, durch das man von der Stuwerstraße in den Innenhof der Molkerei gelangen konnte, hingen Fahnen in den traditionellen Farben des Praters. Wer meinte, dass die Fahnen in vorauseilendem Gehorsam hier hingen, da man natürlich um den Besuch des Obersten am kommenden Montag wusste, der irrte. Auf Jans zahlreichen Erkundungsfahrten durch das Land konnte er sich immer wieder davon überzeugen, dass die Bewohner und Arbeiter ihre Treue zu ihrem jungen Land auch durch das Anbringen von Fahnen dauerhaft zum Ausdruck brachten.

»Nein, nein, bitte nicht«, sagte der Taxifahrer, als Jan ihm einen für die Dauer der Fahrt angemessenen Betrag in Schilling nach vorne reichte. »Es war mir eine Ehre, Sie fahren zu dürfen«, schob er hinterher.

Jan bedankte sich und stieg aus dem Wagen.

Ein herrlicher Geruch aus Kindheitstagen strömte in seine Nase. Sofort dachte er an die oftmals bei seiner Großmutter in Kaltenleutgeben verbrachten Sommerferien zurück. Dort war das Leben noch in Ordnung gewesen. Im Sommer konnten die Kinder über die Wiesen tollen, ohne dass sie von Danubiern bedroht oder geschändet worden wären. Die Lebensmittel, die man konsumierte, wuchsen praktisch vor der eigenen Haustür, so wie auch heute wieder im Prater. Der Oberste sorgte mit dem Wiederaufleben der Molkerei dafür, dass auch die Bewohner des Praters ein Stückchen dieser heilen Welt in ihrem eigenen Land haben konnten.

Im riesigen Innenhof standen die weiß-blauen Milchtransporter in Reih und Glied. Die Führung der Molkerei hatte sich bewusst für diese Lackierung entschieden, als der Oberste in einem Interview hatte fallen lassen, dass dies seine Lieblingsfarben waren. In einer Ecke unterhielten sich die Fahrer in aller Ruhe. Jan konnte sich ausrechnen, was das Gesprächsthema an diesem Tag nach dem Anschlag gewesen war. Hinter der Traube von Menschen befand sich der Eingang zur Milcherlebniswelt, die sich in der zweiten Hälfte des riesigen Gebäudes befand. Jan hatte bereits anlässlich der Eröffnung der Molkerei Gelegenheit gehabt, sich einen Eindruck zu verschaffen. Auf anschauliche Weise wurde den Menschen hier die Funktionsweise der Milch nähergebracht. Auf einer riesigen, künstlich beleuchteten Wiesenfläche weideten echte Kühe. Als Marketing-Gag hatte Asanins Schokoladenfirma eine der Kühe weiß-blau – also in den Farben der von ihm produzierten Schokoladetafeln – anmalen lassen. Die Schlangen der Kinder, die sich mit dieser Kuh fotografieren lassen wollten, waren immer lang. Auch an diesem Vormittag war durch die verglaste Front zu erkennen, dass reges Interesse an einem Selfie mit der Kuh herrschte.

Im anderen Gebäudetrakt, auf den sich Jan nun zubewegte, befand sich die Milchproduktion. Hier wirkte alles wesentlich ruhiger als in der Milcherlebniswelt zuvor. Wahrscheinlich waren die Mitarbeiter gerade auf Mittagspause, in der großen Halle mit den Milchtanks war kaum eine Menschenseele zu sehen. Über ein in Glas eingefasstes Stiegenhaus gelangte er in den zweiten Stock. Die Direktion befand sich direkt neben dem Laboratorium. Darüber, in der dritten Etage, befand sich ein großer Schlafsaal für jene Arbeiter, die für die Nachtschicht eingeteilt waren. Auch daran wurde hier gedacht: das Wohl der Mitarbeiter. Auch dies unterschied sich von den Produktionsbetrieben der Pseudodemokratie, die lediglich auf die Vermehrung des Finanzkapitals ausgerichtet waren.

Der Direktor der Molkerei hieß Vaclav Trawnischek. Er gehörte zum engeren Kreis rund um Igor Asanin. Neben der Führung der Molkerei hatte er auch die Leitung der Schokoladenfabrik sowie die Kontrolle über die Lebensmittelwerke im Gesamten inne. Der rundliche Mann mit dem ebenso runden Gesicht erhob sich von seinem Schreibtischsessel und kam mit offenen Armen auf Jan zu.

»Geschätzter Jan«, sagte er und nahm Jan in den Arm, als ob er ein lange vermisstes Familienmitglied wiedersehen würde. »Wir sind alle schon sehr gespannt auf den Besuch des Obersten am Montag. Zu schade, dass dieses freudige Ereignis durch diesen abscheulichen Anschlag getrübt wird.«

»Ja, fürchterlich«, pflichtete Jan ihm bei.

Nachdem Trawnischek ihn endlich losgelassen hatte, nahmen beide Platz. An den Wänden des Büros hingen Hirschköpfe, Bilder von Jagdausflügen und Auszeichnungen sowie Plaketten. Offensichtlich saß Jan hier einem Mann gegenüber, der am Abzug über die nötige Ruhe verfügte. Ein guter Mann.

»Was kannst du mir über die positive Entwicklung der Molkerei berichten?«, kam Jan gleich zur Sache. »Schließlich will der Oberste in seiner Rede die Erfolge der Molkerei besonders hervorheben. Ihr seid hier ein Vorzeigebetrieb für die neue Wirtschaftskraft des Praters.«

Trawnischek ratterte die Umsatz- und Gewinnzahlen seiner Molkerei in den buntesten Farben herunter. Hier ein neuer Absatzmarkt, dort eine neu eingeführte *Monopol*-Käsesorte. Ja sogar aus der Brigittenau gebe es regelmäßig Anrufe, ob dort nicht irgendwo die qualitativ so hervorragenden Produkte der Molkerei erhältlich seien.

»Das ist sehr gut«, hakte Jan ein. »Das lässt sich gut verwerten. Gibt es aus anderen Bezirken auch Anfragen?«

»Nein, leider nicht. Anfragen in dem Sinn sind das aus der Brigittenau auch nicht. Einer unserer Mitarbeiter hat einen Onkel in der Brigittenau. Und der hat sich wohl mal positiv über unseren Käse geäußert.«

»So genau ins Detail muss man ja nicht gehen«, erwiderte Jan. »Wichtig ist alleine, dass es in der Brigittenau eine rege Nachfrage nach unseren Produkten gibt. Wie sich das äußert, danach fragt doch niemand.«

»Und natürlich kommen auch die Hilfslieferungen für die notleidenden Danubier auf der anderen Seite der Donau nicht zu kurz. Täglich schicken wir einen Lastwagen zum Fährhafen am Mexikoplatz«, erklärte Trawnischek am Ende seines Vortrages mit einem Lächeln im Gesicht.

Nach einer halben Stunde bedankte sich Jan, verwies auf seinen Termin im Getreidehaus und erhob sich von seinem

Stuhl. Den Kaffee, den zwischenzeitlich eine Bedienstete gebracht hatte, rührte er nicht an. Der Farbe zufolge befand sich darin nur ein unmerklicher Anteil von echtem Kaffee.

»Eine Sache noch«, sagte Trawnischek.

Jan drehte sich noch mal um.

»Ja?«

»Es würde uns mit Blick auf die Produktionskosten sehr gelegen kommen, wenn wir unsere Produkte in den Läden der LHO eine Winzigkeit teurer verkaufen könnten.«

Die von ihm angedachte Winzigkeit stellte er parallel zu seiner Aussage mit Daumen und Zeigefinger seiner rechten Hand nach, dazu quetschte er das Lid seines rechten Auges ein bisschen zusammen. Mit dieser Pose erinnerte er Jan eher an eine Comicfigur als an den Direktor einer stattlichen und erfolgreichen Molkerei.

»Wir werden sehen, was sich machen lässt«, erklärte Jan.

Die Vernehmung im Getreidehaus am Handelskai, das die Freiheitspolizei zwei Jahre zuvor in einen Hochsicherheitstrakt hatte umbauen lassen, verlief ohne erhoffte Resultate. Trotz Androhung, die Kinder der Familie Krause über die Donau in das verwahrloste Gebiet der Danubier deportieren zu lassen, ließ sich die Ehefrau von Werner Krause nicht dazu hinreißen, etwas über den Verbleib ihres Mannes zu verraten. Drei Stunden hatte Jan dem Schauspiel zusehen müssen. Er betete dafür, dass die Frau ihr Schweigen brechen würde. Jan ekelte es geradezu an, wie diese Frau das Wohl ihrer Kinder aufs Spiel setzte, nur um ihren Mann und seine Freunde von der FDP zu schützen.

Jan war froh, als er die Szenerie verlassen konnte. Er hasste es, mit ansehen zu müssen, wie Menschen gefoltert wurden. Auch wenn er wusste, dass diese Menschen aufgrund ihrer

Taten sowie ihrer mangelnden Kooperation selbst dafür verantwortlich waren.

Es war ein langer und vor allem anstrengender Tag gewesen, als Jan gegen zweiundzwanzig Uhr den Schlüssel in das Türschloss seiner Wohnung im dritten Stock in der Rotensterngasse steckte. Nach einer halben Umdrehung nach rechts und dem Überwinden des sanften Widerstands öffnete sich die Tür. Wenn Jan ehrlich war, hielt sich seine Lust, an diesem Abend nach Hause zu kommen, in Grenzen. In sehr engen Grenzen. Natürlich, da war Sohn Emil, den er sich jedes Mal freute zu sehen. Emil war es aber auch nicht, der Jan ständig Vorwürfe machte. Über diese und jene Entscheidung des Obersten, über die Lage der Weltpolitik und warum Jan seine Funktion als vermeintlicher Drahtzieher hinter allem nicht dafür nutzte, die Welt zu einer besseren zu machen. So stellte es jedenfalls Valerie regelmäßig dar. Sie schien tatsächlich daran zu glauben, dass er etwas entscheiden konnte. Wo sie nicht unrecht hatte, war, dass Jan tatsächlich jeden Tag versuchte, die Welt ein Stückchen besser zu machen. Ob Valerie das je würde verstehen können?

Die Wohnung lag im Dunkeln, Jan hängte seinen Mantel an die Garderobe im Vorzimmer. Die Tür am Ende des Ganges, hinter der Emils Zimmer lag, stand wie jeden Abend einen Spalt weit offen. Aus der Küche erhellte ein Lichtstrahl den Flur.

»Du bist noch wach?«, fragte Jan.

Valerie saß auf einem Stuhl. Beide Unterarme ruhten auf dem quadratischen Küchentisch. Vor ihr stand eine Tasse mit Kaffee, aus der Dampfschwaden aufstiegen. Neben ihrer Tasse stand ein Häferl. Da auch der Stuhl auf der anderen

Seite des Tisches etwas abgerückt stand, war offensichtlich Besuch da gewesen.

»Hattest du jemanden zu Gast?«

Valerie sah ihn an und nickte.

Bevor er sich nach der Identität des Besuchers erkundigen konnte, fiel ihm das nicht verdunkelte Fenster auf.

»Bist du denn wahnsinnig?«, fuhr er Valerie an und stürzte zum Fenster. Mit einem Ruck zog er den schlaff neben dem Fenster hängenden roten Vorhang vor. »Da kannst du ja gleich eine Leuchtreklame auf unserem Dach mit einem Hinweispfeil *Bitte hier bombardieren* für die Drohnen aus der Brigittenau deponieren. Wenn dir dein Leben schon egal ist, könntest du wenigstens an Emil denken.«

Er war außer sich. Jeden Tag versuchte die *Abteilung für direkte Wahrheit* den Leuten einzutrichtern, dass diese am Abend die Fenster zu verdunkeln hatten. Plakate riefen dazu auf, über die Saiger kamen regelmäßig Durchsagen und die Kinder lernten das schon in der Schule. Und seine eigene Frau war nicht in der Lage, sich daran zu halten?

»Du glaubst doch wohl nicht selbst daran, dass die Brigittenau Drohnen hierher schickt, um uns zu bombardieren?«, hörte er auf einmal hinter sich eine Stimme. Es war Saskia, Valeries Arbeitskollegin aus dem *Praterplex*. »Ich habe dich immer für einen hinterhältigen Manipulierer gehalten, Jan, das muss ich zugeben. Aber dass du deine eigenen Lügen glaubst, das würde mich fast schon enttäuschen.«

Saskia schlenderte in ihrem eleganten Gang zum Küchentisch und setzte sich auf den zuvor noch abgerückten Sessel. Sie war eine hübsche Erscheinung und hatte etwas Kühles, Unnahbares an sich, das ihn immer schon fasziniert hatte. In dieser Art ähnelte sie seiner Mitarbeiterin Helena. Doch im Gegensatz zu Helena hatte sich im Lauf der Zeit herausgestellt, dass Saskia dem Ansinnen des Obersten, den Prater wieder groß zu machen, nicht besonders wohlwollend gegenüber eingestellt war. Im Gegenteil, sie barg stets ein aufrührerisches Element in sich. Jan hatte Valerie deshalb schon vor längerer Zeit gebeten, den Kontakt mit ihrer Arbeitskollegin nicht allzu innig zu gestalten. Und er hatte eigentlich auch den Eindruck gehabt, dass seine Frau dieser Anweisung nachgekommen war. Jan musste sich beherrschen, nicht die Fassung zu verlieren.

»Du kannst ja gerne die Sicherheit deiner Familie gefährden«, sagte er in betont ruhigem Ton zu Saskia. »Wenn du hier zu Gast bist, hältst du dich aber bitte an die allgemein gültigen Regeln.«

»An die allgemein gültigen Regeln«, äffte Saskia ihn nach.

»Du solltest dich mal reden hören«, sagte nun Valerie. »Du wirst nicht glauben, wer heute Morgen bei Saskia auf der Matte stand«, sagte sie anschließend.

»Du wirst es mir wohl gleich verraten«, antwortete Jan, während er einige Schritte zum Kühlschrank zurücklegte.

»Deine Freunde von der Freiheitspolizei«, fuhr Valerie fort. Jan öffnete die Tür des Kühlschranks und entnahm diesem ein Simmeringer Pils. »Sie haben ihren Bruder Werner im Verdacht, am gestrigen Anschlag beteiligt gewesen zu sein.«

»Werner Krause?«, fragte Jan und drehte sich zu Valerie um.

»Ja«, sagte Valerie mit ruhigem Blick.

»Werner Krause ist dein Bruder?«, fragte er nochmals und bemühte sich dabei, verwundert zu klingen.

Saskia beantwortete seine Frage mit einem Nicken.

Jan gingen die Zeilen im Dossier über Werner Krause durch den Kopf, das Mahmoud im Vorfeld des Anschlags zusammengestellt hatte. Das Foto des Gesuchten. Die Textpassage über seinen Familienstand. Der Verweis auf seine Schwester, von Mahmoud mit gelbem Textmarker hervorgehoben.

»Wenn sie sich in dieser Angelegenheit nach ihm erkundigt haben, werden sie wohl ihre Gründe dafür gehabt haben«, erklärte Jan. »Und auch das ist noch lange kein Grund dafür, Sicherheitsmaßnahmen wie die Verdunkelung der Fenster zu vernachlässigen.«

»Warum habt ihr ihn ausgewählt?«, fragte Saskia anschließend.

»Was ist das denn für eine dämliche Frage? Wir haben niemanden ausgewählt. Für was denn auch?«

»Irgendwie muss er euch ja in euren Raster gepasst haben. Ist er mit seinem kleinen Handwerkerbetrieb dem Asanin ein Dorn in Auge? Oder haben wir unseren Karl nicht national genug erzogen? Na los, Jan, sag schon, was war es?«

Obwohl Saskia nach wie vor am Tisch saß, wurde die Erregung in ihrer Stimme mit jedem Wort deutlicher spürbar.

»Hör auf zu phantasieren«, sagte er. »Ich arbeite nicht für die Freiheitspolizei, sondern in der *Abteilung für direkte Wahrheit.* Du scheinst da etwas nicht zu verstehen.«

»Ich glaube, wir verstehen die Dinge wesentlich besser, als du glaubst«, sprang ihr nun Valerie zur Seite. »Diese ganze Geschichte mit Werner ist doch genauso an den Haaren herbeigezogen wie die angeblichen Drohnenangriffe! Das soll doch nur die Bevölkerung einschüchtern, damit sie auch weiterhin brav dem Obersten Folge leistet!«

»Jetzt reicht es mir aber langsam«, wurde Jan wütend. »Ich strample mich den ganzen Tag mit meinem Team ab, damit wir hier alle in unsicheren Zeiten halbwegs gut über die Runden kommen. Und als Dank dafür kann ich mir am Abend in meiner Wohnung so einen Schwachsinn anhören?

Noch dazu von meiner eigenen Frau? Ich glaube, es ist besser, wenn du jetzt gehst«, sagte Jan zu Saskia.

Sein Tonfall machte ihr deutlich, dass dies keine höfliche Bitte war.

»Was ist denn los?«, hörte er auf einmal Emils Stimme hinter sich.

Er musste durch das hysterische Herumgetue von Saskia und Valerie wachgeworden sein, das lag für Jan auf der Hand.

»Das habt ihr jetzt davon!«

Valerie sprang sofort auf und nahm Emil in den Arm.

»Es ist alles in Ordnung«, sagte sie in beschwichtigendem Tonfall zu dem kleinen Buben. »Wir können uns nur nicht darauf einigen, wer von uns dich lieber hat«, fuhr sie fort und stupste mit dem rechten Zeigefinger auf Emils Nasenspitze.

Anschließend nahm sie ihn auf den Arm und trug ihn in sein Zimmer.

»Du verschwindest jetzt, auf der Stelle«, fuhr Jan Saskia an. »Und unterstehe dich und setz noch einmal einen Fuß in meine Wohnung!«, zischelte er so drohend wie nur möglich, in der Hoffnung, dass seine Worte nicht bei Emil ankamen.

»Wie schwer fällt es eigentlich einem Möchtegerndiktator wie dir, den Anweisungen des Obersten Folge zu leisten?«, fragte Saskia, während sie sich erhob.

Sie machte einen Schritt auf ihn zu und blieb ganz dicht vor ihm stehen. Viel zu nahe, für seinen Geschmack.

»Schau dich doch mal an, du Würstel. Was warst du denn, bevor der ganze Wahnsinn in Wien losging? Da warst du ein kleiner, erbärmlicher Taxifahrer, der froh sein musste, dass die Familie seiner Frau ihn durchfütterte. Und jetzt glaubst du, dass du dich hier zum starken Mann aufspielen kannst? Du bist so erbärmlich«, sagte sie und stupste ihn an die Nase, genauso wie es Valerie zuvor bei Emil getan hatte.

Jan schlug ihre Hand zur Seite.

Saskia lächelte ihn süffisant an und ging an ihm vorbei auf den Flur.

»Und auf eines kannst du dich verlassen«, sagte sie, während sie ihre Schuhe anzog. »Den Werner werdet ihr euer Lebtag nicht finden. Da kann sich dein Mickey-Maus-Oberster auf den Kopf stellen.«

»Das werden wir ja noch sehen«, erklärte Jan.

»Tschüs, Valerie, wir sehen uns morgen im Büro«, rief Saskia zu Valerie, die nun aus dem Kinderzimmer heraustrat.

Das nächste Geräusch war das Ins-Schloss-Fallen der Wohnungstür.

»Ist das die Welt, in die du dein zweites Kind setzen willst?«, fragte Valerie anschließend. »Eine Welt, in der unschuldige Leute für Attentate verantwortlich gemacht und verhaftet werden. Was, wenn du mal in Ungnade fällst oder etwas Falsches sagst? Erschießt uns die Freiheitspolizei dann auch und lässt unsere leblosen Körper die Donau hinabtreiben, zusammen mit all den Danubiern? Sollen Emil und sein Geschwisterchen auch mal so enden?«

»Red doch nicht so einen Blödsinn«, antwortete Jan.

»Ich schlafe heute bei Emil«, unterbrach Valerie ihren Mann, noch bevor er fortfahren konnte. Sie schloss hinter sich die Tür zum Kinderzimmer und ließ Jan alleine im Flur zurück.

Saskia war ein Problem. Ein Problem, das einer dringenden Lösung bedurfte.

16 (SONNTAG)

»Unsere Kraft im Prater!«, begrüßte Jan seinen Mitarbeiter Mahmoud. »Wie fiel heute der RI aus?«, fragte Jan in der Früh als Erstes, nachdem er ins Büro gekommen war.

Mit Valerie hatte er am Morgen kein Wort gewechselt, war ihr nur kurz im Gang begegnet, als sie aus dem Kinderzimmer getreten war.

»Der flüchtige Attentäter macht sich bezahlt«, antwortete Mahmoud mit einem strahlenden Lächeln. »Vierundneunzig Prozent haben sich die Botschaft des Obersten heute bis zum Schluss angesehen. So gut waren wir seit dem Anschlag auf die Fußball-Nationalmannschaft des Praters im Jahr 2026 nicht mehr.«

»Sehr gut«, sagte Jan. »Jetzt heißt es, die Aufmerksamkeit hochhalten.«

»Außerdem haben wir es geschafft, unser Gerücht über der Verwicklung des Ehemanns der Brigittenauer Präsidentin in die Wasserkatastrophe in Danubien in einige übernationale Medien zu schleusen. Da hat sich die Schützenhilfe aus Simmering mit den erfundenen Blogs und den Social Bots echt bezahlt gemacht. Außerdem haben wir eine Rekordzahl an Danubiern heute Nacht aufgegriffen, insgesamt vierundzwanzig von ihnen konnten wir noch auf der Donau neutralisieren«, hörte Mahmoud gar nicht mehr mit seinen Jubelmeldungen auf.

»Gibt es etwas Neues zu Werner Krause?«, fragte Jan.

»Noch nicht gefasst. Aber Siegbert von der Freiheitspolizei hat heute Morgen via Sicherheitsbriefing mitteilen lassen, dass es nur eine Frage der Zeit sein kann, bis wir ihn haben.«

Mahmoud drehte sich mit seinem Bürostuhl zu seinem Bildschirm um. »Ach ja«, sagte er anschließend. »Und noch etwas Seltsames kam vorhin rein. Die Freiheitspolizei überwacht die Schwester von Krause auf Schritt und Tritt und hat dadurch auch mitbekommen, dass Saskia Krause gestern Abend in eurem Haus zu Besuch war.«

Verdammt, dachte sich Jan. Das war zu befürchten gewesen.

»Mach dich darauf gefasst, dass die Freiheitspolizei dich dazu kontaktieren wird«, sagte Mahmoud.

»Mach ich, danke«, sagte Jan.

»Und ihr solltet ein bisschen besser auf eure Verdunkelungsmaßnahmen achten«, schob Mahmoud hinterher, während er Jan nach wie vor den Rücken zeigte. »Kommt nicht gut, wenn der Chef der *Abteilung für direkte Wahrheit* die von ihm selbst unters Volk gebrachten Maßnahmen nicht berücksichtigt und dies von einer Streife der Freiheitspolizei bemerkt wird.«

Jan antwortete nicht darauf. Er sah aus dem Fenster seines Büros, hinunter auf den Donaukanal, und versuchte sich zu beruhigen. Er brauchte einen kühlen Kopf für das, was jetzt folgen würde.

Schon auf dem Überwachungsbildschirm auf seinem Schreibtisch hatte Jan, später am Nachmittag, sehen können, dass Siegbert Reicher auf dem Weg zum Büro der Aufklärungsabteilung war. Jan wusste ganz genau, dass die Stippvisite des Kommandanten der Freiheitspolizei ihm ganz persönlich galt.

»Du hast Besuch«, sagte Helena mit ernster Miene, nachdem sie die Tür zu Jans Büro einen Spalt geöffnet hatte.

»Setz ihn in den Besprechungsraum«, sagte Jan. »Ich komme gleich.«

Jan versuchte, ruhig zu bleiben. Er erhob sich und betrachtete sich im Spiegel. Jan atmete einmal kräftig durch und machte sich sodann auf den Weg zum Besprechungszimmer.

»Unsere Kraft im Prater, Siegbert Reicher! Womit haben wir denn diesen hohen Besuch verdient?«, sagte Jan mit jovialer Stimme, nachdem er den Besprechungsraum betreten hatte. Reicher stand, ihm den Rücken zugewandt, am Fenster und sah hinüber zum Stephansdom. Als er Jans Stimme hörte, drehte er sich um und machte einige Schritte auf ihn zu.

»Unsere Kraft im Prater! Du musst mich halt öfter mal einladen«, sagte Reicher. »Sonst komme ich noch auf die Idee, dass du etwas zu verbergen hast!«

Jan blieb das Lachen im Hals stecken. Er versuchte, gute Miene zum eventuell bösen Spiel zu machen. Handelte es sich dabei um einen Scherz oder eine versteckte Anspielung Reichers?

Der Kommandant nahm Jan gegenüber Platz. Lediglich die blank gebohnerte Platte des Tisches trennte die beiden. Siegberts weiße Uniform, an deren Revers zahlreiche Orden hingen, spiegelte sich in der Tischplatte. In der Bevölkerung hatte Reicher nicht den allerbesten Ruf. Die Leute lachten über die Phantasieuniform, die er sich gleich nach Amtsantritt im Jahr 2023 bei einem französischen Schneider auf den Leib hatte schneidern lassen. Der Oberste tolerierte Reichers Outfit, obwohl es so gar nicht den offiziellen, betont lässigen Kleidervorschriften für Amtsträger entsprach. Er erfüllte auf erstaunliche Weise das Klischee eines kleinwüchsigen Mannes, der aufgrund ein paar fehlender Zentimeter Körpergröße einen unglaublichen Ehrgeiz entwickelt hatte, es allen zu zeigen. Und der seine Macht tatsächlich regelmäßig zur Schau stellte. Die Menschen hatten Angst vor Reicher und seinen Gefolgsleuten. Jan hatte mehr Respekt als Angst vor ihm. Wobei dies ganz vom nun beginnenden Gespräch abhing.

»Was können wir denn für euch tun?«, fragte Jan, bevor er einen Schluck aus dem vor ihm stehenden halbvollen Wasserglas nahm.

Die hell erleuchteten LED-Röhren tauchten den Raum in ein künstliches Licht, in dem die fahle Haut Reichers noch gruseliger wirkte als sonst.

»Wir stecken gerade mitten in der Suche nach Werner Krause, deswegen komme ich gleich zum Punkt«, sagte Reicher und legte beide Hände auf dem Tisch übereinander. »Wir vermuten ein Informationsleck in eurer Abteilung«, sagte Reicher. »Wir sind auf Basis der Analyse der Informationsströme in Folge des Attentats zu dem Schluss gekommen, dass die Attentäter von dieser Abteilung aus informiert wurden.«

Jan war verwirrt. Natürlich waren vor dem Attentat Planungen von hier an die echten Attentäter gegangen. Das wusste natürlich auch der Chef der Freiheitspolizei. Und doch war sich Jan nicht sicher, was Siegbert genau meinte.

Wenn es sich um den Beginn einer Intrige gegen ihn selbst handelte und er nun freimütig sagen würde, dass natürlich Informationen zum Attentat hier in der Aufklärungsabteilung zusammengeflossen waren, hätte Siegbert den Beweis für Jans Mitschuld. Jan versuchte sich in Bruchteilen von Sekunden zu beruhigen. Falls es Siegbert tatsächlich mit einer Finte auf seinen Kopf abgesehen hatte, hätte er mit Hilfe der Sprachsteuerungsmodule seiner Einheit eine solche Aussage von Jan auch fingieren können. Ein Praktikant lernte bei der Freiheitspolizei solche Manipulationen am ersten Tag seiner Einschulung.

»Wir helfen gerne bei jeder Aufklärung«, antwortete Jan,

»nicht umsonst tragen wir den Namen *Abteilung für direkte Wahrheit*. Aber wenn ich dir helfen soll, musst du mir schon ein bisschen mehr Details geben.«

»Wir haben eine verschlüsselte Messenger-Nachricht aus eurer Abteilung abgefangen, die einen der Attentäter, besagten Werner Krause, kurz vor unserem Eintreffen bei seiner Wohnung gewarnt hatte«, präzisierte Siegbert sein Anliegen.

»Das kann nicht sein«, erklärte Jan unumwunden. »Das ist schlicht nicht möglich.«

Er spürte, wie sich ein dünner feuchter Film auf der Innenseite seiner Hände bildete. Sein Pulsschlag pochte am Hals in heftigen Wellen gegen den eng anliegenden schwarzen Rollkragenpullover.

»Aber wenn ich es dir doch sage«, beharrte Siegbert auf dem Wahrheitsgehalt seiner These. »Jemand von euch spielt ein doppeltes Spiel. Und ich mag keine doppelten Spieler. Du hast vierundzwanzig Stunden, ansonsten nehmen wir eure ganze Abteilung auseinander. Und glaub mir, das wäre nur die zweitbeste Variante. Oder willst du, dass die Burschen und Mädels von *PraterTV* im Zuge dieser Untersuchung von dir und deiner hübschen Blondine erfahren? Dem Obersten würde ein solcher Klatsch-Skandal in aller Öffentlichkeit gewiss nicht gefallen.«

Ohne eine Antwort abzuwarten, stand Siegbert Reicher auf und streckte Jan die Hand entgegen.

»Wenn ihr so aufmerksam seid, ist euch auch sicher nicht entgangen, dass der Chef der Molkerei sich relativ häufig kritisch über den Obersten äußert?«, sagte Jan, während er Siegbert die Hand schüttelte.

Es war ein ungewöhnlich langer Händedruck, der abrupt endete, als Jan seinen Satz zu Ende gesprochen hatte.

»Du meinst den Trawnischek? Den haben wir schon länger auf der Agenda. Aber der steht unter dem Schutz vom Asanin, da sind wir machtlos«, antwortete Reicher und verließ den Raum.

Jan blieb noch einige Minuten alleine im Besprechungsraum zurück. Reicher hatte ihn in eine verzwickte Situation gebracht, dies umso mehr, als Jan die dahinter liegenden Motive nicht abschätzen konnte. Worum ging es in diesem Ränkespiel? Wollte Reicher Jan beschädigen? Aber warum hätte er dies tun sollen? Er selbst hatte wohl kein Interesse an Jans Posten. Es galt auch keine offenen Rechnungen zu begleichen, Jan hatte stets darauf geachtet, es sich mit Reicher nicht zu verscherzen.

Reicher wusste von Saskias vorabendlichem Besuch in der Wohnung der Keplers. Und trotzdem hatte er diese Karte nicht ausgespielt. Also ging es ihm nicht um seinen Kopf, schlussfolgerte Jan.

»Was wollte er denn?«, hörte er auf einmal Helenas besorgte Stimme. Seine Mitarbeiterin kam zur Tür herein und ging einige Schritte auf Jan zu, der immer noch auf seinem Sessel saß.

»Er hat uns um Unterstützung bei der Suche nach Werner Krause gebeten«, beließ es Jan bei einer oberflächlichen Antwort.

Wem konnte er schließlich in dieser Situation noch trauen?

Jan lag an diesem Abend lange wach und grübelte vor sich hin. Wenigstens hatte sich Valerie dafür entschieden, diese Nacht wieder neben ihm im gemeinsamen Ehebett zu verbringen. Ihre Anwesenheit, ihre sanften Atemgeräusche taten Jan in diesem Moment gut. Trotzdem sollte es mehrere Stunden dauern, bis auch sein Atem in den Schlafmodus wechselte.

17 (MONTAG)

Vielleicht war es ja besser, wenn Werner Krause nicht so schnell gefunden wurde, dachte sich Jan. Gedankenversunken saß er an einem der runden Tische in der *Balthasar Kaffee Bar* in der Praterstraße. Er rührte mit seinem Löffel mit langsamen Schwüngen durch das Kaffeeersatzgetränk.

Der Barkeeper stand gelangweilt hinter dem Tresen und blätterte in einem Magazin. Jan konnte nicht genau erkennen, um was für ein Heft es sich handelte. Alle anderen Tische waren an diesem Vormittag unbesetzt. Würde Jan in diesem Moment seinen Schlüssel fallen lassen, der Klang des herabfallenden Gegenstands würde den gesamten Raum erfüllen.

Jan hatte sich kurz zuvor die RI-Werte von Mahmoud durchgeben lassen. Auch an diesem Morgen betrug die Aufmerksamkeitsrate für die Ansprache des Obersten über den Saiger mehr als neunzig Prozent. Der *Abteilung für direkte Wahrheit* erleichterte dies den Arbeitsalltag immens, immerhin konnten sie sich auf diese Art den fingierten täglichen Aufreger in der Früh ersparen. Im Gegenteil, die Mitarbeiter von Jan konnten die Zeit verwenden, um Aufregerthemen für die Zeit nach dem Abebben des Krause-Hypes vorzuproduzieren.

Die Zeit im Café wollte Jan nutzen, um abseits des Alltagstrubels das nächste Gespräch mit dem Obersten vorzubereiten. Dieses Mal sollte es – passend zur für diesen Abend geplanten Rede des Obersten in der neuen Molkerei – um die Wirtschaftspolitik des Landes gehen. Die ökonomische Situation hatte sich, nachdem die pseudodemokratischen Vorgängerregierungen die ökonomische Produktion radikal vernachlässigt hatten, unter der Führung des Obersten radikal verbessert. Die neu entstandene Molkerei im Stuwerviertel war dafür genauso Ausdruck wie das neben der Zentrale der Freiheitspolizei im Lagerhaus in der Engerthstraße angesiedelte Warenkontor, der Aufschwung des Hafens Freudenau, die erfolgreiche Landwirtschaft im Prater oder die riesige Automobilfertigungshalle auf dem Gelände des ehemaligen Rudolf-Bednar-Parks. Insbesondere dessen Umgestaltung auf dem Gelände des ehemaligen Nordbahnhofes war für den Obersten von großer Bedeutung. Dass die Fläche, die für einen nach einem Repräsentanten der Pseudodemokratie benannten Park verschwendet worden war, nun hunderten Bewohnern des Praters zu einem Arbeitsplatz verhalf, war von großer Symbolkraft. Wo früher die Klientel der abgehobenen Pseudodemokratie ihre Hunde Gassi führen ließ, entstand nun tagtäglich Wertschöpfung für den Prater.

Eine weitere Maßnahme zur Senkung der Arbeitslosenquote. Diese wirkte sich genauso positiv aus wie der Sofortbeschluss des Obersten am ersten Tag seiner Amtsführung, wonach Pendler aus Niederösterreich und dem Burgenland keine Arbeitsgenehmigung mehr für den Prater erhielten. Die Kampagne *Unsere Jobs für unsere Leute* verlief so erfolgreich, dass auch andere ehemalige Wiener Bezirke nachziehen und ähnliche Beschränkungen umsetzen mussten.

Neben der Vorbereitung für das Interview mit dem Obersten machten sich hier im Café *Balthasar* auch andere Gedanken in Jans Kopf breit. Welcher seiner Mitarbeiter hatte Werner Krause vor dem Zugriff der Freiheitspolizei gewarnt und welchen Namen sollte er heute Abend im Rahmen der Ansprache des Obersten an Siegbert Reicher weitergeben? Dessen Ultimatum lief nur noch wenige Stunden. Jan hatte eine Entscheidung zu treffen, die definitiv den Kopf des Betroffenen kosten würde, denn mit Verrätern machten Reicher und seine Einheiten kurzen Prozess. Mit Schaudern dachte Jan, während er seinen Blick über die blaue Theke des Lokals schweifen ließ, an Toni Heumer zurück. Heumer war Anfang des Jahres auf dem Riesenradplatz von der Guillotine geköpft worden, nachdem er beschuldigt worden war, Informationen über die Überwachungsintervalle der Grenzschutzpolizei an der Donau an Flüchtlingsschlepperbanden weitergegeben zu haben. Für Jan stand außer Frage, dass es mit Heumer jemanden getroffen hatte, der der Republik Prater alles andere als positiv gegenübergestanden hatte. Er weinte ihm keine Träne nach. Aber ob er tatsächlich des Vergehens, dessen er bezichtigt wurde, schuldig gewesen war, blieb für Jan bis zum heutigen Tage nie ganz geklärt.

Jan bezahlte für seinen Kaffee, verließ das *Balthasar* und trat in den grauen Novemberregen. Er sah dem geschäftigen Treiben in der Fußgängerzone zu und hoffte auf eine Inspiration, eine Idee, mit der er seine Mitarbeiter schützen und gleichzeitig einen Konflikt mit Reicher verhindern konnte.

»Eine Ausgabe der *Praterpost* vielleicht?«, wurde er auf einmal von Zlatko aus seinen Gedanken gerissen.

»Natürlich«, sagte Jan und drückte dem bulligen und unrasierten Zeitungsverkäufer einige Münzen als Gegenleistung in die Hand.

»Es kommen auch wieder bessere Zeiten«, sagte dieser schließlich, nachdem er die Münzen in seiner Umhängetasche verstaut hatte.

»Wie meinst du das?«, fragte Jan irritiert.

»Man sieht dir an, dass dich etwas beschäftigt. Aber alles wird gut, vertrau mir!«

Jan zog sich den Kragen seines Mantels bis ganz dicht an

den Hals heran und machte sich auf in Richtung Donaukanal. Natürlich würde alles gut werden. Es wurde immer alles gut.

Die Morgenbesprechung an diesem Montag lief für Jan im Autopilotmodus ab. Umgehend danach machte er sich gemeinsam mit Helena auf den Weg in die Molkereistraße. Der Regen peitschte gegen die Scheibe des Taxis, mit dem sie zur Molkerei im Stuwerviertel fuhren. Wie hunderte kleine Geschosse prallten die Tropfen gegen die Scheibe, während draußen die grauen Fassaden der Praterstraße vorbeizogen. Es war keine Menschenseele in der Fußgängerzone zu sehen. Es schien, als gehörte ihnen die Straße in diesem Moment ganz alleine. Im Inneren des Autos war Jan vor dem Regen geschützt. Doch wie lange konnte er noch davon ausgehen, dass seine Familie und er vor den Geschossen der Freiheitspolizei geschützt waren?

»Du wirkst so abwesend«, holte ihn Helenas Stimme aus seinen Gedanken. »Was ist denn los?«

Sie berührte seine Hand und fuhr sanft mit ihren Fingern über seinen Handrücken. Ihr Blick verriet ihm, dass sie sich ernstlich Sorgen um ihn machte. Seit dem Besuch von Staatspräsident Reimann im Lusthaus, den Jan und Helena am Rande für ein kleines Stelldichein genutzt hatten, hatte es keinen körperlichen Kontakt mehr zwischen ihnen gegeben.

»Alles in Ordnung«, sagte Jan.

Er konnte sich unmöglich Helena anvertrauen. Weder mit seinen Sorgen um seine Frau Valerie noch mit den Anschuldigungen Siegbert Reichers, der einen Maulwurf in den Reihen seiner Abteilung vermutete. Was, wenn Helena ebenjener Maulwurf war? War ihr toughes Auftreten reine Fassade, um unverdächtig zu wirken?

»Du machst aber nicht den Eindruck, als ob alles in Ordnung wäre«, blieb Helena hartnäckig. »Schon seit ein paar Tagen stehst du ein bisserl neben dir. Mahmoud hat auch schon gefragt, was mit dir los ist.«

Nun griff Jan auch nach Helenas Hand. Er beugte sich zu ihr rüber und küsste sie. Es war ein emotionsloser Kuss. Ein Kuss, der lediglich dazu gedacht war, das Gespräch an diesem Punkt zu beenden. Ein Kuss, der zur Unterhaltung des Taxilenkers beitrug, der die Szenerie im Rückspiegel beobachten konnte.

Bereits in der Ausstellungsstraße musste das Taxi halten. Jan und Helena stiegen aus und legten die letzten Meter zur Molkerei in der gleichnamigen Straße gemeinsam mit all jenen Besuchern zurück, die ebenfalls zur Rede des Obersten strömten. Vor dem großen Tor, durch das Jan wenige Tage zuvor, als die Welt noch ganz in Ordnung war, in die große Halle der Molkerei hatte eintreten können, stauten sich nun die Menschenmassen. Ein Dutzend Ganzkörperscanner war von der Freiheitspolizei aufgeboten worden, um die Besucher vor dem Betreten der Halle durchleuchten zu können. Glücklicherweise gab es auch hier eine bevorzugte Schlange für Ehrengäste, in die sich Jan und Helena als Mitarbeiter der *Abteilung für direkte Wahrheit* einreihen konnten. Das Prozedere kannten die beiden vom Flughafen in der Freudenau nur zu gut. Ging es mit dem Obersten mit dem Hubschrauber auf einen seiner raren Auslandsbesuche, galt es zuvor ebenfalls eine solche Sicherheitskontrolle zu passieren.

Während sich die Schlange nur langsam nach vorne schob, was immer noch reichte, um die anderen Wartenden weit hinter sich zu lassen, lauschte Jan immer wieder den Stimmen des Volkes. Dem Chef der *Abteilung für direkte Wahrheit* waren diese ungefilterten Meinungen aus der Bevölkerung besonders wichtig. Hier wurde nichts verfälscht, hier sprach die reine Volksseele so, wie sie nun mal eben dachte. Unter besorgte Kommentare um die Sicherheit des Obersten und vereinzelten Gram über die schlechte Versorgungslage mischten sich auch hie und da Stimmen, die eine Vergeltungsaktion gegen die Brigittenau forderten. Gerade, als Helena vor ihm durch den Scanner gegangen war, hörte Jan eine Person sogar von Verteidigungskrieg sprechen. Dieser sei unbedingt erforderlich, wolle man die Souveränität des Praters weiterhin aufrechterhalten. Und dies sei doch schließlich das höchste Gut, das es zu verteidigen gelte.

In der Halle angekommen, marschierten Helena und Jan zu der ganz hinten aufgebauten Tribüne für Pressevertreter sowie Vertreter aus Gesellschaft und Wirtschaft. Die übliche Sorte Gäste, die auch schon bei der Ansprache des Obersten am Riesenradplatz zugegen war, hatte sich auch hier eingefunden. In der Mitte der Tribüne befand sich eine Traube von Anzugsträgern, die die Delegation von Igor Asanin bildeten. Dieser durfte mitsamt seinen Getreuen bei einer Rede in einem seiner Produktionsstandorte natürlich nicht fehlen.

Helena und Jan nahmen in einer der hinteren Reihen der Tribüne Platz. Vor ihnen lag die große Halle, in der in der Woche zuvor noch Tanklastwagen auf die Milchabfüllung gewartet hatten. Die Halle war bereits gut gefüllt und doch strömten noch immer Menschen von draußen herein. In Wellenbewegungen schoben sich die Leute in die Halle. Wann immer eine neue Gruppe hereinkam, wichen die von ihr verdrängten Massen zurück. So ergab sich eine Welle, die ihren Ausgangspunkt beim Eingang der Halle hatte und schließlich über die gesamte Breite bis zur anderen Seite verlief.

An der gegenüberliegenden Wand war eine riesige Leinwand befestigt worden, über die die Rede des Obersten an diesem Abend übertragen werden sollte. Das Weiß zog sich über die komplette Breite und musste so groß wie ein halbes Fußballfeld gewesen sein. Davor war ein kleines Podest aufgebaut worden.

Helena erzählte Jan gerade von den Aktivitäten des vergangenen Wochenendes, als sich plötzlich von hinten der Kopf eines Mannes zwischen Jan und Helena drängte.

»Unsere Kraft im Prater! Hast du einen kurzen Augenblick für mich?«

Jan erschrak ob des ungebetenen Gastes, stimmte nach dem Verdauen der Schrecksekunde aber einem Vieraugengespräch hinter der Tribüne zu. Er folgte Siegbert Reicher, der von einem seiner Beamten begleitet wurde. Sie verließen die Tribüne, machten eine Hundertachtzig-Grad-Drehung, bis Reicher dort, wo das Tribünengestell an die Wand stieß, zu stehen kam. Sein Beamter sicherte das Gespräch einige Meter entfernt gegen unliebsame Zuhörer ab.

»Ich brauche einen Namen, Jan. Also?«, zischelte Reicher.

Er stupste dabei mit dem Zeigefinger seiner rechten Hand auf die Brust von Jan und verzog seine Miene zu einer bulligen Grimasse.

»Gib mir noch ein paar Stunden Zeit. Bis morgen Früh, dann bekommst du, was du brauchst«, antwortete Jan.

»Du spielst hier ein gefährliches Spiel. Mit mir solltest du dich nicht anlegen«, zeigte sich Reicher unbeeindruckt.

»Ich pflege keine Spiele zu spielen«, antwortete Jan. »Willst du einen glaubwürdigen Sündenbock oder nicht?«

Reicher nickte.

»Dann gib mir bis morgen Früh Zeit. Ich stehe in engem Kontakt zum Obersten, auch in dieser Angelegenheit. Morgen Früh wirst du deinen Schuldigen in der Morgenanspra-

che des Obersten über den Saiger serviert bekommen.«
»Wieso über den Saiger?«
Reicher war irritiert. Offensichtlich hätte er den Schuldigen lieber selbst hinausposaunt.
»Der Oberste besteht darauf«, log Jan.
Er wusste, dass dies die einzige Begründung war, die Siegbert Reicher akzeptieren würde. Akzeptieren musste.
»Morgen Früh, halb acht!«, sagte Reicher erneut mit drohender Miene. »Sonst suche ich mir selbst einen Verdächtigen!«

Jan kehrte zurück zu Helena, die ihn mit fragendem Blick in Empfang nahm.
»Was war das denn?«, fragte sie.
Jan wollte Helena gerade antworten, als die Lichter im Saal verdunkelt wurden. Das Zeichen, dass die Rede des Obersten unmittelbar bevorstand. Jan erhielt dadurch wertvolle Zeit, um sich eine passende Geschichte auszudenken, die er Helena im Anschluss erzählen könnte. Und noch mehr Zeit, um sich eine Lösung für das Problem namens Siegbert Reicher auszudenken.
»Die Brigittenau arbeitete schon 1900 daran, die damalige Leopoldstadt zu zerstören«, hörte Jan den Obersten sagen. Die riesigen Lippen, die sich auf dem Bildschirm bewegten, hatten die Größe von zwei Blauwalen. Jans Lippen, die sich synchron zu denen des Obersten bewegten, nahmen sich dagegen winzig aus. Er wusste, welche Wörter und Sätze, welche Buchstaben als Nächstes folgen würden. Aus seinem Hirn stammte schließlich auch diese Rede. In Momenten wie diesem ertappte sich Jan bei dem Gedanken, dass der Mund des Obersten eigentlich sein indirektes Sprachorgan sei. Der Oberste als Puppe, die von Jan zum Sprechen ge-

bracht wurde. Er sprach die Worte des Obersten leise mit, um ein Gefühl dafür zu bekommen, ob die Melodie der Rede auch richtig gewählt war. »Die Leopoldstadt musste auf Druck der Habsburger die Brigittenau ziehen lassen«, sprach der Oberste. »1924 schnitt die Pseudodemokratie einen weiteren Lebensarm der Leopoldstadt auf dem anderen Ufer der Donau ab, indem sie den Bruckhaufen an Floridsdorf übergab. Wie froh wären die armen Seelen im Bruckhaufen heute, wenn sie nach wie vor zu uns gehören würden!« Es folgte schallendes Gelächter, das sogleich vom Publikum mit intoniert wurde. »Und schließlich kamen die Nationalsozialisten wenige Jahre später ins Land. Und was hatten diese vermeintlichen Übermenschen in ihren braunen Uniformen im Sinn? Sie machten sich nicht nur an die Ausrottung unserer jüdischen Bevölkerung, sie vernichteten wertvolles Kulturgut auf dem Gebiet des heutigen Praters! Und zu guter Letzt sorgten sie dafür, dass auch die zweite Lebensader zu unseren Schwestern und Brüdern jenseits der Donau abgeschnitten wurde, indem uns auch Kaisermühlen entrissen wurde.« Das Publikum war außer sich. Wie oft schon hatten die Menschen diese Erzählung der Geschichte des Praters mit all ihren von früheren Herrschern erzwungenen Gebietsabtretungen gehört. Und doch waren sie immer wieder damit zu faszinieren. »Was hat dieser unser aller Prater nicht schon alles erleiden müssen! Erst am vergangenen Mittwoch kamen wir im neu errichteten Tempel in der Tempelgasse zusammen, um der jüdischen Opfer der Jahre 1938 bis 1945 zu gedenken.« Es herrschte betretenes Schweigen. »Nie wieder!«, schrie ein Mann aus der rechten Hälfte des Saales. Zunehmend setzten weitere Stimmen ein, bis schließlich die ganze Halle »Nie wieder!« brüllte.

»Und heute?«, fuhr der Oberste fort. »Heute stehen wir vor

einer Aggression von außen, die unser Gebiet für sich vereinnahmen will. Heute«, sagte Jan ganz leise vor sich hin, »ist es die Brigittenau, die ihr 1900 unvollendetes Werk zu einem Ende bringen will. Mit der von ihr fingierten Wasserkrise hat sie die Menschen nördlich der Donau aufgewühlt und in Not und Elend gestürzt. Doch wer wird kritisiert? Wir, weil wir die Danubier nicht alle bei uns aufnehmen! Dabei trifft uns doch gar keine Schuld an der Ursache der Katastrophe! Und am Ende all dessen soll die Auslöschung des Praters stehen! Die Brigittenau will auch noch im restlichen Teil des Praters die Macht übernehmen! Aber nachdem unser Volk so weise ist und sich nicht auseinanderdividieren lässt, probiert sie es nun mit feigen Anschlägen!« Wieder heftige Reaktionen aus dem Saal. Aus der eben noch stillen und in Gedenken zusammengeschlossenen Halle meldete sich wieder der Pöbel zu Wort und schimpfte auf alles, was mit der Brigittenau in Zusammenhang zu bringen war. Von ihrer Präsidentin bis hin zu den qualitativ natürlich minderwertigen Erzeugnissen aus der Waffelfabrik und den Wurstwerken am Allerheiligenplatz. »Und ich frage euch, wo hat der Nazi-Führer, dieser braune Verbrecher, gelebt, als er am Ende des 19. Jahrhunderts in Wien wohnte?«, fuhr der Oberste fort.

»Brigittenau, Brigittenau, Brigittenau«, skandierte die Menge. Direkt vor der Tribüne gingen plötzlich Stofffetzen in Flammen auf. Mitarbeiter der *Abteilung für direkte Unterhaltung* zündeten auf Kommando die mitgebrachten Brigittenauer Flaggen an und heizten so die Menge noch mehr auf.

»Da gehen sie in Flammen auf, die Fahnen unserer Feinde!«, schrie nun der Oberste. »Jene Fahnen, die mit dem Wappen von Zwischenbrücken einen Teil unseres Staatsgebietes zeigen«, fuhr er fort, womit er auf den seit Jahren schwelenden Territorialstreit um das Gebiet an der Innstraße anspielte. Ein rhetorischer Rückgriff auf diesen Konflikt hatte noch jede Versammlung zum Kochen gebracht, das wusste Jan nur zu genau. Deswegen verwendete er ihn auch in fast jeder öffentlichkeitswirksamen Rede des Obersten. Nun war auch Helena ganz berührt von der Atmosphäre. Sie griff erneut nach Jans Hand. Im Gegensatz zur Situation im Taxi wenige Augenblicke zuvor nun jedoch nicht, um ihre Sorgen gegenüber ihm und seiner Stimmungslage zum Ausdruck zu bringen, sondern aus Ergriffenheit über die rhetorischen Fähigkeiten ihres Sitznachbars, der die nationale Einheitsstimmung so pathetisch auf den Punkt bringen konnte. Jene Mitarbeiter der *Abteilung für direkte Unterhaltung*, die noch wenige Minuten zuvor die Fahnen der Brigittenau in Rauch hatten aufgehen lassen, holten aus ihren Podesten nun die grün-rot-blauen Fahnen des Praters und verteilten diese unter den Besuchern, die diese zu gerne in Empfang nahmen und anschließend eifrig schwenkten.

Den Schlussteil der Rede hatte Jan so formuliert, dass der Oberste im Vorfeld des morgigen Nationalfeiertags die Massen einmal mehr auf Patriotismus und den Gegner von außen einschwören konnte. Doch das wäre im Grunde gar nicht mehr notwendig gewesen. Die Masse in der Halle der Molkerei war auch so schon aufgeputscht genug. So aufgeputscht und in Rage, dass eine kleine Zwischenbemerkung wohl gar nicht wahrgenommen wurde: die vom Obersten in den Raum gestellte Kollaboration zwischen der Brigittenau und den im Prater beheimateten Doppelstaatsbürgern, die auch eine Mariahilfer Staatsangehörigkeit besaßen.

Bisher galt auch für diese Bürger die Regelung, dass wer zum Stichtag 31. Dezember 2015 im Prater einen Hauptwohnsitz gemeldet hatte, ein gleichranginger Einwohner des Praters war. Der Verweis des Obersten auf Berichte in ausländischen Medien, wonach die Mariahilfer Minderheit jenen Terroristen, die das Attentat auf Roland Bergmeister verübt hatten, logistische Unterstützung hatte zukommen lassen, hatte Jan bewusst gegen Ende der Rede eingebaut. So konnte diese Botschaft im Überschwang der nationalen Emotionen sickern und keimen, bis die *Abteilung für direkte Wahrheit* in wenigen Tagen die Ernte dieser Meldung einfahren würde und die Freiheitspolizei mit den ersten Ausweisungen von Mariahilfern beginnen könnte.

Bei dem Gedanken schossen Jan sogleich Siegbert Reicher und seine Drohung in den Kopf. Er musste sich aus der Umklammerung Reichers befreien. Und kurz darauf kam ihm eine Idee in den Sinn, wie ihm dies auch gelingen könnte.

18 (DIENSTAG, NATIONALFEIERTAG)

»Wann haben wir aufgehört, uns zu lieben?«

Valerie musste schon lange Zeit wach gewesen sein. Als Jan die Augen öffnete und sie ansah, waren dies die ersten Worte, die er hörte. Aufgeweckt hatten ihn die Raben, die vor dem Fenster in der Rotensterngasse um die Wette krähten. Im Sommer, wenn sich Jan und Valerie hin und wieder getraut hatten, bei offenem Fenster zu schlafen, passierte es häufiger, dass sie von Vögeln aufgeweckt wurden. Im Winter war das eher die Ausnahme.

Jans Frau lag ganz ruhig neben ihm. Ihr schlanker Körper, an dem Jan durch den Pyjama eine winzig kleine Wölbung im Bauchbereich zu entdecken glaubte, lag seitlich zu ihm gerichtet. Mit ihren großen Augen sah sie Jan an. Und wartete auf seine Antwort.

»Aber wir lieben uns doch immer noch«, sagte er, noch reichlich verschlafen.

Jan hoffte darauf, dass er den richtigen Tonfall getroffen hatte. Irgendwo zwischen Müdigkeit und Entrüstung über diese alles andere als passende morgendliche Begrüßung an diesem 15. November 2028, dem Nationalfeiertag des Praters.

»Du liebst einzig und allein deinen Obersten und unseren Sohn. Für mehr Liebe ist bei dir kein Platz«, entgegnete Valerie, erneut mit sanfter und ruhiger, man könnte sagen, überlegter Stimme.

»Wieso sagst du so was? Das stimmt nicht«, antwortete Jan, nun schon ein bisschen empörter.

»Wenn ich dir hier und jetzt vorschlagen würde, dass wir

gemeinsam mit Emil und unserem Ungeborenen nach Ottakring, zu Onkel Ludwig, gehen. Würdest du mitkommen?«

Jan wusste nicht, was er darauf antworten sollte. Alle Nachrichten, die aus Ottakring den Prater erreichten, ließen nicht darauf schließen, dass ein Leben dort sehr viel erstrebenswerter wäre als im Prater.

»Wieso fragst du das ausgerechnet jetzt?«, entschied sich Jan für eine Gegenfrage, die vom erneuten Krächzen eines Raben begleitet wurde.

»Bitte antworte auf meine Frage. Würdest du mitkommen?«

Jan war nun richtig wach und bei Bewusstsein. Dies half ihm allerdings nicht dabei, eine diplomatische Antwort auf diese Frage zu finden. Im Gegenteil, sofort gesellte sich zu Valeries Frage auch noch das Problem Siegbert Reicher hinzu.

»Ottakring ist ein Failed State, das weißt du genau. Und wie es deinem Onkel geht, ob es ihn überhaupt noch gibt, das wissen wir doch nicht mal. Nur im Prater sind wir wirklich sicher«, stellte Jan mit Nachdruck fest. »Wieso kommst du also nun mit dieser Frage?«

»Ja oder nein?«, beharrte Valerie auf einer Antwort. »Das ist eine ganz einfache Frage, deren Beantwortung auch dir dabei helfen könnte, deine Prioritäten richtig einzuordnen. Aber anscheinend ist das nicht so einfach für dich«, sagte Valerie, deren Tonfall nach wie vor die Ruhe selbst war.

»Ich liebe dich und ich liebe Emil. Aber das ändert nichts daran, dass wir hier eine Existenz haben. Wovon willst du denn in Ottakring leben?«

»Und was ist, wenn es dort gar nicht so schlimm ist wie von euch immer wieder behauptet? Wenn man dort heute noch genauso unbeschwert leben kann wie vor zwanzig Jahren?«

»Du spinnst ja«, antwortete Jan. »Wie kommst du denn auf so einen Schwachsinn? Hast du die Bilder von den Gefechten zwischen den Ottakringer Sicherheitskräften und den Freischärlerverbänden der Hernalser Minderheit schon wieder vergessen? Die Explosionen, die fast die gesamte Ottakringer Straße in Schutt und Asche gelegt haben, sodass das Zentrum des Landes zu einem einzigen riesigen Krater angewachsen ist?«

»Und was, wenn das alles nie passiert ist? Wenn ihr uns das nur glauben machen wollt, damit wir hier in Angst erstarren und sich niemand aus dem Prater raustraut?«

»Typisch, schon grenzt du wieder ab zwischen einem *wir* und einem *ihr*. Diese Spaltung der Gesellschaft hilft uns ganz sicher nicht weiter«, sagte Jan nun mit deutlich lauterer Stimme. »Vielleicht solltest du mal wieder zu Doktor Scherer gehen.«

»Das gefällt dir besonders gut, gell? Wenn du die Argumente der anderen ins Gegenteil verkehren kannst. Wer spaltet denn seit Jahren die Gesellschaft in ein *wir* und ein *die*? Wer bringt die Bewohner im Prater gegen die Flüchtlinge aus Danubien auf? Oder gegen die Bewohner der Brigittenau, neben denen wir jahrhundertelang friedlich gelebt haben?«

»All das sind Konflikte, die uns von außen auferlegt worden sind. Der Oberste entscheidet sich doch nicht aus Lust und Laune, sondern aus Notwendigkeit und purem Selbsterhaltungstrieb für diesen Abwehrkampf! Der Oberste ist für alle Bewohner im Prater gleichermaßen verantwortlich.«

»Ist das tatsächlich so? Und die gestrige Erwähnung der Mariahilfer Minderheit in seiner Rede? Oder habe ich mir das nur eingebildet?«

»Streitet ihr schon wieder?«, fragte auf einmal Emil, in der Schlafzimmertür stehend.

Valerie und Jan erschraken gleichermaßen.

»Niemand streitet«, beeilte sich Valerie zu sagen.

Sie winkte Emil zu ihrer Seite des Bettes. Der 7-jährige Sohn rannte zu ihr.

»Es ist alles in Ordnung«, sagte Jan. »Jeder hat mal Meinungsverschiedenheiten, das gehört zum Leben dazu.«

Anschließend stand er auf und ging ins Bad.

»Denk über meine Frage nach!«, rief ihm Valerie hinterher. »Sonst kannst du dein Frühstück alleine essen.«

Kurz nach sechs verließ Jan ohne Frühstück die Wohnung in der Rotensterngasse. Die Raben waren weitergezogen, das Einzige, was Jan hörte, waren die Tropfen, die auf die spärlich in der Gasse verteilten Autodächer prasselten. Wann hörte dieser verdammte Regen nur endlich auf?

Keine halbe Stunde später saß Jan im Büro von *PraterTV* im T-Tower. Die Kollegen waren gerade damit beschäftigt, den täglichen Videoclip mit der Morgenansprache des Obersten fertig zu schneiden. Eine Glaswand trennte das Studio vom Schnittraum, in dem Jan nun mit Chefredakteurin Miroslava Patak und Cutter Johannes saß.

»Das funktioniert jetzt so auf die Schnelle nicht«, sagte Patak zu Jan, als dieser sie zu einer zusätzlichen Änderung im Text aufgefordert hatte.

»Wir müssen das alles vom Büro des Obersten gegenzeichnen lassen. Nichts darf ohne seine Zustimmung über den Saiger rausgehen. Das solltest gerade du wissen.«

»Natürlich weiß ich das«, antwortete Jan. »In diesem Fall ist das aber okay. Ich habe es noch gestern Abend nach der Rede in der Molkerei mit dem Obersten abgeklärt. Es war ihm sehr wichtig, dass dieser eine Satz noch in das Skript kommt.«

Die dunkelhaarige Frau mit dem dick aufgetragenen roten Lippenstift ließ sich ermattet in ihren Sessel zurückfallen.

»Warum müssen solche Sachen immer dann passieren, wenn ich Dienst habe?«, fragte sie seufzend.

»Sieh es doch mal von der anderen Seite«, erklärte Jan. »Sei froh, dass du bei solchen Entscheidungen eine der Ersten bist, die davon erfahren. Das sagt doch etwas über dich und deine Position aus.«

»Na gut«, sagte Patak und richtete sich wieder auf. »Welcher Satz ist es denn?«

Jan reichte ihr ein Blatt Papier im Format DIN A4. Auf dem Kopf des Blattes prangte der offizielle Stempel der Staatskanzlei, was Jans Ansinnen ein weiteres Stückchen Legitimität verschaffen sollte. Mit Erfolg.

»Na gut. Weil du es bist. Dafür bist du mir etwas schuldig«, sagte Patak.

»Danke dir, du bist echt ein Schatz. Aber ich weiß ja, dass ich mich auf dich verlassen kann!«

Jan verabschiedete sich und ging in seine Abteilung. Dort war mit John erst ein Mitarbeiter anwesend. Er hatte die Nachtschicht innegehabt.

»Da gibt's nur eines, erschießen oder den nächsten Baum suchen und aufhängen«, sagte John.* »Alles gut?«, fragte er Jan, als dieser an ihm vorbeischlenderte. »Bist heute aber sehr früh dran.«

»Ich hatte noch etwas Wichtiges zu erledigen«, antwortete Jan und begab sich in sein Büro. Gespannt wartete er auf die Übertragung der morgendlichen Ansprache des Obersten. Eine Live-Übertragung hatte Jan schon seit Wochen nicht mehr gesehen. Meistens sah er die Aufzeichnung der morgendlichen Ansprache des Obersten ohnehin tags zuvor bei der Abnahme.

Wie gebannt sah Jan auf die analoge Uhr, die über der Tür zu seinem Büro hing. Er hatte dieses altertümliche Ding aus dem Haus seiner Eltern gerettet, kurz bevor dieses von der pseudodemokratischen Vorgängerregierung abgerissen wurde. Eine neue Starkstromleitung sollte genau unter ihrem Haus verlegt werden, dafür musste das im 19. Jahrhundert errichtete Gebäude in Kaltenleutgeben, in dem Jan aufgewachsen war, weichen. Ein Wahnsinn war das, dachte sich Jan noch heute. Dass Menschen einfach so im Interesse eines großen Stromkonzerns von ihrem Grund und Boden vertrieben werden konnten, das hatte ihm damals zu denken gegeben. Damals hatte er seine politische Ader entdeckt. Und damals hatte er das pseudodemokratische Regime, das stets den mächtigen Konzernen den Vorzug gegenüber dem Bürger gegeben hatte, hassen gelernt. Wie froh konnte man dagegen sein, dass heutzutage das Wohl des Bürgers im Mittelpunkt stand. Politisch gelenkt vom Obersten, wirtschaftlich auf gesunden Beinen stehend dank Igor Asanin.

Es dauerte eine gefühlte Ewigkeit, bis der Zeiger den letzten Schritt vollführen wollte. Wie eingemeißelt wirkte der schwarze Plastikstab, der die Minuten auf der einer altertümlichen Bahnhofsuhr nachempfundenen Wanduhr anzeigte. Dreh dich schon endlich weiter, dachte Jan und ärgerte sich im selben Moment darüber, dass er sich in Abhängigkeit dieser Uhr begeben hatte. »Dreh dich weiter, komm schon«, flüsterte er mit gespannten Lippen. »Komm schon!« Gerade als er mit seinen Anfeuerungsrufen so laut geworden war, dass er befürchten musste, dass auch der nebenan sitzende John etwas davon mitbekommen könnte, sprang der Zeiger auf den dicken Strich ganz oben. Es war sieben Uhr. Die Show konnte beginnen.

Die Fanfare, die aus den ersten Tönen der von Henry Praterlier stammenden Nationalhymne bestand, leitete die morgendliche Ansprache des Obersten ein. Die virtuell wehende Fahne des Praters bildete den visuellen Hintergrund. Anschließend wünschte ein durchs Bild laufender Schriftzug den Zusehern einen *Guten Morgen*. Darunter erschien das Datum des aktuellen Tages. Jan zählte die Sekunden mit. Einundzwanzig, zweiundzwanzig, dreiundzwanzig. Es waren stets genau drei Sekunden, bis der Morgengruß endlich durchs komplette Bild gelaufen war und das Konterfei des Obersten erschien. Die Fanfare verebbte, die Rede des Obersten begann.

Die Morgenansprachen des Obersten waren stets wesentlich kürzer gehalten als jene Reden, die bei Festen oder Anlässen wie jenem am Vortag in der Molkerei gehalten wurden. Man durfte die Leute in der Früh, zwischen Aufstehen, Frühstück und dem Weg zur Arbeit, nicht allzu lange aufhalten, wollte man ihre ungeteilte Aufmerksamkeit erringen. Exakt drei Minuten und dreißig Sekunden dauerte daher jede Morgenansprache des Obersten, die in der rechten unteren Ecke des Bildschirms von einer Gebärdendolmetscherin übersetzt wurde. Neben dieser bot ein Textband aus Buchstaben und Wörtern Menschen mit Hörbeeinträchtigungen eine weitere Möglichkeit, an der Rede teilhaben zu können.

Der Oberste hielt exakt jene Ansprache, die Jan nochmals geringfügig verändert hatte. Johannes in der Schnittabteilung hatte sich zum Glück an die Anweisungen gehalten. Jan war sich nie sicher, ob seine finalen Anmerkungen auch tatsächlich die letztgültigen finalen Anmerkungen waren. Denn genauso wie er Einfluss auf eine solche Ausstrahlung nehmen konnte, gab es eine Handvoll Leute, die von seiner Entscheidung Wind bekommen und anschließend ebenfalls Einfluss nehmen konnten. Einmal hatte er aus Werbegründen den Namen des Unternehmens eines guten Freundes in die Morgenansprache einbauen lassen. Hatte der Oberste in der ursprünglichen Version lediglich die Jungunternehmer im Prater für ihr Engagement in Krisenzeiten gelobt, verwies der Oberste in der von Jan beeinflussten Version auf seinen Freund als Paradebeispiel. In Zeiten, in denen ein professioneller Redner derartige Ansprachen vor einer Kamera abliest und anschließend in der Postproduktion das Gesicht des Obersten auf das Gesicht des Redners projiziert wird, ist das alles kein Problem. Doch jemand aus dem Stab des Obersten hatte damals Wind von Jans Manipulation bekommen und seinerseits seinen Neffen, der in derselben Branche tätig war wie der Freund von Jan, in der Rede nennen lassen. Das war Jan damals eine Lehre gewesen. Verhindern konnte er solche abermaligen Abänderungen in allerletzter Sekunde niemals ganz.

Umso froher war er, als drei Minuten und dreißig Sekunden vergangenen waren und er feststellen konnte, dass alles in der Ansprache dort war, wo es seiner Meinung nach hingehörte. Doch mit der Anspannung war es noch lange nicht vorbei. Das wusste Jan nur zu gut.

»Hast du das eben gehört?«, fragte John, nachdem er in Jans Büro gestürmt war.

»Was meinst du?«, tat Jan auf unwissend.

»Die Morgenansprache des Obersten«, rief John ins Zimmer. »Die Anschuldigungen gegen Siegbert Reicher und dass er gemeinsam mit einem Agenten aus der Brigittenau hinter dem Attentat stecken soll.«

John war ganz außer Atem, so, als ob der Aufzug im Gebäude an diesem Tag ausgefallen war und er über dreihundert Stufen im Treppenhaus hatte zurücklegen müssen.

»Ich habe gestern Abend schon davon gehört«, erklärte Jan und bemühte sich dabei um einen möglichst sachlichen Ton in seiner Stimme. »Aber ich wusste nicht, dass sie es heute Morgen schon öffentlich machen wollen.«

»Wahnsinn«, sagte John fassungslos.

»Was sagt der Response-Index?«

»Achtundneunzig Prozent«, sagte John.

»Dann war die Entscheidung, es heute Morgen zu verkünden, wohl die richtige«, sagte Jan.

Danach hieß es abwarten. Verlief alles nach Plan, musste die persönliche Leibgarde des Obersten, die als Exekutiveinheit über allen anderen Einheiten der Freiheitspartei angesiedelt und ausschließlich dem Obersten verpflichtet war, nun eingreifen und Siegbert Reicher festsetzen. Dieser Moment entschied über Jans weitere Karriere, ja über sein gesamtes Leben sowie das seiner Familie. Gelang es, Reicher festzunehmen, bevor dieser zu einem Gegenschlag ausholen konnte, sah es gut für Jan aus. Das Überraschungsmoment sprach jedenfalls für das Gelingen seines Plans.

Jan verließ das Büro und gesellte sich zu John. Mittlerweile waren auch Helena und Mahmoud an ihren Arbeitsplätzen angekommen. Jeder von ihnen saß auf einem Sessel, Mahmoud machte, was er immer tat, und wippte hektisch mit den Schuhen hin und her. Helena hatte die Beine übereinandergeschlagen und betrachtete mit einer Anmut die über die Leinwand flimmernden Bilder, die Jan in seinen Bann gezogen hätte, wenn er nicht selbst so auf den Bildschirm fokussiert gewesen wäre. John wechselte mit seiner Aufmerksamkeit ständig von seinem Computerbildschirm zur Leinwand und wieder retour, da er auch das aktuelle mediale Tagesgeschäft im Auge behalten musste. Immer wieder kommentierte er zwischendurch das Geschehen. Die ersten Agenturen und Medien aus dem Ausland hatten zwischenzeitlich ihre Extraberichterstattung gestartet. Routiniert gab John die aktuellen Zahlen der Danubier durch, die in der vergangenen Nacht versucht hatten, das Ufer des Praters zu erreichen. Nur ein einziger von ihnen hatte es in der vergangenen Nacht lebend bis zum Handelskai geschafft.

»Wie wurde mit ihm verfahren?«, fragte Jan.

»Ein Baum, ein Nylonseil und dann konnte er mal so richtig seine Seele baumeln lassen«, sagte John zufrieden.*

»Ein Team von *PraterTV* ist auf dem Weg zur Adresse von Reichers Haus in der Böcklinstraße«, sagte Helena auf einmal.

Das war ein gutes Zeichen. Wenn Helena diese Nachricht auf ihrem Saiger erreichte, dann kam dies über die offiziellen Wege. Was bedeutete, dass alles seinen von Jan erhofften Lauf nahm. Wieder brachen bange Minuten an. Die Leibgarde des Obersten benötigte mit ihren Einsatzwagen über die Fußgängerzone in der Praterstraße, den Praterstern und die Hauptallee im Prater maximal sieben Minuten bis zum herrschaftlichen Wohnsitz, den sich Reicher im Pratercottage hatte hinklotzen lassen. Wenn das Fernsehteam von *PraterTV* bereits auf dem Weg war, brauchte dieses sicherlich nicht wesentlich länger. Zehn Minuten also würde es dauern, bis Jan, Helena und die anderen jene Bilder über die Leinwand laufen sehen würden, in denen Siegbert Reicher in Handschellen abgeführt wurde. Jan hoffte auf möglichst demütigende visuelle Eindrücke. Vielleicht war Reicher ja noch im Pyjama, die Frisur total zerzaust. Der Programmchef von *PraterTV* war auf solche Bilder spezialisiert. Schon vor der Unabhängigkeit arbeitete er für den vom pseudodemokratischen System mit Inseraten gefütterten Fernsehsender einer Gratiszeitung. Diese war mit der Polizei gut vernetzt gewesen und hatte immer rechtzeitig gewusst, wo welcher Einsatz anstand. Deswegen war er mit seinem Team bei Verhaftungen und Razzien stets vor Ort. Eine Fähigkeit, die dem jetzigen Programmchef dazu verhalf, seinen prominenten Posten bei *PraterTV* verantwortungsbewusst ausüben zu können. Und die Tatsache, dass er mit dem Bruder des Stabschefs des Obersten eng befreundet war, war diesem Vorhaben sicherlich auch nicht abträglich gewesen.

Kurz darauf startete *PraterTV* tatsächlich seine Live-Übertragung. Eine sichtlich aufgeregte, mit Minirock und engem Top äußerst knapp bekleidete Moderatorin führte in das Thema ein und übergab anschließend ihrem Kollegen das Wort, der, vor der Villa in der Böcklinstraße postiert, auf seinen Einsatz wartete. Als der Reporter das Zeichen gab, stürmte die Einheit der Leibgarde durch das Eisengitter des Vorgartens zur Tür.

»Jetzt geht's los«, murmelte Jan leise vor sich hin. »Jetzt gilt's.«

Der Regisseur hatte auf die Body-Cam jenes Leibgardisten geschaltet, der als Erster das Stiegenhaus im Inneren des Gebäudes hochjagte. Die unscharfen Bilder gaben einen spektakulären Einblick in einen solchen Vorgang. Das Stampfen der Soldatenstiefel auf den Holzstufen und hier und da ein auf den Boden klirrender Gegenstand sorgten für eine atemberaubende Liveatmosphäre an diesem Morgen, die jeder Bewohner des Praters auf seinem Saiger mitverfolgen konnte. Mitverfolgen musste, hoffte Jan.

Ein Angehöriger der Leibgarde brach die Wohnungstür mit einem Rammbock auf. Rasch drangen die Männer in das Innere der weitverzweigten Wohnung. Nacheinander hörte man aus jedem der Räume das Signalwort: gesichert! Als die Kamera von *PraterTV* ganz oben angekommen war und nach einigen Schritten durch den Flur das Schlafzimmer zeigte, sahen es auch die Zuschauer der Übertragung: Siegbert Reicher lag gemeinsam mit seiner Frau und den drei Kindern regungslos auf einem breiten Bett. Einer der in einer schwarzen Uniform und einem Helm steckenden Leibgardisten versuchte, bei Reicher einen Puls zu ertasten. Sein Kopfschütteln signalisierte den Anwesenden sowie den Menschen an den Saigern, dass Reicher nicht mehr am Leben war. Jan konnte sein Glück kaum fassen.

Keine Stunde später hatte Jans Abteilung gemeinsam mit dem Stab des Obersten eine Erklärung verfasst, die als Pressemitteilung in die ganze Welt versandt wurde. Darin hieß es, dass Siegbert Reicher einer Erpressung durch Agenten der Brigittenau zum Opfer gefallen sei. Er habe sich verschuldet, weil er seinen Kindern eine gute Ausbildung ermöglichen wollte. Ein solches Motiv für ein Fehlverhalten kam bei den Leuten immer gut an, das wusste Jan nur zu gut. Wenn ein führender Kopf wie Reicher von Agenten der Brigittenau unter Druck gesetzt worden war, war es für die Bevölkerung des Praters auch nachvollziehbar, dass dieser seine schützende Hand über den immer noch flüchtigen Werner Krause gehalten hatte. Das Versagen der Freiheitspolizei wurde auf diese Weise also Reicher umgehängt.

Zum Mittagessen war Jan Keplers größtes Problem also aus der Welt geschafft. Nun konnten auch für ihn die Feierlichkeiten zum Nationalfeiertag beginnen.

19 (DONNERSTAG)

Auf dem Weg zum dritten Interview mit dem Obersten ließ Jan die Ereignisse der vergangenen achtundvierzig Stunden Revue passieren. Vom Selbstmord Siegbert Reichers und der folgenden internationalen Aufregung über die Schuldzurückweisungen aus der Brigittenau bis hin zur Festsetzung von zwei angeblichen Gehilfen Siegbert Reichers, wanderten die Gedanken kreuz und quer durch seinen Kopf, als er im Nieselregen die Rotensterngasse entlang zur Taborstraße ging. Es war sonnenklar gewesen, dass der engste Mitarbeiterkreis rund um Reicher aus dem Verkehr gezogen werden musste. Nach außen hin wäre es nicht kommunizierbar gewesen, dass seine beiden Stellvertreter von den staatszersetzenden Aktionen ihres Chefs nichts bekommen hatten. Und selbst wenn es so gewesen wäre, hätten sie ihren Job verdammt schlecht gemacht, was ein ebenso nachvollziehbarer Grund für ihre Entfernung aus allen offiziellen Ämtern gewesen wäre. Noch am Morgen des gestrigen Tages wurden die beiden in einem großen Spektakel auf dem Riesenradplatz dem Schicksal der Guillotine übergeben. Eine Stunde später war Alfred Hirscher für das Amt des Führers der Freiheitspolizei bestätigt und somit zum Nachfolger Siegbert Reichers ernannt worden.

Das dritte Biografiegespräch mit dem Obersten fand an diesem Morgen im Hotel *Stefanie* statt. Das ehrwürdige Hotel trug einstmals den Titel, das älteste der Stadt Wien zu sein. Es war also ein Prestigegewinn, dass es sich nun das älteste Hotel nicht nur einer einzelnen Stadt, sondern eines ganzen

Landes nennen durfte. Jan ließ das Taborkino, das anstelle des *Billa*-Supermarktes seit einem Jahr in der Taborstraße für Unterhaltung sorgte, hinter sich und betrat die Lobby des Hotels. Dort wurde er bereits diskret von einem Mitarbeiter des Obersten empfangen. Gemeinsam gingen sie in den ersten Stock des Gebäudes. In der Präsidentensuite wartete bereits der obligatorische Flachbildschirm auf Jan.

Die Suite spielte alle Stückeln. Hier stiegen Staatsgäste ab, wenn sie aus größerer Entfernung und somit über Nacht in den Prater gekommen waren. Die Wände waren mit goldenem Stuck versehen und Jan kam sich vor wie in einem Zimmer im Schloss Schönbrunn. Dahinter steckte natürlich Kalkül. Setzte der offizielle Prater in der Öffentlichkeit darauf, möglichst nüchtern und volksnah zu erscheinen, wurde den internationalen Gästen in diesem Hotel vor Augen geführt, dass man sehr wohl über Reichtum und Geschmack verfügte.

Jan nahm auf einem vergoldeten Stuhl Platz und legte seine Unterlagen, mit denen er sich auf das Gespräch an diesem Tag vorbereitet hatte, auf die Marmorplatte des Tisches, der schräg neben ihm stand. Es war bereits neun Uhr vorbei, in wenigen Momenten würde die Übertragung beginnen und das Gesicht des Obersten auf dem Bildschirm erscheinen.

Das heutige Gespräch sollte, passend zu den Ereignissen in dieser Woche, ganz im Zeichen der Außenbeziehungen des Praters stehen. Die enge Völkerfreundschaft mit Simmering würde genauso thematisiert werden wie die angespannte Situation mit der Brigittenau sowie der Einsatz für den Weltfrieden durch den Botschafter des Praters in der Wiener Vollversammlung. Besondere Brisanz erhielt das Gespräch natürlich durch die Zuspitzung der Beziehungen zur Brigittenau.

Jan richtete sich auf, streckte den Rücken durch und versuchte mit so aufrecht wirkendem Oberkörper wie möglich auf seinem Stuhl zu sitzen. Gerade rechtzeitig für den Start des Gesprächs hatte er eine sowohl bequeme als auch adäquate Position gefunden, von der aus er das Gespräch mit dem Obersten würde führen können.

»Guten Morgen«, sagte Jan.

Sein Gegenüber sah müde aus. Die Augen des Obersten waren klein, die Gesichtsfarbe wirkte fahl.

»Guten Morgen«, sagte auch der Oberste.

»Wir sehen uns derzeit Angriffen aus dem Ausland ausgesetzt, die es so zuvor noch nie auf den Prater gegeben hat. Das jüngste Attentat, ständige Drohungen und Anfeindungen unserer Gegner im Äußeren. Was macht das mit Ihnen?«, fragte Jan.

»Es macht mich traurig«, antwortete der Oberste, ohne groß über die Frage seines Gegenübers nachzudenken. »Es macht mich traurig, mit ansehen zu müssen, wie viel Feindschaft unser Friedensprojekt hier im Prater hervorruft. Ein Land, das mit all seinen Bürgerinnen und Bürgern dafür steht, die Ketten der Pseudodemokratie abzuwerfen und allen Menschen, das sage ich ganz bewusst, allen Menschen auf der Welt ein besseres Leben zu ermöglichen. Aber leider vergessen die Menschen auch schnell, wie es früher einmal war.«

»Wie meinen Sie das?«, fragte Jan.

Hatte er da tatsächlich ein Fünkchen Wehmut in der Aussage des Obersten vernommen?

»Heute redet niemand mehr von den täglichen Vergewaltigungen am Praterstern, die allesamt von Danubiern begangen wurden. Niemand redet mehr von den Einschränkungen, die unsere Bevölkerung beim Wohnen und der

Nahrungsmittelzuteilung erdulden musste, damit auch die Danubier versorgt werden konnten. Es interessiert sich niemand mehr dafür, dass heute Vollbeschäftigung herrscht, in einem Land, das noch vor wenigen Jahren von Arbeitskräften aus dem Ausland überschwemmt worden ist. Denk nur an all die Pendler aus entfernten, für uns kulturfremden Regionen wie Niederösterreich oder dem Burgenland.«

»Worauf führen Sie diese, wie kann man es nennen ...«, sagte Jan und überlegte einen Augenblick. »Ist es Vergesslichkeit? Ist es Ignoranz?«

»Ich glaube«, begann wieder der Oberste zu sprechen, »es ist menschlich.«

Jan war einmal mehr begeistert von diesem Mann. Hier saß ein Anführer, der nicht den Stab über seinem Volk brach, nur weil dieses die Errungenschaften seiner Regentschaft nicht mehr in demselben Maß zu schätzen wusste, wie es früher mal der Fall gewesen war. Ihm gegenüber saß ein Mann, der Verständnis für sein Volk aufbrachte. Dafür, dass es auch nur Menschen waren, die im Prater lebten. Ein Anführer, der auch die negativen Seiten wahrnahm, diese seinem Volk aber verzieh. Was hatte der Prater doch für ein Glück, einen solch weisen Obersten unter sich zu wissen!

»Aber die Danubier sind erkanntermaßen keine Menschen«, setzte Jan das Gespräch fort. »Die Heustadlwasserkommission hat das vor zwei Jahren ganz eindeutig festgestellt. Die genetischen Defekte der Bewohner, die jenseits der Donau wohnen, lassen den Schluss zu, dass menschliche Gefühle ihnen fremd sind. Wie also umgehen mit ihnen?«

»Ich bin ganz ehrlich zu dir«, sagte der Oberste. »Ich mache mir mittlerweile über die Danubier weniger Sorgen. Es gibt kaum noch welche auf unserem Staatsgebiet. Die Gefahr, die für unsere Bürger ausgeht, ist also sehr gering. Die

Außenabwehr funktioniert auch tadellos, sodass kaum neue Subjekte in unser Land kommen. Was mir mehr Sorgen macht, sind jene, die uns eigentlich so ähnlich und doch so anders sind.«

»Sie meinen die Brigittenau?«

»Ich meine gar nicht so sehr die Menschen, die in der Brigittenau unter dem Joch der Pseudodemokratie leben müssen. Ich meine die Intelligenzia und Dekadenzia, die unser Nachbarland führt. Was bilden sich diese verantwortungslosen Anführer mit ihrer Präsidentin an der Spitze ein, dass sie unsere Mitbürgerinnen und Mitbürger, die nichts sehnlicher als die Wiedervereinigung mit dem Prater wünschen, in Geiselhaft nehmen für ihr intellektuelles Gutmenschenprojekt. Was kann der arme Schleusenwart, der Fassadenreiniger in der Millennium City oder der Gastwirt am Allerheiligenplatz dafür, dass seine abgehobene Führungsschicht Tausende und Abertausende Danubier aufnimmt? Das macht mich jeden Tag aufs Neue sehr traurig.«

»Sie sagen, dass Sie sich diesen Menschen sehr nahe fühlen. Würden Sie so weit gehen und sagen, dass Ihnen diese Menschen näher stehen als zum Beispiel die Mariahilfer auf unserem Staatsgebiet?«

Der Oberste sah Jan durch den grieselnden Bildschirm mit wohlwollendem Blick an.

»Die Mariahilfer Minderheit ist ein sehr ernstes Problem. Schon im alten Wien hatten sie ihren eigenen Bezirk und es wäre besser gewesen, wenn sie dort geblieben wären. Erst heute Morgen habe ich die neuesten Zahlen bekommen, aus denen ganz klar hervorgeht, wie viele Arbeitsplätze unserer Bevölkerung entgehen, weil sie hier von Mariahilfern in Beschlag genommen werden. Es kann einfach nicht sein, dass wir diese Menschen aus fremden Ländern bei uns durchfüttern. Zulasten unserer Bevölkerung. Wir wären nicht viel besser als die Pseudodemokraten in der Brigittenau, wenn wir dem tatenlos zusehen würden.«

»Betrifft dies auch jene Mariahilfer, die bereits in zweiter oder dritter Generation auf dem Gebiet des Praters leben?«

»Aber selbstverständlich. Es war im Jahr 1963, als das Hotel *National* in der Taborstraße, ein ehemaliges Aushängeschild der früheren Leopoldstadt, übrigens zur Zeit seiner Gründung ein grandioses Hotel mit dem ersten Personenaufzug im damaligen Österreich, von einem Mariahilfer Geschäftsmann übernommen wurde. Keine fünf Jahre später war das Hotel abgewirtschaftet und musste schließen. Das war das Versäumnis eines Menschen, der erst wenige Jahre Gastrecht auf unserem Staatsgebiet genoss. Daran können Sie erkennen, dass die Probleme mit den Mariahilfern schon sehr viel weiter zurückliegen. Umso dringlicher ist es, dass wir uns dieses Themas nun endlich annehmen.«

»Wie wollen Sie das lösen?«

»Wir müssen die Mariahilfer einladen, dorthin zurückzugehen, wo sie herkommen. Wo sie unter ihresgleichen sind und sich meinetwegen gegenseitig wirtschaftlich zerstören können.«

»Und wenn sie sich weigern?«

»Dann wird die Freiheitspolizei dafür sorgen, dass sie unser Land verlassen.«

»Auch mit Gewalt?«

»Selbstverständlich. Welche Mittel hat denn ein Staat, um sich und seine Bewohner zu schützen, wenn nicht auch die Gewalt. Meinst du, all die Danubier hätten unser Land verlassen, wenn wir ihnen nur gut zugeredet hätten und *bitte, bitte* gesagt hätten?«

Der Oberste lachte schallend. Zum ersten Mal an diesem Morgen zeigten sich menschliche Regungen. Es war ein sehr einnehmendes Lachen, Jan musste all seine Professionalität zusammennehmen, um nicht in das Gelächter einzustimmen.

»Angenommen, ein Journalist aus Simmering würde Ihnen jetzt gerade gegenübersitzen. Und er würde Sie fragen, wie Sie Ihr Volk charakterisieren. Was würden Sie ihm antworten?«

»Das ist eine denkbar einfache Frage«, antwortete der Oberste und setzte mit einem Schlag wieder eine ernste Miene auf. »Zum Prater gehören alle Menschen, die hier ihre Wurzeln haben.«

»Aber zählen dann nicht auch die Mariahilfer dazu?«

»Lerne Geschichte, Jan Kepler! Die Mariahilfer kamen hierher, um auf unserem Gebiet Geschäfte zu machen. Das kannst du doch nicht ernsthaft mit einem Baum vergleichen, der seine Wurzeln in den Boden setzt, um Jahrhunderte an einem Ort zu verweilen. Es war bei den Mariahilfern von Anfang an so gedacht, dass sie sich nur vorübergehend hier bei uns aufhalten. Dass sie nach dem Wiederaufbau des Scherbenhaufens, den die Nationalsozialisten und die Pseudodemokraten hier angerichtet hatten, unser Gebiet wieder verlassen. Aber sie sind geblieben, wie Schmarotzer, die es sich in einem Wirt so richtig gemütlich gemacht haben. Nein, die Mariahilfer gehören nun wirklich nicht zu unserem Volk.«

»Aber sie waren ein Teil von Wien, wie auch wir oder die Brigittenau.«

»Die Danubier waren einstmals auch ein Teil von Wien, und trotzdem waren sie schon immer wie Wilde, die nicht ohne Grund durch die Donau vom Rest der Hauptstadt getrennt waren. Glaubst du denn im Ernst, die beiden Donauregulierungen wären tatsächlich dem Hochwasserschutz geschuldet gewesen? Schon die Habsburger haben die Gefahren erkannt, die von der anderen Seite der Donau ausgingen. Sie haben also die gemächlich vor sich hin fließende Donau mit all ihren Nebenarmen und Inseln in einen Fluss mit einer starken Strömung verwandelt, durch den sich nur die Wagemutigsten trauten zu schwimmen. Jegliche Einreise geschah ab sofort ausschließlich über die offiziellen Brücken und war somit kontrollierbar. Wir führen mit unserer Politik heute fort, was die Habsburger damals begonnen haben. Um also auf deine Frage zurückzukommen: Nur weil die Pseudodemokraten den Fehler begangen haben, alle Wiener als gleichrangig anzusehen, heißt das nicht, dass wir diesen Fehler wiederholen müssen. Ganz im Gegenteil!«

»Kritiker bringen gerne den Vorwurf gegen Sie vor, dass Sie sich nicht besser verhalten würden als die Nazis, die bestimmte Bevölkerungsgruppen systematisch benachteiligten, verfolgten und ermorden ließen.«

»All diese Kritiker lade ich herzlich ein, zu uns zu kommen und sich davon zu überzeugen, wie die Dinge hier bei uns im Prater liegen. Diese Vergleiche sind ungeheuerlich. Was die Nazis getan haben, war ein einziges riesengroßes Verbrechen. Sie haben die Menschen mit ihrer kranken Ideologie verblendet und ins Unglück gestürzt, sie haben ganz Europa unterjocht. Unter anderem deshalb ist das Konzept der Kleinstaaten heute doch so attraktiv. Wir machen das genaue Gegenteil. Wir konzentrieren uns auf unsere eigene Bevölkerung und wollen diese fördern und unterstützen, wo es nur geht. Es wäre wünschenswert, wenn auch alle unsere Nachbarn dies so handhaben würden. Wenn du also die Nazis unserer Zeit suchst, solltest du in die Brigittenau fahren. Die dortige faschistoide, pseudodemokratische Regierung gibt in dieser Hinsicht ein gutes Beispiel ab.«

»Vergleiche zwischen Juden und Danubiern gehen also ins Leere?«

»Absolut. Und nun würde ich gerne ein anderes, ein in die Zukunft gerichtetes Thema besprechen. Nur Idioten halten sich mit der Vergangenheit auf.«

Jan war einmal mehr von der Klarheit dieses Mannes, der seit fünf Jahren den Prater führte und ihn zu neuer Strahlkraft erweckt hatte, beeindruckt. All die Anfeindungen aus dem Ausland waren für ihn nur so erklärbar, dass die pseudodemokratischen Regierungen Angst vor diesem Volkstribun hatten, der die Menschen nicht von oben herab für blöd verkaufte, sondern in einer deutlichen Sprache Probleme benannte und anschließend auch tatsächlich deren Lösung anpackte.

»Im kommenden März stehen die Bestätigungswahlen im Prater an. Mit welchem Gefühl gehen Sie in das Wahljahr, angesichts der enormen Herausforderungen?«

»Mit einem sehr positiven und guten Gefühl«, antwortete der Oberste. »In meinen zahlreichen Kontakten mit den Bürgern spüre ich durchaus, dass sie zu schätzen wissen, was ich für sie geleistet habe. Und sie vertrauen mir. Allein die Tatsache, die Bestätigungswahlen alle zwei Jahre abzuhalten, anstatt der feigen vier- oder gar fünfjährigen Legislaturperioden in den Pseudodemokratien, zeigt doch, dass ich mit meinem politischen Handeln sehr transparent umgehe und die Bevölkerung daran teilhaben lasse. Ich halte nichts davon, mich jahrelang vor dem Volk zu verstecken, um mich dann in einem ewig langen Intensivwahlkampf allerlei hanebüchenen Versprechungen hinzugeben. Du brauchst nur in die Brigittenau zu schauen, um zu sehen, wohin dieses debattenbasierte politische Geschäft, bestehend aus endlosen Diskussionen und Koalitionen, führen kann: politischer Stillstand.«

»Aber Sie haben vorhin gesagt, dass die Leute sehr schnell die Errungenschaften im Prater für selbstverständlich hielten. Wie passt das mit Ihrem guten Gefühl für die Wahlen zusammen?«

»Das eine sind die Fakten, das andere ist das Gefühl. Niemand ist heutzutage mehr an langweiligen und ausufernden Sachverhalten interessiert. Das geht mir genauso wie meiner Bevölkerung, da kann ich niemandem einen Vorwurf machen. Aber das Gefühl bei den Menschen im Prater geht in die richtige Richtung, das habe ich erst jetzt wieder bei meiner Ansprache in der Molkerei am Vorabend unseres Nationalfeiertages gespürt. Und das Gefühl ist am Ende das, was zählt. Nicht irgendwelche langweiligen Fakten.«

»Setzen Sie sich selbst ein Ziel in puncto Bestätigung, das Sie bei den Wahlen gerne erreichen würden?«

»Nein, natürlich nicht. Denn was wäre die Konsequenz aus einer solchen Zielsetzung? Müsste ich zurücktreten, wenn ich statt der erhofften neunundneunzig Prozent lediglich achtundneunzig Prozent Zustimmung erreiche? Das wäre ja geradezu lächerlich.« Der Oberste lachte in sich hinein. Es war nicht dieses öffentlich zur Schau gestellte Gelächter wie zuvor, sondern eher ein sehr besonnenes, ein wissendes Lachen. »Mit diesen Zielsetzungen verhält es sich genauso wie mit politischen Ankündigungen in den Pseudodemokratien. Es ist doch unterm Strich ganz egal, was man den Leuten vor einer Wahl verspricht, weil niemand ernsthaft daran glaubt, dass auch nur ein Fünkchen davon umgesetzt wird. Deshalb war es eine sehr gute Idee unserer Wahlkommission, sämtliche Themen und inhaltliche Auseinandersetzungen drei Monate vor der Wahl zu verbieten. Die Menschen sollen sich einzig und allein auf ihr Gefühl für den Kandidaten verlassen können. Vertrauen sie ihm oder nicht. Ist er ein guter Staatsmann für sie gewesen oder nicht. Darum geht's am 5. März 2029.«

»Auch bei diesem Thema werfen Ihnen Kritiker aus dem Ausland vor, dass es sich streng genommen um keine Wahl handle, da es keine Gegenkandidaten gibt«, wandte Jan ein.

»Es ist wie immer mit Kritikern. Sie sitzen irgendwo in ihren Höhlen und scheuen die Öffentlichkeit. Und warum? Weil sie genau wissen, dass sie die Mehrheit der Bevölkerung nicht hinter sich haben. All diesen neunmalklugen Kritikern in ihren von den Pseudodemokratien wohlig warm eingerichteten Wissenschaftlerstübchen stelle ich gerne eine Frage: Warum heißen die Wahlen bei uns wohl Bestätigungswahlen? Würden mehrere Kandidaten antreten, wären es wohl Entscheidungswahlen.«

Warum diese Tatsache von den ausländischen Medien stets negiert wurde, war für Jan ein Rätsel.

»Zum anderen«, fuhr der Oberste fort, »hindern wir ja niemanden daran, sich selbst zur Wahl zu stellen. Aber wenn die gesamte Bevölkerung hinter mir als Oberstem steht, müssen wir dann tatsächlich jemanden zwingen, sich als Gegenkandidaten aufzustellen, nur damit die ausländischen Kritiker zufrieden sind und uns als Volksherrschaft anerkennen? Ich glaube nicht!« Der Oberste nahm einen Schluck Wasser aus einem Glas, das irgendwo neben ihm auf einem Tisch gestanden haben muss. »Und schließlich sehen wir Tag für Tag, wohin ein pluralistisches Wahlsystem mit mehreren Kandidaten und Parteien, die sich gegenseitig das Blaue vom Himmel versprechen und ohne Manieren übereinander herziehen, führt. Anstelle von Lösungen für die Bevölkerung produzieren diese Regime nur Worthülsen. Und warum, frage ich dich, tun sie das?«

Jan zuckte mit den Achseln.

»Weil sie sonst Gefahr laufen würden, dass man sie eines Tages nicht mehr braucht. Und was würde mit all diesen Berufsschmarotzern passieren, wenn sie alle Probleme gelöst hätten?«

Wieder eine dieser rhetorischen Fragen des Obersten, bei denen Jan ganz genau wusste, was er zu tun hatte. Erneut schüttelte er sanft den Kopf.

»Sie würden ihre gut bezahlten Posten verlieren!«

Jan hätte sich natürlich selbst die Antwort auf diese Frage geben können. All die Sätze, die zuletzt aus dem Mund des Obersten über den Bildschirm kamen, stammten schließlich aus seiner Feder. Es waren Wiederholungen von Phrasen, die immer und immer wieder in die Reden des Obersten eingebaut wurden, damit sie langsam in das Bewusstsein der Bevölkerung einsickern konnten.

»Aber dasselbe könnte man über Sie doch genauso sagen. Kann man dies nicht sogar über jeden Staatsmann sagen?«

»Jan, ich muss doch schon sehr bitten«, wurde der Oberste nun ein bisschen ernsthafter. »Im Gegensatz zu anderen Staatenlenkern, die ihren Hintern auf weichen Ledersesseln platt sitzen, bin ich mit meinem Gefühl sehr nahe an der Bevölkerung dran. Wenn ich eines Tages spüren würde, dass ich keinen Rückhalt mehr besitze, bin ich der Erste, der freiwillig seinen Platz räumt.«

»Er war gut in Form«, sagte Jan zu Mahmoud, als er von dem Gespräch im Hotel *Stefanie* im Büro der *Abteilung für direkte Wahrheit* ankam. »So langsam nimmt das ganze Biografieprojekt Konturen an.«

Von Mahmoud gab es dafür ein anerkennendes Kopfnicken. Anschließend verkündete er die Statistik der vergangenen Nacht. Vier Danubiern war es in einem selbst gebauten Mini-U-Boot auf der Höhe der buddhistischen Pagode gelungen, das Ufer des Praters zu erreichen. Die Selbstschussanlagen hatten daraufhin kurzen Prozess mit ihnen gemacht, sodass auch diese Nacht frei von jedwedem illegalen Übertritt geblieben war. Der von den Saigern in die Zentrale übermittelte Gesamt-RI hatte an diesem Morgen erneut bei sensationellen 97,3 Prozent gelegen. »Berücksichtigt man dabei, dass sich derzeit ein knappes Prozent aller Geräte in Fernwartung befindet, ist das wirklich ein grandioser Wert«, sagte Mahmoud stolz.

»Dann bemühen wir uns mal, diesen Wert auch morgen wieder zu erreichen«, antwortete Jan ganz im Stile eines motivierenden Abteilungsleiters. »Welche Story jagen wir heute über Twitter hinaus?«

»Nachdem wir uns langsam um die Mariahilfer kümmern müssen, habe ich mir eine Großmutter in der Unteren Augartenstraße ausgedacht, die vor ihrer Haustür von zwei Jugendlichen mit Mariahilfer Migrationshintergrund erst sexuell belästigt und anschließend ausgeraubt wurde.«

Mahmoud wartete gespannt auf das Urteil von Jan.

»Wie alt soll die Oma denn sein?«

»Wie wäre es mit zweiundsechzig?«, fragte Mahmoud unsicher.

»Mach sie älter, viel älter. Mit zweiundsechzig hätte sie sich wahrscheinlich noch wehren können. Wenn sie an die achtzig ist, wirkt das Ganze noch niederträchtiger.«

»Aber eine 80-Jährige vergewaltigen?«, wandte Mahmoud ein. »Also ich könnte mir das mit einem 80-jährigen Mann nicht vorstellen.«

»Du bist ja auch kein heimtückischer Mariahilfer«, sagte Jan.

Mahmoud lachte und begann damit, die Einträge über die vergewaltigte Oma in die zahlreichen Foren und Social Bots einzuspeisen.

»Ach ja«, sagte Mahmoud, »hätte ich fast vergessen. Hier sind die Fotos für die Festschrift zum Jubiläum der Autofabrik im Rudolf-Bednar-Park.«

Jan nahm den Umschlag entgegen und betrachtete die Bilder.

»Aber darauf sind ja keine Arbeiter zu sehen«, stellte er ernüchtert fest. »Die Fabrik wurde doch zum Wohle der Menschen errichtet, also müssen auch glückliche Arbeiter auf den Fotos zu sehen sein.«

»Es waren wohl keine Arbeiter anwesend, als der Fotograf vor Ort war«, antwortete Mahmoud.

»Dann hätte er halt noch ein zweites Mal hinfahren müssen.«

»Er war an insgesamt sieben verschiedenen Tagen dort. Es war nie auch nur eine Menschenseele in der Fabrik zu sehen.«

Jan ärgerte sich ob der Idiotie des Fotografen. Wenn die Arbeiterschaft gerade ihren verdienten Betriebsurlaub genoss, mussten bei der *Abteilung für direkte Wahrheit* halt Statisten angefordert werden. Wenn sich Jan nicht irrte, hatte der Fotograf bereits bei der Jubiläumsschrift für das wiedererrichtete Café auf dem Konstantinhügel auf Statisten zurückgegriffen, weil am betreffenden Tag keine Gäste vor Ort waren. Er wusste also eigentlich, wie die allgemeine Vorgehensweise war. Wie konnte ihm dann nun dieser Fehler unterlaufen?

»Dann sag der Grafik, sie soll einige Arbeiter in die Fotos hineinretuschieren.«

Mahmoud bestätigte Jans Anweisung mit einem Kopfnicken.

»Ach übrigens. Unser Praterbarde ist mal wieder abgestürzt. Er hat sich in einem Nachtclub in Simmering volllaufen lassen und soll anschließend Frauen belästigt haben. Die ausländischen Lügenmedien haben leider schon Wind davon bekommen. Was sollen wir machen?«

»Diskreditiert die Frauen und behauptet, dass es sich um einen Doppelgänger von Henry Praterlier gehandelt hat. Und sagt seinem Psychiater, dass er Praterliers Medikamentendosis erhöhen soll. Es ist sein verdammter Job, unsere Leute fröhlich zu unterhalten und ein akzeptables Aushängeschild des Praters im Ausland sein. Er wird von uns gut dafür bezahlt, dann soll er auch die entsprechende Leistung bringen.«

Erneutes Kopfnicken von Mahmoud.

Als er in seinem eigenen Büro ankam, erblickte Jan einen Briefumschlag auf seinem Schreibtisch. *Jan Kepler, persönlich* war darauf zu lesen. Jan öffnete den Umschlag gespannt und fand darin eine Einladung zu einem Gespräch mit dem neuen Chef der Freiheitspolizei, Alfred Hirscher, am folgenden Tag vor.

Bevor Jan an diesem Abend zu seiner Wohnung in der Rotensterngasse ging, kehrte er im *Bayerischen Hof* ein. Das Bierlokal bei der ehemaligen Station Taborstraße der Linie U2 hatte vier Jahre zuvor anstelle eines *Hofer*-Supermarktes aufgesperrt. Über Jahrzehnte hatte sich hier bis in die 1970er Jahre ein Lokal gleichen Namens, das sich in der Leopoldstadt größter Beliebtheit erfreute, befunden. Die *Pratergastro*, ein Tochterunternehmen aus dem Firmenimperium von Igor Asanin, hatte das Gebäude 2023 übernommen. Die Revitalisierung und Wiederinstallierung dieses traditionellen Gasthauses war Teil der *Vorwärts-in-die-gute-alte-Zeit*-Bewegung des Obersten. Die Menschen hatten sich nach dieser guten alten Zeit gesehnt, in der die Welt noch überschaubar war und alles und jeder seinen Platz hatte. Der Oberste und Igor Asanin gaben diesen Menschen ihre alten Identitätsorte zurück. Der *Bayerische Hof* war einer davon. Hier wurde auch das Praterbier ausgeschenkt, produziert in der neuen Brauerei in der Malzgasse, die sich auf die Leopoldstädter Biertradition des Brauhauses im Unteren Werd berufen konnte.

Jan kam seit der Eröffnung des Restaurants regelmäßig hierher. Der an der Oberen Augartenstraße gelegene Biergarten war in diesem tristen November natürlich nicht sehr bevölkert. Zu Jans Überraschung herrschte auch im Inneren des riesigen Gastsaales mit seiner mit reichlich Stuck verzierten Decke nicht allzu viel Betriebsamkeit. Wenn er ehrlich war, musste er zugeben, dass der Besucherzuspruch generell nachgelassen hatte. Schon bei seinen letzten Besuchen war ihm das aufgefallen.

»Ein Zwickl Prater«, gab Jan seine Bestellung bei der in ein Dirndl gekleideten, dunkelhäutigen Bedienung auf.

Jan ließ seinen Blick durch den Saal schweifen. Von den vielleicht fünfzig oder sechzig Tischen war maximal eine Handvoll belegt. Die Kapelle des PSO versuchte auf der Bühne Schwung in den Saal zu bringen, doch der Funke schien nicht recht überzuspringen.

»Nicht viel los heute«, sagte Jan zur Bedienung, als er das rötlichbraune Getränke in einem großen Glas serviert bekommen hatte.

»Das *heute* kannst du streichen«, lautete die Antwort der jungen Frau mit den gekräuselten Haaren.

»Läuft das Geschäft nicht gut?«, hakte Jan nach.

»Ich würde bezweifeln, dass es sich überhaupt um ein Geschäft handelt«, sagte die Frau. Jan schätzte sie auf Mitte zwanzig. Und irgendwie tat es ihm leid zu wissen, dass sie aufgrund ihrer Aussagen wahrscheinlich noch heute Abend die Kündigung erhalten würde. Der silberfarbene Saiger an ihrem rechten Handgelenk nahm ohne ihr Wissen natürlich auch dieses Gespräch auf und schickte die Inhalte live in die Datenbanken der Freiheitspolizei.

»Aber bei der Eröffnung herrschte doch so eine große Euphorie?«, bohrte Jan weiter nach.

»Die ist schnell verflogen«, sagte die Kellnerin, die nicht so wirkte, als ob sie im Stress sei. »Genauso wie die Begeisterung über das Praterbier. Die ersten paar Wochen liefen gut, aber dann blieb das Publikum weg und die wenigen, die seither noch kommen, fragen ständig nach einem Wieselburger oder einem Stiegl. Aber das bekommt man bei uns natürlich nicht. Dafür sollten sie mal schräg gegenüber ins *Bricks* gehen. Dort steppt jeden Abend der Bär, die ganzen jungen Leute gehen dorthin. Mit den paar Senioren, die sich hierher verirren, kann man dagegen kein Lokal führen.«

»Im *Bricks* also«, sagte Jan laut vor sich hin. Der Name des Clubs war bei einem Briefing der Freiheitspolizei im vergangenen Monat gefallen. Man vermutete, dass dies neben dem *Café Dezentral* am Ilgplatz, dem *Café Nelke* am Volkertmarkt und dem *Café Else* der vierte geheime Treffpunkt der Untergrundbewegung FDP war.

»Ja, im *Bricks.* Aber es kümmert mich eigentlich nicht, solange ich hier jeden Monatsersten meinen Lohn auf dem Gehaltskonto habe.«

Das war der Vorteil, wenn ein solches Traditionsgasthaus zu einem großen Wirtschaftsunternehmen wie jenem von Igor Asanin gehörte. Selbst wenn ein Betrieb defizitär war, wurde er weitergeführt, wenn es den politischen und gesellschaftlichen Zielen des Obersten entsprach.

Während Jan über die Situation des *Bayerischen Hofes* und der Brauerei nachdachte, beobachtete er einen Angestellten des Restaurants, wie er mit der Kellnerin, die Jan zuvor bedient hatte, an der Theke sprach. Jan konnte anhand der Gesten und der Mimik nicht erkennen, ob es sich um ein hitziges Gespräch handelte oder eine normale Unterhaltung. Normalerweise dauerte die Auswertung der Freiheitspolizei zumindest eine Nacht, deswegen hielt es Jan für unrealistisch, dass die Kellnerin bereits jetzt von ihrem Posten entfernt werden würde. Dies wäre ihm auch mehr als unangenehm gewesen, denn die Frau hätte so die Gelegenheit gehabt, das Gespräch mit Jan in Verbindung mit ihrem Jobverlust zu bringen. Unschöne Szenen waren da nicht ausgeschlossen.

Nun kam der junge Mann in seiner blau-weißen Kelleruniform mit großen Schritten auf Jan zu, während die Kellnerin hinter der Theke verschwand. Offensichtlich war es doch um das Gespräch mit Jan gegangen. Er wusste natürlich, dass ihm dieser Kellner nichts anhaben konnte.

»Herr Kepler?«, fragte der Kellner.

Es war ein hagerer Mann mit sehr schmalen und langen Gesichtszügen. Dazu ein ebenso schmaler Oberlippenbart.

»Ja?«, sagte Jan, halb fragend.

»Sie werden erwartet«, sagte der Kellner. »Darf ich bitten?«

Er stellte sich seitlich zum quadratischen Tisch, an dem Jan eine halbe Stunde zuvor Platz genommen hatte, und vollführte eine Armbewegung, die Jan wohl zum Aufstehen animieren sollte.

»Von wem?«, fragte Jan und blieb sitzen.

»Von einer Dame.«

»Und hat diese Dame auch einen Namen?«

»Ist mir nicht bekannt«, antwortete der Kellner.

»Blond?«, fragte Jan erneut nach.

Der Kellner nickte zustimmend.

Dann war der Fall klar. Helena hatte sich mal wieder etwas Neues einfallen lassen, um zumindest ein bisschen Zeit ungestört mit Jan verbringen zu können. Ein Umstand, der Jans Widerwillen, der Aufforderung des Kellners nachzukommen, sehr schnell ins Gegenteil verkehrte.

Er folgte dem Kellner, vorbei an der Theke der Bar, in einen langen Gang, der mit rotem Teppich und goldener Wandfarbe ausgekleidet war. Dieser Flur hatte so rein gar nichts mit dem traditionellen Charme des Restaurantsaals gemein. Nie zuvor war Jan hier entlanggegangen, durch diesen Flur, von dem in regelmäßigen Abständen Türen abzweigten. Sie waren fast am Ende des Ganges angelangt und noch jede der Türen war bis hierhin verschlossen gewesen. Griechische Buchstaben, die auf die Türen gepinselt worden waren, gaben jedem Raum einen Namen. Bis *Lambda* waren die beiden Männer bereits gekommen, als der Kellner stehenblieb und an die Tür mit dem darauf verzeichneten Buchstaben *My* klopfte.

Das passt ja, dachte sich Jan.

Doch offenbar hatte dieser Buchstabe nicht nur für seine Mitarbeiterin eine höhere Bedeutung. Denn Jan wurde von zwei Personen erwartet, die er nicht unbedingt hinter dieser Tür vermutet hätte.

Durch die Fenster des Zimmers konnte Jan die Fassade des gegenüberliegenden Gebäudes der weltberühmten Prater Sängerknaben sehen. Das Haus war unter großen Protesten einige Jahre zuvor errichtet worden. Zahlreiche Anrainer hatten sich gegen die Verbauung in diesem barocken Teil des Augartenspitzes ausgesprochen. Doch das pseudodemokratische System hatte sich über die Bedenken hinweggesetzt.

Doch das war Jan in diesem Moment, in dem er das Zimmer betreten und der Kellner hinter ihm die Tür wieder geschlossen hatte, egal. Auch dass sich der Raum mit seinem opulenten Bett und dem darüber an der Decke hängenden Spiegel genauso gut in einem Edelbordell hätte befinden können, tangierte ihn nicht.

»Du siehst überrascht aus«, sagte Saskia.

Die beste Freundin seiner Frau stand gemeinsam mit Valerie an einem runden Tisch, in dessen Oberfläche aus Marmor sich das aus dem Fenster hereinfallende fahle Licht spiegelte.

»Mit uns hättest du wohl nicht gerechnet«, fuhr Valerie fort.

»Ich ... ich ...«, stammelte Jan. Mit einem solchen Begrüßungskommando hatte er tatsächlich nicht gerechnet. Ihm fiel auf, dass Saskia keinen Saiger an ihrem Handgelenk trug. In der Theorie bekam diese Situation also gerade niemand mit. Sollte er die Notruffunktion seines eigenen Saigers aktivieren und dadurch nicht nur seine Frau in eine gefährliche Situation bringen, sondern indirekt auch Emil und das ungeborene Baby?

»Denk nicht mal dran«, sagte Saskia im nächsten Moment.

»Wir wollen uns nur mit dir unterhalten. Du kannst uns vertrauen«, fuhr Valerie erneut fort. »Wen hast du denn hier erwartet? Etwa das blonde Püppchen aus deinem Büro?«

»Was soll das Ganze?«, fragte Jan erbost. »Saskia! Was fällt dir ein, meine Frau für deine niederen Zwecke zu missbrauchen? Komm sofort zu mir«, sagte er zu Valerie.

Diese folgte tatsächlich seiner Aufforderung und kam mit ruhigen Schritten auf ihn zu. Einen halben Meter vor ihm blieb sie stehen und sah ihm tief in die Augen. Ihre braunen Augen, in die sich Jan vor neun Jahren verliebt hatte, sahen ihn mit einer Sanftheit an, so als ob sie gerade auf Familienurlaub auf der Simmeringer Haide wären und Valerie ihren Mann verliebt betrachten würde.

»Ich liebe dich«, sagte sie. »Daran wird deine Affäre mit dieser Helena nichts ändern.« Auch diese Worte hätten, gemessen an ihrem sanften Tonfall, ohne Weiteres in besagtem harmonischem Familienurlaub ausgesprochen werden können. Trotzdem, die Szenerie unterschied sich so grundsätzlich von allem, was Jan unter dem Begriff Harmonie verstand. Diese Worte gehörten nicht in dieses Zimmer, nicht in diese Situation, in der ihm seine Frau vorkam wie von Saskia ferngesteuert. »Denn ich will, dass wir als Familie eine gemeinsame Zukunft haben. Mit Emil und mit unserem Baby«, fuhr Valerie fort. Sie nahm Jans Hand und führte sie zu ihrem Bauch. Jan vermeinte, etwas spüren zu können. Er wusste, dass er sich das nur einbilden konnte. Das Baby war noch viel zu klein, als dass es ein Außenstehender hätte spüren können. Bei Emil hatte es damals bis in den vierten oder fünften Schwangerschaftsmonat hinein gedauert, bis Jan die Tritte und Bewegungen seines Erstgeborenen hatte fühlen können. Und doch war da etwas. »Diese Zukunft kann jedoch nicht in diesem isolierten Land liegen. Ein Land, in dem man keine Luft zum Atmen hat und nicht frei sagen kann, was man denkt. Ich will zu meinem Onkel nach Ottakring. Bitte«, sagte Valerie mit nun sehr emotionalem Gesichtsausdruck.

»Du weißt doch ganz genau, wie die Zustände in Ottakring sind. Dort herrschen noch die Häscher der Pseudodemokratie. Darüber haben wir doch neulich erst gesprochen. Das ist ein Hirngespinst. Schlag es dir aus dem Kopf«, sagte Jan, während er weiterhin seine Hand auf ihrem Bauch hielt.

Instinktiv wollte er seine Hand dort belassen. Dieser zarte

körperliche Kontakt, die Wärme, die ihr Körper ausstrahlte, erschien ihm in diesem Moment als einzige intakte Verbindung mit seiner Frau.

»Die Unruhen in Ottakring sind ein Hirngespinst, das ihr die Leute hier im Prater glauben macht«, sagte Saskia. »Nur ihr habt mit eurer verworrenen Isolationspolitik die Lage eskalieren lassen. Im Süden und Westen von Wien geht alles seinen normalen Gang.«

Wie zum Beweis hob Saskia nun eine Ausgabe des *Standard* in die Höhe und reichte sie ihm. Die Titelseite trug das Datum vom 17. November 2028 sowie das Bild eines gewissen Julian Castro, dem zu seiner Wiederwahl bei den US-Präsidentschaftswahlen gratuliert wurde.

»Einem solchen pseudodemokratischen Propagandablatt schenkst du mehr Glauben als deinem eigenen Ehemann«, sagte Jan trocken. »Da müsst ihr euch schon etwas anderes überlegen, das ihr in euren Fälscherwerkstätten produzieren und unters Volk bringen könnt.«

»Ihr führt den Prater ins Verderben«, sagte nun wieder Valerie. »Bitte, komm mit uns mit.«

»Wie stellst du dir das vor?«, fragte Jan und lachte dazu höhnisch. »Wir marschieren über die Marienbrücke, spazieren nach Ottakring und lassen uns dort nieder?«

»Ja, genau so stelle ich mir das vor«, antwortete Valerie.

»Die ausländischen Mörderbanden hätten uns schon massakriert, noch bevor wir das Schottentor erreicht hätten. Hast du nicht den Bericht in der *Praterpost* in der vergangenen Woche gelesen? Vierzehn Morde pro Tag wurden alleine in der Inneren Stadt im ersten Halbjahr gezählt. Und das ist immerhin eine neutrale Zone. Was glaubst du, wie es dann erst in Ottakring zugeht?«

»Alles Propaganda«, schaltete sich nun wieder Saskia ein.

»Wir haben genug Kontakte nach draußen, dort gibt es keine höhere Mordrate als im Prater. Im Gegenteil, durch eure Exekutionen, die fingierten Attentate und die feigen Morde an den Danubiern schraubt das Regime im Prater die Todesrate in lichte Höhen.«

»Auf solche unqualifizierten Aussagen brauche ich gar nicht einzugehen. Du weißt selbst ganz genau, dass es notwendig ist, unsere Bevölkerung vor manipulierenden Subjekten zu schützen. Das pseudodemokratische Justizsystem mit seinen absurden Resozialisierungsphantasien hat uns allen deutlich genug vor Augen geführt, wie notwendig ein hartes Durchgreifen ist. Schlechte Menschen sind schlecht und werden sich auch nicht durch gutes Zureden ändern.«

»Selbst wenn das stimmen würde – deshalb bringt man sie gleich um? Und wenn man alle umgebracht hat, sucht man sich die nächste Gruppe, die man stigmatisieren und ausgrenzen kann? Erst die Danubier und nun die Mariahilfer?«

Einen solchen Satz hätte Jan eigentlich aus dem Mund von Saskia erwartet. Dass aber ausgerechnet seine Frau eine solche staatszersetzende Aussage tätigte, und das nicht zum ersten Mal, ließ ihn ernsthaft an der Zukunft seiner Beziehung zweifeln. Warum ließ sie sich von Saskia beeinflussen und in eine Richtung zerren, die unweigerlich ihre Beziehung und sogar Jans berufliche Existenz zu zerstören drohte? Dachte sie denn immer nur an sich?

»Du hast von Politik keine Ahnung und plapperst nur nach, was Saskia dir als Floh ins Ohr gesetzt hat«, sagte Jan und zog nun seine Hand von Valeries Bauch zurück.

»Ach, eine eigene Meinung traust du deiner Frau wohl nicht zu? Ich soll immer schön Ja und Amen zu allem sagen und dir nachplappern?«

»Schon wieder so ein Unsinn! Stell dir mal vor, wie das

Leben in Ottakring für dich wäre! Die Danubier, mit all ihren altertümlichen Traditionen und frauenfeindlichen Bräuchen haben das dortige Meinungsbild und die Gesellschaft doch mittlerweile radikal verändert. Dort bräuchtest du wahrscheinlich eine schriftliche Erlaubnis von mir, um überhaupt auf die Straße gehen oder mit dem Auto fahren zu dürfen. Und ein Kopftuch müsstest du auch tragen, so wie die armen Nonnen in den katholischen Klöstern! Willst du das?«

»Wolltet ihr uns nicht glauben machen, dass nur der Prater und die Brigittenau damals Flüchtlinge aufgenommen haben?«, fragte Valerie. »Und auf einmal sind die Danubier auch an Not und Elend in Ottakring schuld? Damit verdreht ihr die Wahrheit genauso wie bei den Fluchtursachen der Danubier. Oder was glaubst du, wer Schuld an der Grundwasserverseuchung hat?«, fuhr Valerie in nicht provozierender Stimmlage fort.

»Jetzt wechselst du wohl bewusst das Thema, weil du keine Argumente mehr hast«, sagte Jan. »Aber gut, wenn du meinst. Ich bin schon auf die nächste Verschwörungstheorie gespannt, die die Danubier reinwaschen soll. Haben die Danubier durch ihre unhygienischen Schlachtungsriten etwa nicht selbst Schuld an der Verseuchung ihres Grundwassers?«

»Stand nicht erst gestern in der *Praterpost*, dass der Mann der Brigittenauer Präsidentin mit seinem Unternehmen schuld an der Katastrophe sein soll? Du solltest dich mal entscheiden, welche Märchenversion du deiner Umgebung zumutest.«

»Zweifelst du also tatsächlich an der Schuld der Danubier?«

Jan war außer sich. Er konnte nicht glauben, was für Lügengeschichten aus dem Mund seiner Frau kamen.

»Die Frage kannst du dir ganz leicht selbst beantworten«, sagte Valerie. »Wem gehörte denn bis zum Ausbruch der Grundwasserkatastrophe das Kanalversorgungsnetz in Floridsdorf und der Donaustadt? Das war ja wohl eine Tochtergesellschaft von Igor Asanin!«

»Und selbst wenn eine Firma von Asanin damals Anteile am Kanalnetz auf der anderen Seite der Donau hatte, das ändert ja wohl nichts daran, dass sich diese Menschen illegal im Prater aufhalten«, erwiderte Jan.

»Kein Mensch ist illegal«, erklärte Valerie trotzig.

»Aber der Aufenthalt von Menschen«, widersprach ihr Jan.

»Und wer definiert das? Ihr, weil ihr Gott spielt? Oder Igor Asanin?«

»Das war ja klar. Den Obersten habt ihr nun genug angepatzt, jetzt kommt mit Igor Asanin auch noch jener Mann an die Reihe, der wie kein anderer für den wirtschaftlichen Aufschwung im Prater steht.«

»Welchen wirtschaftlichen Aufschwung denn?«, warf nun Saskia ein. »Die Arbeiter in der Brauerei und in der Molkerei fadisieren sich genauso den lieben langen Tag wie die Kellner hier im *Bayerischen Hof* oder die Angestellten der Automobilfabrik am Nordbahnhofgelände. Die Bänder stehen still. Einzig die Landwirtschaft im Prater brummt, weil die Leute etwas zum Fressen brauchen.«

»Es gab ein technisches Gebrechen im Kanalnetz von Asanin«, sagte nun Valerie. »Eine internationale Kommission mit Delegierten aus Liesing, Währing und Simmering hat das in der Vorwoche bestätigt. Es stand in allen Zeitungen, nur nicht hier im Prater.«

»So ein Schwachsinn! Das hätten wir von der *Abteilung für direkte Wahrheit* ja wohl als Erste erfahren, wenn es jemals eine solche Kommission gegeben hätte. Noch dazu unter

Beteiligung unserer Verbündeten aus Simmering! Jetzt habt ihr den Boden der Tatsachen ja wohl endgültig verlassen!«

Jan kochte vor Wut. Einen solch himmelschreienden Schwachsinn hatte er noch nie gehört! Nicht mal die pseudodemokratische Lügenpresse hatte in den vergangenen Wochen solchen Mist verzapft. Und nun musste er sich diese Unwahrheiten aus dem Mund seiner Frau anhören.

»Saskia, du bist die beste Freundin meiner Frau. Und wir haben uns früher einmal sehr gut verstanden. Deswegen gebe ich dir einen halben Tag Zeit, um dich aus dem Prater abzusetzen. Erst morgen Früh werde ich der Freiheitspolizei von deinen Phantasien erzählen. Damit sind wir quitt und ich rate dir, dich nie wieder vor mir zu zeigen!«

Nun wandte Jan den Kopf zu seiner Frau.

»Und du kommst jetzt mit. Ich lasse nicht zu, dass diese Person unsere Familie zerstört!«

Er griff nach Valeries Arm. Doch diese zuckte instinktiv zurück, sodass Jans Hand ins Leere fasste.

Jans Gedanken fuhren Achterbahn. Welche Optionen hatte er? Gewalt kam für ihn nicht infrage, nicht gegen seine eigene Frau, die noch dazu das zweite Kind von ihm austrug. Mit Worten schien er allerdings auch nicht weiterzukommen.

»Ich rate dir, dir sehr genau zu überlegen, welche Entscheidung du nun triffst«, sagte er zu Valerie in stechendem Ton.

So war sie unter Zugzwang und er konnte diese Situation ohne Gesichtsverlust verlassen.

Valeries Augen blickten ihn ohne Regung an. Jan stellte eine beneidenswerte Ruhe in ihnen fest.

Die Verabschiedung des Kellners an der Theke hatte Jan gar nicht richtig mitbekommen, so schnell war er durch den Gastraum des Restaurants nach draußen gestürmt. Die schiefen Töne der Kapelle des PSO ergaben für ihn einen Einheitsbrei.

Jan musste so schnell wie möglich raus. Raus auf die Taborstraße und anschließend rein in die Tandelmarktgasse.

»Emil wurde heute Nachmittag schon von der Bekannten ihrer Frau abgeholt«, sagte der junge Mann in der Kindertagesstätte. »Ich habe extra bei ihrer Frau angerufen, ob das auch seine Richtigkeit hat. Sie hat mir alles bestätigt.«

Die letzten Worte hatte Jan schon gar nicht mehr richtig verstanden, denn er war auf der Stelle umgekehrt und hatte sich wieder auf den Weg durch den Regen zum *Bayerischen Hof* gemacht. Acht Minuten hatte er zuvor für die vierhundert Meter lange Strecke benötigt.

Im Eiltempo rannte er an den Geschäften vorbei, überquerte die Obere Augartenstraße und stürmte in den *Bayerischen Hof*. Der nach wie vor an der Theke Dienst schiebende Kellner sah ihn verdutzt an, was Jan jedoch nicht wahrnahm. *Alpha*, *Beta*, *Gamma* und all die anderen Buchstaben rauschten an ihm vorbei, bis er schließlich bei *My* angekommen war. Und wenn er nur ein My schneller gewesen wäre, hätte er Valerie und Saskia vielleicht noch vorgefunden. Doch so lag das Zimmer verwaist vor ihm.

20 (MONTAG)

Das ganze Wochenende war von Valerie und Emil keine Spur gewesen. Die Fahndung nach den beiden sowie Saskia und ihrem Bruder Werner lief seit Tagen auf Hochtouren. Sie waren wie vom Erdboden verschluckt, obwohl die Überwachung im Prater lückenlos war. Es konnte kein Entkommen geben. Valerie und die Verschwörer von der FDP mussten sich noch irgendwo im Prater aufhalten. Doch wo?

Jan hatte Alfred Hirscher, den neuen Chef der Freiheitspolizei, höchstpersönlich über seine missliche persönliche Lage informiert. Bei den Ermittlungen war zu Tage getreten, dass Saskia und Werner Krause tatsächlich schon seit Längerem im Verdacht gestanden hatten, der Oppositionsgruppe FDP zumindest nahezustehen. Warum die Tatsache, dass Werner Krause tatsächlich zu einer Oppositionsgruppe gehörte, der Freiheitspolizei im Rahmen der Planungen für das Terrorattentat nicht aufgefallen war, hatte Hirscher nicht schlüssig erklären können. Er konnte oder wollte nicht ausschließen, dass in seinen Reihen jemand ein falsches Spiel spielte. In Person von Siegbert Reicher gab es auch jemanden, dem Jan ein solches Spiel zugetraut hätte.

»Schaltet sofort auf BTV«, sagte Helena mit aufgeregter Stimme.

Die Kollegen der *Abteilung für direkte Wahrheit* sahen gebannt zu Helena. Jan suchte die Fernbedienung auf seinem Schreibtisch, fand sie nach einigen Handgriffen unter einem Stapel Akten und wechselte den Sender. Anstelle von *PraterTV* lief auf seinem an der Wand hängenden Flachbildschirm nun die Übertragung des Brigittenauer Fernsehens.

Und Jan konnte nicht glauben, was er dort zu sehen bekam.

»Ist das echt?«

»Unsere Experten sitzen gerade dran, aber wir denken schon«, antwortete Helena.

Jan schoss aus seinem Bürosessel hoch. Er ging zum Fenster und blickte auf die Silhouette des neutralen Wien auf der anderen Seite des Donaukanals. Zwischen der Marienbrücke und der ehemaligen Salztorbrücke, die aus Sicherheitsgründen zwei Jahre zuvor gesprengt worden war, spielte sich am Ufer des Donaukanals ein Schauspiel ab, dessen akustische Beschreibung durch die Live-Übertragung von BTV in Jans Fernseher erfolgte.

Ein Reporter befragte eine junge Frau zu ihrer spektakulären Flucht über den Donaukanal. Die völlig durchnässte Frau trug ein rotes Handtuch auf dem Kopf. In ihrer Gebarung und ihrer Art, hastig und freudig zugleich zu antworten, erinnerte sie an Ostdeutsche, denen die Flucht aus der DDR in die damalige Bundesrepublik Deutschland geglückt war. Die Frau wirkte erleichtert, sie bedankte sich überschwänglich bei ihren Helferinnen und Helfern und umarmte schließlich die neben ihr stehende, ebenso durchnässte Frau: Saskia.

Jan ballte die Hand zu einer Faust zusammen, so stark, dass sich seine kurzen Fingernägel in das Fleisch seiner Handfläche bohrten. Er konnte das Blut spüren, wie es aus den von den Fingernägeln geschlagenen Wunden die Hand entlanglief. Doch instinktiv wusste Jan, dass er nicht genug Kraft in seinen Fingern besaß, um die Fingernägel durch die Haut hindurchdringen zu lassen.

»Wo ist Emil?«

Helena näherte sich ihm vorsichtig. Sie bemerkte seine Anspannung und wollte jede Kleinigkeit unterlassen, die Jan in diesem Moment hätte reizen können.

»Sie haben in der Übertragung noch nichts von einem Kind gesagt«, antwortete sie und fuhr ihm dabei mit der flachen Hand über seinen Rücken. »In der Pressemeldung steht auch nichts von einem Kind. Vielleicht ist Emil ja noch im Prater?«

»Niemals würde sie ihren Sohn alleine lassen. Niemals würde sie das fertigbringen«, antwortete Jan. Niemals.

Er konnte seine Augen nicht von dem Spektakel lassen, das sich dort unten am Donaukanal abspielte. Daran änderte auch nichts, dass er von hier oben kaum etwas richtig mitbekam. Er konnte keine Gesichter erkennen. Alles, was er von hier oben erkennen konnte, waren die schemenhaften Bewegungen der Menschentraube auf den parallel zum Kanal verlaufenden Stufen, die das Ufer des Donaukanals bildeten. Eine Drehung hätte gereicht und Jan hätte Valerie im Großformat im Fernsehen sehen können. Doch er wollte in diesem Moment gar nicht alle Details mitbekommen. Nicht Valeries Augen sehen, die vor Glück strahlten. Ihre Mundwinkel, die die Freude nicht verbergen konnten, nicht verbergen wollten.

»Wir müssen reagieren«, sagte Mahmoud, der kurz zuvor das Büro von Jan betreten hatte. »Es häufen sich die Anfragen von Medien. Es wird schon über einen beginnenden Zerfall der Machtelite im Prater spekuliert.«

»Mahmoud hat recht«, sagte Helena, die Jan immer noch beruhigend über den Rücken fuhr. »Je eher wir reagieren, desto eher können wir der ganzen Sache noch unseren Spin geben. Und desto milder können wir den Obersten stimmen, der außer sich sein wird.«

Jan wartete mit einer Reaktion auf Mahmouds Vorschlag ab. Er wollte keine Entscheidung aus dem Bauch heraus treffen. Er musste kühlen Kopf bewahren. Musste seinen Hass unterdrücken. Seine Sorge um Emil ausblenden. Valerie war jetzt eine Staatsverräterin. Sie musste behandelt werden wie jede andere Verräterin auch.

»Tut, was ihr für nötig haltet«, sagte er schließlich.

Helenas Hand verharrte auf einer zentralen Position unterhalb der Schulterblätter.

»Gut«, flüsterte Helena. »Wenn du etwas brauchst, ich bin für dich da.«

Der Druck ihrer Hand wurde schwächer, kurz darauf spürte Jan ihre Hand gar nicht mehr. Umso mehr spürte er den pochenden Herzschlag in seiner Brust.

Eigentlich wäre es ein Tag ganz nach Jans Geschmack gewesen. Die Aufmerksamkeitswerte für die Übertragungen über den Saiger waren extrem hoch. Über achtundneunzig Prozent der Saiger-Träger hatten die Ansprache des Obersten in der Früh mitverfolgt – ein sensationeller RI-Wert. Die aktuellen Updates, die über den Tag verteilt von *PraterTV* gesendet worden waren, erreichten jeweils über fünfundneunzig Prozent. Auch die Zahl der abgefangenen Danubier hatte für Zufriedenheit gesorgt. Von neunundzwanzig Personen, die den illegalen Übertritt über die Donau versucht hatten, wurden dreiundzwanzig noch in ihren Booten auf der Donau erschossen. Die restlichen sechs wurden direkt nach ihrer Ankunft in Gewahrsam genommen und ihre Leichen – ganz gemäß der Anweisung des Obersten – im Hafen Freudenau in Schlauchbooten zu Wasser gelassen. Alles nahm seinen geordneten Lauf, auch wenn die internationale Presse diese Vorgehensweise in ihrem üblichen pseudogutmenschlichen Geheul geißelte. Doch für Jan war klar, dass es keinen anderen Ausweg gab. Den Hunderttausenden auf der Donauinsel sowie der anderen Donauseite verbliebenen

Menschen musste immer wieder vor Augen geführt werden, dass sich eine Flucht auf das Gebiet des Praters nicht lohnte. Wobei sich Jan und seine gesamte Abteilung ohnehin nicht vorstellen konnten, wie jemand angesichts dieser abschreckenden Maßnahmen überhaupt noch auf die Idee kommen konnte, aus Danubien in den Prater zu flüchten. Für den Leiter der *Abteilung für direkte Wahrheit* war es eine Ironie. Auf der einen Seite der Donau riskierten die Menschen ihr Leben, um in den Prater zu gelangen. Auf der anderen Seite unternahmen einzelne Verwirrte Fluchtversuche über den Donaukanal ins neutrale Wien.

Helena hatte Jan an diesem Abend zu sich eingeladen. Seit sechs Jahren bewohnte sie eine Vier-Zimmer-Wohnung im Czerninviertel, die zuvor einem Angehörigen der pseudodemokratischen Elite gehört hatte. Dieser hatte, wie alle Mitglieder der ehemaligen Führungsschicht, nach der Machtergreifung des Obersten sein Wohnrecht auf dem Gebiet des Praters verwirkt und war rasch ausgewiesen worden. Nicht nur Helena, die schon früh im Team des Obersten tätig war, profitierte auf diese Weise und erhielt eine respektable Wohnunterkunft, die ihr obendrein vom Staat finanziert worden war. Dies war nur eine der zahlreichen Unterstützungsmaßnahmen für die Bevölkerung im Prater gewesen, die auch bei Jan auf großes Wohlwollen gestoßen waren.

»Essen ist gleich fertig«, sagte sie und ging ihm voran in das Wohnzimmer. Ihre Wohnung war geschmackvoll im traditionellen Stil eingerichtet. Die meisten Schränke waren aus massivem dunklem Holz, das Feuer im Kamin verbreitete mit seinem Knistern eine angenehme Wohlfühlatmosphäre. »Setz dich ruhig schon an den Tisch, ich komme gleich«, rief Helena aus der Küche. Jan nahm am Esstisch

Platz. Kurz darauf erschien Helena auch schon in der Tür und balancierte zwei Töpfe auf einem Holzbrett.

»Du kannst dir nicht vorstellen, was dort heute los war«, sagte Helena, als sie die *Spaghetti del Prater* verspeist hatten. Nudeln mit Erdäpfelsauce, eine von Jans Lieblingsspeisen. »Ich glaube, es war ganz gut, dass du auf Tauchstation gegangen bist. Trotzdem musst du dich morgen Früh beim Obersten sowie anschließend bei der Freiheitspolizei melden.«

»Als wenn das das einzige Problem wäre«, seufzte Jan und nahm einen Schluck aus dem kristallenen Rotweinglas, das rechts neben seinem Teller stand. »Für Donnerstag ist das nächste Interview mit dem Obersten für die Biografie angesetzt. Wie soll ich mich dort zwei Stunden lang als seriöser Gesprächspartner präsentieren, wenn zeitgleich meine Frau irgendwelche Lügengeschichten in der internationalen Presse erzählt und mein Sohn vermisst wird?«

Helena erhob sich von ihrem Platz und ging zum Fenster. Mit einem Ruck zog sie die Vorhänge zu und sorgte so für die vorgeschriebene Verdunkelung.

»Mir war so, als hätte ich im Augenwinkel eine Drohne vorbeifliegen sehen«, sagte sie.

Anschließend kehrte sie auf ihren Platz zurück.

»Emil wird nicht mehr vermisst«, sagte sie sodann.

»Was? Und das sagst du mir jetzt erst? Wo ist er?«, rief Jan.

In aller Seelenruhe hatten sie hier gesessen, Helena hatte ihm Essen serviert und Smalltalk mit ihm geführt. Und erst jetzt rückte sie mit dieser Information heraus?

»Ein LKW hat heute um kurz nach achtzehn Uhr unserer Zeitrechnung die Grenzbarrieren in der Innstraße durchbrochen. Erst auf dem Gebiet der Brigittenau ist er zum Halten gekommen. Die Einheiten der Freiheitspolizei haben alles getan, um ihn aufzuhalten. Doch die Grenzbefestigungen sind, wie du weißt, eher darauf ausgerichtet, einen illegalen Übertritt von der Brigittenau in den Prater zu verhindern. Und nicht umgekehrt. Eine Wache der Freiheitspolizei konnte mit einem gezielten Schuss den Fahrer neutralisieren, nachdem dieser das Auto verlassen hatte. Aber leider wurden auch einzelne Schüsse auf den Laderaum des LKW abgegeben ...«

An dieser Stelle unterbrach Helena die Erzählung.

Jan war außer sich vor Nervosität.

»Helena, sag mir sofort, was mit Emil ist!«

»Zum jetzigen Stand der Dinge gehen wir davon aus, dass mehrere Querschläger aus dem anschließenden Feuergefecht den Laderaum des LKWs trafen.«

Jan sah ihr tief in die Augen, während Helena eine Pause in ihrer Erzählung einlegte. Viel zu früh erfolgte diese Pause. An einer Stelle der Erzählung, die unmissverständlich klarmachte, dass etwas Schlimmes passiert sein musste.

»Ist er tot?«

»Einer der Querschläger dürfte deinen Sohn getroffen haben. Zum jetzigen Zeitpunkt müssen wir wohl davon ausgehen, dass er tot ist.«

Stille.

Helena stand auf und umrundete den Esstisch. Sie beugte sich zu Jan hinunter, der regungslos auf seinem Platz verharrte.

»Es ist nicht deine Schuld«, flüsterte sie in sein Ohr. »Valerie und die FDP haben Emil und dich in diese unverantwortliche Situation gebracht. Es ist ihre Schuld.«

Es ist ihre Schuld. Es ist ihre Schuld. Es ist ihre Schuld.

Jan wiederholte Helenas Aussage immer und immer wieder leise vor sich hin. Und hoffte darauf, dass er das eines Tages vielleicht tatsächlich glauben würde.

21 (DIENSTAG)

Das Schicksal rund um Valeries Flucht und den Tod des kleinen Emil emotionalisierte auch einen Tag später die Massen. Sowohl im Prater als auch außerhalb. Die Sondersendungen überschlugen sich mit den x-ten Interviews von Zeugen und Hintergrundberichten, die alle doch immer wieder dieselben Sprechblasen zum Inhalt hatten. Der auf den Saigern gemessene RI hatte an diesem Morgen einen sensationellen Wert von 98,8 Prozent erreicht. Ein Wert, der selbst auf dem Höhepunkt der Mexiko-Krise nicht erreicht worden war. Damals, im Jahr 2026, hatte ein Schauspieler sich als Danubier ausgegeben und in einem Kindergarten am Mexikoplatz fünf Kinder als Geiseln genommen. Drei Kinder hatten damals auch sterben müssen. Jan war über die Entscheidung, die er dem Schauspieler während der Geiselnahme höchstpersönlich über Sprechfunk mitgeteilt hatte, nicht erfreut gewesen. Aber er hatte diese Entscheidung zur gezielten Tötung der Kinder geben müssen. Zu sehr hatte der Argwohn in der Bevölkerung gegenüber den Danubiern nachgelassen. Es hatte einfach keine andere Option gegeben. Sarah, Sophia und Alexander mussten sterben, um der Sache des Praters zu dienen. Jan hatte es damals nicht übers Herz gebracht, der Totenfeier für die drei Kinder am Praterspitz beizuwohnen. Still und in sich gekehrt hatte er die Zeremonie stattdessen daheim auf seinem Saiger verfolgt. Sogar geweint hatte Jan damals, als er alleine im Wohnzimmer in seiner Wohnung in der Rotensterngasse saß. Zum ersten Mal seit seiner Kindheit. War der Tod Emils nun die späte Strafe für seine damalige Opferbereitschaft? Für seine Entscheidung, Sarah, Sophia und Alexander sterben zu lassen?

Helena und die anderen Kollegen der *Abteilung für direkte Wahrheit* hatten in der Zwischenzeit eine ganz eigene Version der Geschehnisse rund um Valeries öffentlichkeitswirksamen Auftritt gesponnen. Und diese ging in etwa so: Ein Agententeam der Brigittenau hätte Valerie unter Drogen gesetzt und sie so für die abenteuerliche Flucht über den Donaukanal gefügig gemacht. Diese Aktion gehe daher genauso auf das Konto der Brigittenau wie das missglückte Manöver mit dem LKW, bei dem der gemeinsame Sohn von Valerie und Jan ums Leben gekommen war. Die Brigittenau trage daher die volle Verantwortung für die Geschehnisse. Als Beweise hatte man eifrig Telefonmitschnitte sowie Videoaufnahmen von einem angeblichen konspirativen Treffen im Café *Else* am Praterstern konstruiert.

Diese Geschichte hatte den Vorteil, dass Jan freigesprochen war von allen eventuellen Verdächtigungen gegen seine Person. In der *Praterpost* wurde er genauso als tragischer Held inszeniert wie auch in den gefühlvollen Reportagen von *PraterTV.* Eine Bürgerinitiative wurde gegründet, um Spenden für den trauernden Vater zu sammeln, der auf so tragische Weise seinen einzigen Sohn und sein ungeborenes Baby verloren hatte. Auf Beschluss des Obersten sollte künftig in jedem Jahr der 21. November als Gedenktag begangen werden, um an das Unrecht zu erinnern, das die Brigittenau einem Bürger des Praters und somit der gesamten Bevölkerung angetan hatte.

Nachdem die Leiche des Buben in der Brigittenau verblieben war, wurde für den kommenden Freitag zu einer großen rituellen Beerdigungsfeier am Praterspitz aufgerufen, wo man Jan die Gelegenheit geben wolle, sich auf traditionelle

Art und Weise – per Wasserbestattung auf der Donau – von seinem Sohn zu verabschieden.

Das ganze Land gab sich größte Mühe, Jan Anteilnahme zu signalisieren. Allein, Jans Schmerz konnte durch all diese Bemühungen nicht gelindert werden. Im Gegenteil, jeder Artikel, jede Kundmachung über den Saiger und jede TV-Sendung erinnerte ihn daran, dass er das Wichtigste in seinem Leben verloren hatte. Und damit jede Hoffnung auf die Familie, die er sich zeit seines Lebens gewünscht hatte. Eine Familie, die er mit Valerie gegründet hatte, damit sie ihm einen Rahmen bieten konnte, in dem er sich sicher und geborgen fühlen konnte. Eine Familie, die Valerie ihm nun wieder entrissen hatte.

22 (MITTWOCH)

»Mein Kind, du hast es geschafft!«

Erikas Gesicht verriet ehrliche und aufrichtige Freude darüber, ihre Schwiegertochter nach all den Monaten endlich wieder mal zu sehen. Ihr schlechter körperlicher Zustand verhinderte, dass sie auf Valerie zustürmen konnte. So blieb sie in ihrem großen dunkelgrünen Omasessel sitzen, der sich perfekt ins gemütliche Ambiente des Wohnzimmers einpasste. Mit der Brille im Gesicht und den vollbesetzten Bücherregalen im Hintergrund hätte sie auch als Bibliothekarin eine gute Figur abgegeben. »Wie schön, dich zu sehen«, sagte Valerie.

Nicht immer sprach sie diese Worte in der Gegenwart ihrer Schwiegermutter so aufrichtig aus wie in diesem Moment. Jans Eltern hatten sie stets spüren lassen, dass sie mit der Wahl ihres Sohnes nicht ganz zufrieden gewesen waren. Und Valerie war überzeugt davon, dass sie sich das nicht bloß eingebildet hatte.

»Ich habe euch sogar etwas mitgebracht«, sagte Valerie. »Wo ist denn der Roland?«

»Beim Huber Hannes nebenan, wegen Brennholz schauen. Aber er sollte bald zurück sein. Er würde sich ja auch so freuen, dich wieder mal zu sehen.«

Valerie nahm ihren braunen Rucksack von der Schulter und öffnete diesen. Mit ihrer Hand fuhr sie im Inneren des Rucksacks umher, bis ihre Finger endlich das zu fassen bekamen, wonach sie gesucht hatten.

»Für dich«, sagte Valerie und hielt der Mutter ihres Mannes einen Briefumschlag entgegen.

»Ach, das wäre doch nicht notwendig gewesen«, erwiderte Erika Kepler und ergriff hastig das weiße Kuvert.

»Doch, glaub mir. Das ist in diesem Fall sogar sehr notwendig.«

Obwohl es die zittrigen Finger der alten Dame mit den schlohweißen lockigen Haaren und dem gemütlichen runden Gesicht nicht allzu leicht machten, mit dem Umschlag zu hantieren, schaffte sie es rasch, diesen zu öffnen. Als sie den Inhalt entnommen und betrachtet hatte, brach sie in Tränen aus.

»Ist das auch wirklich wahr?«

Valerie nickte und nun perlte auch ihr eine einzelne Träne aus dem Auge.

»Was wird's denn?«

»Wahrscheinlich ein Bub«, antwortete Valerie.

»Ein Bub!«, rief Erika aus und hielt das Ultraschallbild jubelnd in die Höhe. »Es wird ein Bub! Nein, was ich mich freue!«

Erika bedeutete ihrer Schwiegertochter, näher zu kommen. Als Valerie in Reichweite war, erhob sich die alte Dame aus dem Sessel und nahm Valerie mit einer Kraft in den Arm, die ihr die Schwiegertochter ganz sicher nicht zugetraut hätte. Anschließend ließ sie sich wieder in den Sessel zurücksinken. Sie atmete zweimal kräftig durch, wie um sich nach der körperlichen Anstrengung wieder ausreichend Luft zu verschaffen.

»Hat der Jan auch recht eine Freud' mit der guten Nachricht?«, fragte Erika Kepler.

»Er weiß es noch nicht«, sagte Valerie, nachdem sie sich der Frau gegenüber auf einen Holzstuhl gesetzt hatte.

Die alte Frau beugte sich vor und sah ihre Schwiegertochter gutmütig an. Ihre linke Hand legte sie auf Valeries Knie.

Die braunen Altersflecken auf der Haut ihrer Hand verrieten, dass Hand und Frau schon so einiges erlebt hatten.

»Und das nach der Tragödie um Emil ...«

Mitten im Satz hielt Erika Kepler plötzlich inne. Sie schien über ihre eigenen Worte erschrocken zu sein. »Verzeih, ich wollte nicht ...«

»Es ist schon gut«, sagte Valerie und berührte sanft die Hand der alten Dame. »Emil wird immer einen ganz besonderen Platz in meinem Leben haben. Er wird für immer mein Erstgeborener sein und nun bekommt er halt ein Geschwisterchen.«

Valerie kullerte eine Träne über die Wange. Als sie dies bemerkte, wischte sie diese fort und versuchte, die Situation mit einem Lächeln zu überspielen. Erika Kepler drückte Valeries kalte Hand jetzt ganz fest.

»Es ist nicht leicht für dich, das glaub ich gern. Aber es ist an dir, die Familie beisammenzuhalten. Von Jan bekommst du keine Unterstützung dafür. Also musst du stark sein. Es aushalten. Aus eigener Erfahrung kann ich nur sagen, dass es sich lohnt, stark zu bleiben. Für euch und für dich. Und natürlich für das Ungeborene.«

»Danke dir«, sagte Valerie. »Es tut gut, von jemandem Zuspruch zu bekommen und bestärkt zu werden.«

»In unserer Familie waren es immer die Frauen, die stark waren und die Familie beisammengehalten haben. Meiner Mutter ging es mit meinem Vater so. Beim Roland und mir ist es dasselbe, auch wenn er das natürlich ganz anders sehen würde. Und ich fürchte, dieses Schicksal wird auch dir nicht erspart bleiben. Die Keplers waren immer dann stark, wenn sie zusammengehalten haben. Wer sich nicht daran hielt, war verloren.«

»Und der Jan?«, fragte Valerie. »Wann haben wir ihn verloren?«

Erika Kepler unterbrach den Augenkontakt mit ihrer Schwiegertochter und sah zum Boden. Der Holzboden bedurfte einer dringenden Renovierung. Die in die Jahre gekommenen dunklen Dielen mussten abgeschliffen und neu versiegelt werden, viele von ihnen wohl ganz ausgewechselt werden, weil sie schon ganz morsch wirkten.

»Der Jan war früher immer mit dem Arthur von nebenan unterwegs. Der Arthur war ein wilder Hundling, der hat keine Gelegenheit ausg'lassen, etwas anzustellen. Die Eltern vom Arthur haben ihm keine Grenzen g'setzt, der hat machen können, was er woll'n hat. Also hat er immer mehr ang'stellt und irgendwann ist die Polizei vor der Tür g'standen. Aber der Jan ...«

Valerie versuchte während Erikas Erzählpause, jene Stelle auf dem mit kleinen Löchern übersäten Boden zu finden, die ihre Schwiegermutter fixierte. Es musste eine ganze Holzwurmsippe sein, die es sich in den vergangenen Jahren in den einzelnen Dielen mit ihrem vertikalen Muster gemütlich eingerichtet hatte.

»Der Jan, der war nie so. Er war immer ein stiller Bua, hat nicht ein Mal ein böses Wort uns gegenüber verloren. Konnte keiner Fliege etwas zuleide tun. Aber er hat sich halt immer schwergetan mit den anderen Kindern. Ich glaub, wir hätten damals mehr für ihn da sein müssen. Hätten ihn mehr unterstützen müssen.«

»Mir gegenüber hat er nie ein Wort über früher verloren«, unterbrach Valerie ihre Schwiegermutter.

Beide Frauen sahen einander an.

»Er hat generell nie viel geredet.«

»Zumindest nicht über sich.«

Valeries Ergänzung rang Erika Kepler ein Lächeln ab.

»Nein, über sich hat er nie geredet. Bis heute nicht.«

Welche Ironie, dachte sich Valerie. Ein Kommunikationsprofi wie Jan schottet sich ab, sobald es um seine eigene Person geht. Aber es beruhigte sie, dass es nicht nur ihr so mit ihm ergangen war. Dabei war es vielleicht gerade die undurchdringliche Aura dieses großgewachsenen Mannes mit dem kleinen Muttermal auf der rechten Wange gewesen, die Valerie damals, als sie aus Frankreich nach Wien gezogen und Jan kennengelernt hatte, so neugierig gemacht hatte. Nie hätte sie sich vorstellen können, dass es auch nach neun Ehejahren und der Tragödie um Emil nicht gelingen wollte, zum innersten Kern dieses Mannes durchzudringen. Und jetzt schien es sowieso zu spät zu sein.

»Und dann hat er diese Leute von der Partei kennengelernt. Dort hat er sich wohl aufgehoben und verstanden gefühlt. Sie haben ihm mit ihrer einfachen Trennung zwischen Gut und Böse einen Rahmen, etwas zum Anhalten gegeben, das wir ihm wohl nicht bieten konnten. Mit dem Hass, den diese Leute gegen Minderheiten und Schwächere geschürt haben, hat er wohl endlich mal jene Emotionen ausleben können, die so lange in ihm geschlummert haben. Gerade er, der früher nach außen hin immer so ruhig und besonnen war.«

Valerie hörte, wie im Flur die Haustür geöffnet wurde. Das Knarren und Knarzen der Dielen machte es unmöglich, dass sich jemand unbemerkt Zutritt zum Haus verschaffte. Auch eine Art Einbruchsschutz, dachte sich Valerie.

„Ja, wen haben wir denn da?«, sagte der dick in seinen grauen Mantel eingepackte Roland Kepler und sah Valerie freudig an.

Jans Mutter ließ sich in ihren grünen Sessel zurücksinken und blickte zu ihrem Mann.

Roland Kepler war ein gutaussehender Mann, schlank, volles weißes Haar. Er würde auch gut in die Bars in Bordeaux passen, in denen Valerie früher zu verkehren pflegte. Ein in die Jahre gekommener Dandy. Er passte eigentlich nicht ins Wien des Jahres 2028. Er passte mit seiner lockeren und kultivierten Art eigentlich nirgendwo mehr so richtig hin, im Jahr 2028.

»Wird hier etwa schon wieder Trübsal geblasen?«, fragte Roland Kepler, nachdem er Valerie herzlich begrüßt und Platz genommen hatte.

»Kannst es uns verdenken?«, fragte seine Frau.

»Mit dem Jan wird schon wieder alles gut werden, werdet's sehen. Und das dort draußen ...«, Roland Kepler blickte durch das Fenster, »das können wir drei hier eh nicht ändern. Der Mensch ist nun mal so.«

»Was meinst du?«, fragte Valerie. »Nichts auf der Welt ist unveränderbar.«

»Wenn die Leute wegsterben, die den Krieg und die Not noch aus nächster Nähe selbst miterlebt haben, gerät der Wert des menschlichen Zusammenhalts, über Ethnien und Religionen hinaus, ins Vergessen«, antwortete Jans Vater. »Dann nehmen Egoismus und das Recht des Stärkeren überhand. Das Problem ist nur, dass die Menschen immer mächtigere Waffen entwickeln. Und irgendwann wird das die Erde, auf der wir leben, nicht mehr aushalten. Die wird's zerreißen. Dann wird ein Sieger überbleiben, der auf einem verwüsteten Planeten langsam zugrunde gehen wird.«

»Da frag ich mich jetzt aber schon, wer hier Trübsal bläst«, kommentierte Erika Kepler die Aussage ihres Mannes.

»Ach was, ich sag ja nur, wie es ist. Ich glaube von jedem Menschen das Schlechteste, selbst von mir, und ich hab mich noch selten getäuscht. Wusste schon Johann Nestroy.«

Dem hatte Valerie nichts entgegenzusetzen.

23

Jan hätte das Angebot des Obersten annehmen und einige Tage zu Hause bleiben können. Doch was hätte er daheim getan? Er wäre im Kreis gelaufen, hätte sich immer und immer wieder dieselben Fragen gestellt. Und hätte doch keine Antworten gefunden.

Die Menschen standen vor seinem Haus in der Rotensterngasse Schlange. Die einen hatten Suppe für ihn gemacht, die anderen wollten mit ihm beratschlagen, wie man sich am besten an der Brigittenau rächen könnte. Und wieder andere wollten ihm einfach nur ihre Schulter zum Ausheulen anbieten. Es wirkte so, als ob die gesamte Bevölkerung nur auf diesen einen Moment gewartet hatte. Einen Moment, in dem sie ihre Solidarität und Nächstenliebe zur Schau und unter Beweis stellen konnte. Aber egal, wie sehr man sich auch um ihn gekümmert hätte, was man ihm angeboten hätte. Niemand hätte ihn so von den Geschehnissen ablenken können, wie es die tagtägliche Arbeit und der vermeintliche Alltag schafften. Deswegen blieb ihm nur ein Weg, mit seinem Schicksal fertigzuwerden: sein Büro im T-Tower am Donaukanal.

Als Jan am Morgen die grüne Haustür öffnete und in die zahlreichen Gesichter in der Rotensterngasse blickte, hielt er einen Moment inne. Die Menschen hatten hier die ganze Nacht ausgeharrt, obwohl es bitterkalt geworden war. Die Situation überforderte ihn maßlos. Greise, die Tränen in den Augen hatten, und kleine Mädchen, die auf ihn zustürmten, um seine Hand halten zu können. Hätten sich auch noch Frauen an ihn herangeschmissen, hätte man ihn auch für einen Popstar halten können. Doch, und das war allen hier versammelten Menschen klar, es durfte neben Praterlier dem Obersten keinen Popstar im Prater geben.

Jan bahnte sich vorsichtig seinen Weg durch die Menschenmasse. Wie ein unsichtbarer Reißverschluss öffnete sie sich vor ihm, um hinter ihm genauso schnell wieder zuzugehen. Die uniformierten Kollegen der Freiheitspolizei schienen mehr als erleichtert, als Jan den Ort der Trauer endlich verlassen hatte, denn nun konnten sie damit beginnen, die Straße zu räumen und für den Verkehr freizugeben. Nicht, dass jemand tatsächlich hier mit dem Auto entlanggefahren wäre, Autos waren nach wie vor eine Ausnahmeerscheinung. Die Umweltschutzkampagne hatte ganze Arbeit geleistet. Autos waren mit Verweis auf die zu schonende Umwelt einfach verboten worden. So war niemandem aufgefallen, dass er sich ohnehin kein Auto hätte leisten können, hatte Valerie immer wieder sarkastisch behauptet. Gab es überhaupt eine Maßnahme des Obersten, die sie jemals für gut befunden hatte?

Der Portier im T-Tower warf Jan bei Betreten der gebohnerten Eingangshalle einen mitleidigen Blick zu. Ein trauernder Hund hätte nicht mitleidsvoller schauen können.

Jan hasste all diese unausgesprochenen Beileidsbekundungen. Wie gern wäre er ins Taborkino gegangen und hätte sich den ganzen Tag über von Filmen berieseln lassen. Allein, die Gedanken wären ohnedies die ganze Zeit nur um Valerie und Emil gekreist. So andächtig hätte Prater-Filmstar Henriette Graker gar nicht von der Leinwand schmachten oder Action-Held Rudi Perfuß sich prügeln können. Stattdessen blickte er im Büro auf die Titelseite der *Praterpost*, auf der neben einem Foto des toten Emil auch – wie jeden Tag seit dem Anschlag auf Roland Bergmeister – ein Fahndungsfoto von Werner Krause zu sehen war. Werner Krause, der entgegen ersten Vermutungen noch nicht in der Brigittenau oder woanders außerhalb des Praters aufgetaucht war und sich somit noch auf dem Staatsgebiet des Praters befinden musste. Unterhalb des Fahndungsfotos befand sich ein fingierter Leserbrief aus der Feder von Mahmoud, in dem ein harter Gegenschlag für die ständigen Einmischungen der Brigittenau in die inneren Angelegenheiten des Praters verlangt wurde. Unterzeichnet war der Brief mit dem Namen *Harald Löffler*.

Das Wort Vergeltung machte die Runde und war in die Titelzeile des Leserbriefs gesetzt worden. Ein Versehen war dies sicherlich nicht.

Der Prater-Weltalmanach lag aufgeschlagen vor Jan auf dem Tisch. Es war die Ausgabe von 2023, also die allererste Ausgabe dieses fundierten Nachschlagewerks über die Geschichte des Praters. Eine Reihe, die nur besitzen durfte, wer in der Administration oder Legislative beschäftigt war. Für alle anderen war die Biografie des Obersten gedacht, an dessen Entstehung Jan seit mehreren Wochen eifrig arbeitete. Eine Entstehung, die am folgenden Tag mit dem letzten geplanten Interview ihren formalen Abschluss finden sollte. Pünktlich zum ersten Jänner des neuen Jahres sollte die gedruckte Ausgabe an alle Bürger des Landes kostenlos ausgeliefert werden.

Im Mittelpunkt des letzten Gesprächs sollte die zukünftige Position des Praters in Wien und der Welt stehen. Wie sah die Vision des Obersten für seine Bürger aus? Wohin wollte er das Land führen? Begann die Biografie mit einer Rückschau auf das bisher Erreichte, so sollte es mit einer zugkräftigen Vision des Obersten für die Zukunft des Landes enden.

Die Praterhymne von Henry Praterlier holte Jan aus seinen Recherchegedanken. Auf dem Display seines Smartphones erschienen die Umrisse einer gezeichneten Person. Statt einer Zahlenfolge darüber, die auf den Anrufer hätte schließen lassen, hieß es lediglich *unbekannte Nummer*. Jan überlegte, ob er den Anruf entgegennehmen sollte. Es verblieb nicht mehr viel Zeit an diesem Nachmittag, um sich auf das für den folgenden Morgen geplante Interview vorzubereiten. Und es fiel ihm ohnehin schwer genug, sich auf die sachlichen Themen zu konzentrieren, während alle Welt das Schicksal seines ermordeten Sohnes betrauerte. Sein Pflichtgefühl ließ ihm jedoch keine andere Wahl. Jan nahm das Handy mit der rechten Hand und wischte mit dem linken Zeigefinger über das Display.

Würde eines fernen Tages jemand seine eigene Biografie verfassen, würde dieser Anruf neben dem Schicksal seines Sohnes einen festen und tragenden Platz in diesem Buch erhalten, war Jan sich wenig später sicher. Er griff nach seinem an der Garderobe hängenden Mantel und verließ das Büro grußlos.

Langsam wurde er des trüben und grauen Wetters wirklich überdrüssig. Natürlich hätte auch strahlender Sonnenschein seine persönliche und nach dem Anruf zusätzlich angespannte Gemütslage nicht verbessert. Aber eine positivere Grundstimmung wäre vermutlich in der Lage gewesen, die Extremsituation besser abzufedern. Sie hätte als Wattebausch dienen können, der die Faustschläge des Lebens etwas hätte dämpfen können.

Das einzig Gute an der seit Wochen andauernden tristen Wetterlage war, dass Jan nun, auf seinem Weg vom T- zum R-Tower, Rückenwind erhielt. Rückenwind durch den kräftigen Sturm, der sich seit eh und je, angetrieben durch den Durchlass zwischen Bisam- und Leopoldsberg, seinen Weg entlang des Donaukanals durch das ganze ehemalige Wiener Stadtgebiet bahnte. Der Wind pfiff hier schon, als der Kaiser mit seinem Gefolge den Donaukanal überquerte, um in sein kaiserliches Jagdrevier im Prater zu gelangen. Und er würde hier auch dann noch entlangpfeifen, wenn sich das Schicksal eines fernen Tages schon längst nicht mehr um die Problemchen des Jan Kepler kümmern würde. Und wenn von Igor Asanin schon längst keine Rede mehr sein würde.

Besagter Igor Asanin residierte im obersten Stockwerk des R-Towers. Ganz so, wie es sich für den zentralen Wirtschaftsboss eines Landes gehörte. Das Gebäude diente bis zum Zusammenbruch der Pseudodemokratie einem multinationalen Versicherungskonzern als Stammsitz. Nach der Erlösung durch den Obersten und sein Regime hatte Asanin die Gunst der Stunde zu nutzen gewusst und alle am Donaukanal aufgefädelten Hochhäuser, die über Nacht rapide an Wert verloren hatten, aufgekauft. Jenes Gebäude, das ihm persönlich am besten gefiel, hatte er zum Sitz seines Firmenimperiums sowie für seine Privaträumlichkeiten auserwählt.

Das Hochhaus wurde auf dem Grundriss eines überdimensionalen *Q* errichtet. Laut Firmengeschichte ging dieses architektonische Detail auf einen genialen Schachzug von Asanin noch zu Zeiten der Pseudodemokratie zurück. Denn schon damals sei ihm immer klar gewesen, dass eines Tages hier seine *Qurage*-Unternehmensgruppe logieren würde. Deshalb hatte er bereits in den Nullerjahren des neuen Jahrhunderts Himmel und Hölle in Bewegung gesetzt, damit die Architekten ein solches *Q* in den Grundriss des Hochhauses einplanten. Es waren Legenden wie diese, die

Igor Asanin innerhalb kürzester Zeit zum meistangesehenen Mann neben dem Obersten im Prater aufstiegen ließen.

»Guten Tag«, riss plötzlich eine ältere Frau Jan aus seinen Gedanken.

Er hatte den Firmensitz von *Qurage* fast erreicht, als sich ihm die etwas dickliche Frau mit den dunkelblonden Haaren geradezu in den Weg gestellt hatte. Jan war genervt, noch bevor die Frau hatte weiterreden können. Die trauernden Massen in der Rotensterngasse waren ihm bereits zu viel gewesen, aber die dort versammelten Leute hatten ihn wenigstens in Ruhe gelassen und nicht angesprochen.

Die Frau ergriff Jans Hand.

»Ich finde, Sie sollten wissen, dass der Tod Ihres Sohnes kein Unfall gewesen ist«, sagte die Frau. »Das Regime hat den Tod von Emil auf dem Gewissen, um Sie zu einem tragischen Helden zu stilisieren.«

Ihre Hand fühlte sich wohlig warm an.

»Mein Name ist Rosen, ich arbeite bei einer Ermittlergruppe der Freiheitspolizei. Sie müssen sich nicht die Mühe machen und dort nach mir suchen, Sie werden mich nicht finden. Aber ich bin der Meinung, dass Sie wissen sollten, dass der Tod von Emil Teil eines Schauspiels war.«

Kaum hatte die Frau diesen Satz beendet, ließ sie seine Hand los und ging weiter, verschwand um die Ecke in der Aspernbrückengasse. Jan war für einen Moment total perplex. Er verstand nicht, was da soeben passiert war. Als er im nächsten Augenblick aus seiner Starre erwacht und der Frau hinterhergelaufen war, war von dieser in der Aspernbrückengasse nichts mehr zu sehen. Wie vom Erdboden des Praters verschluckt. Was sollte das? Erlaubte sich da jemand einen makaberen Scherz mit ihm?

Die Drehtüre im Erdgeschoss des Gebäudes ließ sich

dank des Rückenwindes spielend leicht drehen. Als Jan im Inneren des großzügig verglasten Entrees angekommen war, richtete er sich seine Haare. Anschließend meldete er sich bei dem Herrn am Empfang ordnungsgemäß an.

»Unsere Kraft im Prater! Sie werden bereits erwartet«, sagte der Mann mit den nach hinten gegelten Haaren und dem Kapuzenpulli.

In den wenigen Sekunden, die Jan hier unten verbracht hatte, herrschte ein ständiges Kommen und Gehen. Zahlreiche Menschen durchquerten die Drehkreuze, die hinter dem Empfangsbereich den Zutritt zur Lifthalle regelten. Ausländische Manager waren aufgrund der von ihnen getragenen Anzüge gut von einheimischen Arbeitskräften zu unterschieden. Was immer Saskia und Valerie in dem Gespräch im Hinterzimmer des *Bayerischen Hofes* von einer angeblich katastrophalen wirtschaftlichen Lage im Prater fabuliert hatten, auf die Firmenzentrale des Igor Asanin konnte dies jedenfalls nicht gemünzt gewesen sein.

Der Mann händigte Jan eine weiße Zutrittskarte im Kreditkartenformat aus und beorderte ihn zu Lift A. Dieser wartete bereits in der Lifthalle. Und obwohl dort genug andere Menschen auf einen Aufzug warteten, wagte es keiner von ihnen, sich Lift A zu nähern. Dieser Aufzug war für den Chef und seine Besucher reserviert, soviel schien jedem hier klar zu sein. Begleitet von einem leisen Gong, schlossen sich die silbernen Aufzugtüren hinter Jan. Anschließend setzte sich der Lift mit einem atemberaubenden Tempo in Bewegung.

Im großformatigen Spiegel der Liftkabine übte Jan in der wenigen ihm verbleibenden Zeit Gesichtsausdrücke, mit denen er – begleitet von einem *Guten Tag* – Igor Asanin in Kürze in dessen Büro begrüßen würde. Er versuchte dabei, so neutral und cool wie möglich zu schauen. Zwischendurch verzog er alle Gesichtsmuskeln in alle erdenklichen Richtungen, um sie zu dehnen und zu lockern. Dabei sagte er mehrere Male langgestreckte O- und A-Laute vor sich hin, um auch die Stimmbänder auf jenes Gespräch vorzubereiten, das ihm nun bevorstand. Ein Gespräch, auf das er sich nicht hatte vorbereiten können und von dem er erst wenige Minuten zuvor erfahren hatte. Ständiger Begleiter waren die Gedanken an die seltsame Frau, die ihn kurz zuvor vor dem Gebäude angesprochen hatte. Rechtzeitig, bevor sich die Lifttüren im 21. Stockwerk des Gebäudes wieder auseinanderschoben, stellte Jan alle Dehnungsübungen seiner Gesichtspartie ein.

»Ich freue mich, dass du die Zeit gefunden hast«, sagte Igor Asanin.

Zu Jans Überraschung hatte sein Gesprächspartner nicht in seinem Büro, sondern bereits in der Lifthalle des 21. Stockwerks auf ihn gewartet.

Der wichtigste Wirtschaftsmagnat hatte es also für nötig befunden, den Leiter der *Abteilung für direkte Wahrheit* persönlich in Empfang zu nehmen. Jan war sich nicht sicher, wie er dieses Zeichen zu deuten hatte. Angesichts des sofort den ganzen Körper durchströmenden Adrenalins stellten sich seine Gesichtsübungen im Lift zuvor nun sehr schnell als absolut nutzlos heraus.

Asanin war die einzige Person im Prater, der es gestattet war, einen Anzug zu tragen. Dementsprechend stand er in einem perfekt sitzenden Zweiteiler vor Jan und lächelte seinen verunsicherten Gast an.

»Lass uns einige Schritte auf der Dachterrasse gehen«, sagte er und wies Jan den Weg zu einer Glastür.

Die Dachterrasse bestand aus einem ovalen Rundlauf um das Penthouse von Asanin. Aus dem Grundriss-*Q* war hier oben ein *O* geworden – der Strich des siebzehnten Buchstabens des Alphabets war irgendwo im vertikalen Verlauf des Wolkenkratzers verlorengegangen.

Zu Jans Überraschung herrschte hier oben praktisch Windstille. Ein Umstand, der wohl in den hohen Glaswänden begründet lag, die die Dachterrasse und die darauf befindlichen Personen vor einem Absturz in die Tiefe bewahrten. Nicht mal ein laues Lüftchen pfiff hier oben, weswegen Asanin auch nicht allzu laut sprechen musste.

»Ich möchte dir mein tief empfundenes Beileid aussprechen«, sagte der Manager, während sie sich auf ihre erste Runde um das Oval machten. »Es ist wirklich eine Schande, welche Opfer die Zeit, in der wir momentan leben, von uns verlangt. Und wie Unschuldige in diese Epoche aus Tod und Verderben hineingezogen und anschließend als Restmüll der Geschichte wieder ausgespuckt werden. Nicht viel mehr wert als ein paar Schlagzeilen in einer Zeitung.«

Asanin ließ seinen Blick über den Prater schweifen. Er sah Jan nicht an, während er das Weltschicksal beklagte. Ein Schicksal, über das er zumindest im Prater ganz gehörig mitentschied.

»Danke«, sagte Jan. Viel mehr wusste er auf die Ausführungen von Asanin nicht zu antworten. Zu nebulös kam ihm der ganze Termin bisher vor, als dass er ein Gefühl dafür hätte entwickeln können, was er gefahrlos erwidern konnte, ohne in Schwierigkeiten zu geraten.

»Du fragst dich sicherlich, warum ich dich hergebeten habe?«

»Durchaus«, antwortete Jan. »Diese Frage ging mir durch den Kopf.«

»Und was glaubst du?«

»Ich glaube gar nichts.«

Hatte er das zu schnell gesagt? Kam es zu unfreundlich

rüber? Jan erschrak für einen kurzen Moment, was den Grad seiner Unsicherheit nochmals erhöhte.

»Aber du musst dich doch gefragt haben, warum dieser Termin so kurzfristig zustande kam?«

Die Kurzfristigkeit war es nicht unbedingt gewesen, die Jan verunsichert hatte.

»Durchaus«, wiederholte sich Jan bewusst wortkarg.

Jedes Wort, ja jeder Buchstabe, so kam es Jan in diesem Moment vor, könnte genau eines oder einer zu viel sein und ihn um Kopf und Kragen bringen. War vielleicht jemand in seiner Abteilung scharf auf den Posten des Leiters? War er jemandem auf den Schlips getreten, der ihn nun durch Asanin aus dem Weg räumen lassen wollte? War es eine späte Rache von Siegbert Reicher, dessen Leiche auf dem Flussweg nach Budapest unterwegs war und mittlerweile von Karpfen und Aalen halb zerbissen worden sein musste?

Jan und Asanin waren nun an der Rückseite der O-förmigen Dachterrasse angekommen. Das Wahrzeichen des Praters, das Riesenrad, das auf allen Münzen und Geldscheinen sofort erkennen ließ, zu welchem Staat das Geld gehörte, lag zu ihrer Rechten.

»Angenommen, du wärst für einen Tag an der Macht und könntest alles entscheiden. Was würdest du zum Wohle der Bevölkerung im Prater tun?«

Wollte Asanin ihn in eine Falle locken? Egal, welche Antwort er hierauf geben sollte, sie würde ihn auf die eine oder andere Art angreifbar machen. Er wusste nur noch nicht, warum sich Asanin höchstpersönlich für dieses unwürdige Schauspiel zur Verfügung gestellt hatte.

»Du kannst ganz beruhigt sein. Wir sind hier ganz unter uns«, beeilte sich Asanin hinterherzuschieben, so als hätte er Jans Gedanken lesen können.

»Ich glaube nicht, dass es in der Macht eines Obersten liegt, die Geschicke grundsätzlich zum Besseren zu verändern. Wir sind – mit Ausnahme Simmerings – umzingelt von zerfallenen Staaten oder Anhängern der Pseudodemokratie. Ich würde es mir nicht anmaßen wollen, Lösungsvorschläge für diese Mammutaufgabe zu äußern.«

Asanin zog sein dunkelblaues Jackett aus und krempelte an seinem linken Arm den Hemdärmel hoch.

»Siehst du das?«, fragte er anschließend.

»Was denn?«

»Eben. Du siehst nichts. Ich trage keinen Saiger. Wir sind hier oben zwei Menschen auf einer Stufe. Wir müssen keine Spielchen spielen, wir können offen und ehrlich miteinander reden. Niemand kann uns dafür zur Rechenschaft ziehen. Weil niemand je davon erfahren wird.«

Jans Gedanken wanderten sofort zum Mann am Empfang im Erdgeschoss, der natürlich wusste, zu wem Jan wenige Minuten zuvor emporgefahren war. Genauso wie diese angebliche Ermittlerin, die ihn wohl ganz bewusst vor dem R-Tower abgefangen hatte, um ihm die seltsame Nachricht zu übermitteln. Ganz so geheim war dieses Treffen also nicht.

»Worauf willst du hinaus?«, blieb Jan bewusst weiter vorsichtig.

»Ich glaube, dass dieses Land eine neue Erzählung braucht.« Asanin machte eine Pause und sah Jan dabei mit einem gewinnenden Lächeln an. Ein Lächeln wie aus einer Zahnpastawerbung. »Und vor allem eine neue Person, die dem Land diese Geschichte erzählt. Glaubwürdig erzählt«, sagte Asanin, während sie ihren Weg entlang der zwei Meter hohen Glaswand fortsetzten.

»Ich halte die Geschichte, die wir diesem Land seit mehreren Jahren erzählen, für nachhaltig glaubwürdig und funktionierend«, sagte Jan.

Asanin schüttelte nachdrücklich seinen Kopf.

»Da bin ich anderer Meinung. Und nicht nur ich, das kann ich dir versichern. Die Absatz- und Produktionszahlen fast aller Industrie- und Dienstleistungsbereiche gehen rapide zurück. Die Menschen im Prater haben immer weniger Mittel, um sich zumindest mit dem Notwendigsten zu versorgen. Und wir können den Menschen nicht auf Dauer mit Terror und Gefahren von außen drohen, wenn wir es nicht gleichzeitig schaffen, ihnen etwas im Inneren zu geben, für das es sich zu kämpfen lohnt.«

»Ist der Prater nicht etwas, für das es sich zu kämpfen lohnt?«, fragte Jan. »Viele große Völker, die nicht in Reichtum lebten, waren stolz genug auf ihre Nation, um diese gegen äußere Feinde zu verteidigen.«

Jan gefiel sich plötzlich in der Rolle des Theoretikers. Ob dies eine Folge der ausführlichen Gespräche mit dem Obersten war?

»Das mag sein«, entgegnete Asanin. »Aber diese Nationen hatten zuvor nicht vom süßen Nektar des Wohlstands und des wirtschaftlichen Erfolges gekostet. Wenn jemand nie im Luxus gelebt hat, kann er diesen nicht missen und somit trotzdem glücklich sein. Und kämpfen, wenn er von einem äußeren Feind bedroht wird. Wenn jemand aber erst einmal vom süßen kapitalistischen pseudodemokratischen System gekostet hat, wird er den Luxus irgendwann vermissen. Man kann dieses Verlangen eine Zeit lang überdecken. Mit Krisen, Drohnen und Terroranschlägen. Auch eine Mobilmachung der Truppen, wie sie nun an der Grenze zur Brigittenau erfolgt, kann uns sicherlich eine Zeit lang die Gunst der Bevölkerung sichern. Aber die Eskalationsstufe lässt sich nicht ins Unermessliche weiterdrehen, ohne irgendwann ...« Asanin stoppte mit seiner Erzählung abrupt, als sie an jener Seite des *O* angekommen waren, die dem Donaukanal und somit den Resten der Stadt Wien zugeneigt war. »Siehst du den Stephansdom?«, stellte Asanin eine rhetorische Frage. Selbst ein Sehbehinderter hätte gewusst, dass in dieser Richtung der Stephansdom, das Wahrzeichen der ehemaligen österreichischen Hauptstadt, liegen musste.

Jan nickte.

»Als das Dach des Kirchenschiffs in den letzten Kriegstagen des Jahres neunzehnhundertfünfundvierzig Feuer gefangen hatte, kamen Menschen aus allen Richtungen herbei, um beim Löschen des Brandes zu helfen. Bis die Lage so aussichtslos erschien und erste Dachteile zu Boden stürzten, dass ihr Tun keinen Sinn mehr hatte. Wer würde heutzutage dabei helfen, den Prater zu löschen? Wie viele Menschen würden das wohl tun?«

»Ich glaube, eine ganze Menge«, blieb Jan standhaft.

»Der Oberste wird die militärische Intervention gegen die Brigittenau in der kommenden Woche nicht überleben.«

Jan sah seinen Gesprächspartner mit weit aufgerissenen Augen an.

»Die Biografie, die du verfasst, wird ein Abschiedswerk für einen Staatsmann sein, der leider den richtigen Zeitpunkt für seine Abdankung verpasst hat. Und der als Teil seiner Armee im Kampf fallen wird. Ganz so, wie es sich für einen Staatsmann gehört. Anschließend wird ihm das Land zutiefst dankbar sein, es wird eine mehrtägige Staatstrauer geben. Und dann, mein lieber Kepler«, sagte Asanin und klopfte Jan jovial auf die Schulter, »braucht es jemanden, der diesem Land moralisch wieder auf die Beine hilft.« Asanin hätte nicht weitersprechen müssen. Jan war bewusst, was folgen würde.

»Und dieser jemand, das wirst du sein.«

»Darüber hast nicht du zu entscheiden«, schoss es aus Jan heraus.

»Über die Frage, wer das zu entscheiden hat, brauchst du dir keine Sorgen zu machen. Aber du kannst dir sicher sein, dass hinter dem neuen Führer unseres Landes eine sehr breite Koalition aus allen gesellschaftlichen Schichten und mit Unterstützung unseres wichtigsten Verbündeten im Ausland steht. Eine breite Koalition der Willigen, die es dir ermöglicht, aus diesem Land ein besseres Land zu machen. Und wer könnte dies glaubwürdiger vermitteln als du? Jemand, der sein Wichtigstes im Kampf für den Prater verloren hat? Der seine Familie hat ziehen lassen, der seinen Sohn verloren hat und trotzdem hiergeblieben ist, um diesem Land eine Zukunft zu geben.«

»Du spinnst«, entfuhr es Jan. Ihm fiel es schwer, die Sätze von Asanin mit dem ihnen zugrundeliegenden Inhalt noch ernst zu nehmen.

»Die Leute schauen zu dir auf«, sagte Asanin und kniff Jan in die Schulter.

Es war der mutmachende Handgriff eines Vaters, der seinen Sohn darin bestärkte, eine Herausforderung anzunehmen.

Eine breite Koalition hatte er hinter sich, dachte Jan, als er im Lift A nach unten sauste. Im Spiegel blickte er in seine noch immer weit aufgerissenen Augen. Präsident Reimann war also offensichtlich in die Pläne nicht nur eingeweiht, sondern unterstützte diese sogar. Was wurde hier für ein Spiel gespielt? Wer spielte dieses Spiel? Und warum hatte man ihn als den König schlagenden Bauern in dieses Spiel eingeplant?

Die Lifttür im Erdgeschoss musste bereits eine Weile offengestanden haben, als Jan von seinem verwunderten Spiegelbild schließlich ab- und den Aufzug verließ.

24 (DONNERSTAG)

Das Bett war groß. Viel zu groß. Zumindest für eine einzelne Person. Jan wusste nicht mehr, wie viele Tage es mittlerweile gewesen waren, in denen er allein in diesem Bett geschlafen hatte. Es konnten drei Tage, aber genauso gut drei Wochen gewesen sein. Zu viel war seither passiert. Mit ihm, Jan Kepler, dem Leiter der *Abteilung für direkte Wahrheit.* Aber genauso mit seinem Land, dem Prater. Auch wenn so gut wie niemand im Prater wusste, dass sich das Land verändert hatte.

Die Bettwäsche, in der Valerie bis zu ihrer Flucht geschlafen hatte, roch vertraut nach ihr. Wenn Jan den Kopfpolster genau unter die Lupe nahm, konnte er hier und da einzelne längliche Haare entdecken. Stumme Zeugen einer scheinbar längst vergangenen Zeit, in der die Welt der Familie Kepler in Ordnung zu sein schien. Zumindest die Welt des Jan Kepler war in Ordnung gewesen. Alles andere traute sich Jan nun nicht mehr mit absoluter Gewissheit einzuschätzen.

Jan wusste am Morgen dieses Tages nicht mehr so genau, wie oft er in der Nacht aufgewacht war. Er pendelte permanent zwischen Schlaf- und Wachzustand. Hatte er überhaupt geschlafen?

Jan schob die Bettdecke zur Seite und stellte den linken Fuß aus dem Bett. Er fühlte das weiche Schaffell, das Valerie und er gemeinsam in einem großen Möbelhaus gekauft hatten. Auch das schien Ewigkeiten her zu sein. Wie aus einer anderen Welt. So wie es keine Schaffell-Bettvorleger im Prater mehr zu kaufen gab, so gab es auch keine Valerie mehr im Prater. Und, viel schlimmer, es gab auch keinen Emil mehr.

Wenig später hatten seine Füße den wohlig kuscheligen Untergrund des Bettvorlegers gegen Schuhe und den regennassen Asphalt in der Rotensterngasse eingetauscht. Der Dauerregen hatte die zahlreichen Trauernden vertrieben. Zurück blieben nur ein Wachmann der Freiheitspolizei, den Jan mit einem müden »Unsere Kraft im Prater!« grüßte, sowie ein Meer aus Kerzen und Blumen. Jan ging das Lied eines englischen Sängers durch den Kopf, der den Soundtrack zum Tod von Lady Diana in den Neunzigerjahren des vergangenen Jahrhunderts geschrieben hatte. Er setzte seine Füße in Bewegung. Anstatt in der Praterstraße nach rechts zum T-Tower abzubiegen, ging Jan in die entgegengesetzte Richtung. Vorbei am Friseur mit der lila gekachelten Fassade und dem Zeitungsverkäufer Zlatko, dem er im Vorbeigehen eine Ausgabe der *Praterpost* abkaufte.

Dass seine Haare, nachdem er an seinem Ziel angekommen war, total nass waren, war Jan gar nicht aufgefallen. Erst als der Wachposten ihm ein Handtuch reichte, wurde ihm bewusst, wie sehr ihm der Regen auf der zwei Kilometer langen Strecke von der Rotensterngasse zugesetzt hatte. Jan bedankte sich und nahm das blaue Handtuch entgegen.

»Das hört wohl nicht mehr so schnell mit dem Regen auf«, sagte der junge Soldat.

Dieser wusste natürlich, welcher Prominente hier vor ihm stand. Aufmerksam musterte er Jan, während dieser sich mit dem Handtuch die Haare trocken rubbelte.

Der Soldat wartete vergeblich auf eine Antwort. Jan war in Gedanken so sehr auf sein Vorhaben konzentriert, dass er die Frage gar nicht mitbekommen hatte. Der Wachposten öffnete die grün-blau-rote Schranke und ließ Jan passieren. Kurz darauf fand sich Jan in einem weitläufigen Kasernenhof wieder. Es herrschte geschäftiges Treiben. Soldaten und

Angehörige der Freiheitspolizei liefen durcheinander, transportieren Munitionskisten und andere Ausrüstungsgegenstände von einem Ort zum anderen. Die sprichwörtliche Gemütlichkeit, die man dem Wien von früher nachgesagt hatte, war hier definitiv nicht zu spüren. Hier bereiteten sich die Verteidiger des Praters auf den Ernstfall vor, von dem manche hofften, dass er niemals eintreten würde. Und von dem Jan ganz genau wusste, dass er schon sehr bald kommen würde. Das Volk war zu zermürbt und ausgelaugt, es musste ein reinigendes Gewitter aufziehen und Platz für etwas Neues machen. Als Jan sich entschloss, das Kommandogebäude zu betreten, waren seine Haare erneut waschelnass.

»Ich muss erst nachfragen, ob der Herr Kommandant Zeit hat«, sagte die Vorzimmerdame zu Jan. »Immerhin hast du ja keinen Termin.«

Ihren vorwurfsvollen Blick registrierte Jan, doch er kümmerte ihn nicht. Zu sehr war er auf sein Vorhaben fokussiert, als dass er sich durch die Mimositäten einer einfachen Angestellten hätte ablenken lassen.

Die Frau erhob sich von ihrem Schreibtischsessel, umrundete ihren Schreibtisch und Jan Kepler und klopfte vorsichtig, aber dennoch gut hörbar an die große grüne Flügeltür aus Holz. Hinter dieser verbargen sich die Amtsräumlichkeiten des frischgebackenen Anführers der Freiheitspolizei. Jan kannte die Räume hier recht gut, schon öfter war er hier gewesen, um Siegbert Reicher seine Aufwartung zu machen. Noch nie war er jedoch hier gewesen, um Alfred Hirscher zu treffen. Und noch nie hatte er sich je zuvor mit einem derart delikaten Anliegen eingefunden.

»Bitte sehr, der Herr Kommandant empfängt dich.«

Jan schritt durch die halb geöffnete Tür.

»Der Herr Kepler!«, rief ihm Alfred Hirscher entgegen. Der großgewachsene Mann, dessen angegraute Haare zu einem ordentlichen Seitenscheitel gekämmt waren, kam auf Jan zu. Die legere Kleidung, die auch Hirscher in den vergangenen Jahren demonstrativ getragen hatte, als er noch einfaches Mitglied des Führungspersonals der Freiheitspolizei gewesen war, hatte er gegen eine Uniform eingetauscht. Er begrüßte Jan wie der Großvater sein lange nicht mehr gesehenes Enkerl. Jan hatte das Gefühl, dass diese Gefühlsregungen tatsächlich von Herzen kamen. Ihm nahm Jan den gutmütigen Großvater ab. Ein Großvater, der, wenn man ihn reizte, jedoch auch ganz andere Saiten aufziehen konnte.

»Auch wenn wir gerade alle Hände voll zu tun haben, ist es mir natürlich eine große Ehre, dich begrüßen zu dürfen. Wie geht es dir?«

»Die Umstände waren schon mal besser«, antwortete Jan, während er sich auf einen mit grünem Stoff überzogenen Sessel mit geschwungenen Armlehnen aus dunklem Holz setzte. »Aber ich hoffe, dass sich die Anteilnahme wegen Valerie und Emil bald legt. Es reicht dann auch irgendwann mal.«

»Das glaube ich dir nur zu gern. Was führt dich zu mir?«

Hirscher kam schnell zum Punkt, was Jan in diesem Moment ganz und gar nicht unrecht war.

»Alfred, du musst mir einen Gefallen tun. Du weißt, dass du dir meiner Unterstützung immer sicher sein konntest. Nicht zuletzt, als es darum ging, Siegbert Reicher aus dem Amt zu räumen.«

»Dessen bin ich mir natürlich bewusst, keine Frage. Dass du das hier nun erwähnst, macht mir aber Sorgen.« Hirscher runzelte die Stirn, es tat sich darauf ein sanftes Wechselspiel zwischen Tal und Berg auf. »Besteht Grund zur Sorge?«, fragte er.

»Nicht wegen mir, nein«, antwortete Jan. »Ich möchte dich bitten, dass du mir einen Platz im Ersten Verteidigungskorps verschaffst.«

Das liebliche Alpenvorland auf Hirschers Stirn verwandelte sich in Sekundenschnelle in ein Schrecken einjagendes Gletschermassiv.

»Das ist nicht dein Ernst«, schoss es aus Hirscher heraus. Er richtete sich kerzengerade in seinem Sessel auf. »Das Erste Verteidigungskorps liegt in den Stellungen an der Innstraße ganz vorne. Von denen werden nicht viele den Angriff am Mittwoch überleben. Das kommt nicht infrage!«, empörte sich Hirscher. »Ganz und gar ausgeschlossen ist das!«

»Alfred, überleg doch mal«, sagte Jan mit ruhiger Stimme.

Hirschers Reaktion traf ihn nicht unvorbereitet. Mit einem Mal kam sich Jan vor wie Valerie, als sie ihn damals im *Bayerischen Hof* zum letzten Mal zu ihrem Komplizen hatte machen wollen.

»Was würde es für die Moral der Truppen bedeuten, wenn ausgerechnet ich einer von ihnen wäre? Wenn sie nicht das Gefühl haben müssten, wie du schon sagst, Kanonenfutter zu sein? Sondern wenn da jemand unter ihnen wäre, der ihnen Kraft und Mut verleiht? Und bedenke, welchen Wert es für den Prater hätte, wenn ich tatsächlich im Kampf fallen sollte?«

»Das kommt gar nicht infrage!«, unterbrach Hirscher Jan mit lauter Stimme. Er stand auf und marschierte in aufgeregten Schritten durch das Zimmer. Jan folgte ihm mit seinen Augen. An den Wänden hingen die in Ölfarben angefertigten Porträts ehemaliger österreichisch-ungarischer Heerführer. Über allen zierte ein Bild des Obersten die Wand. »Wie kommst du denn nur auf so einen abwegigen Gedanken? Und wie kommst du allen Ernstes auf die Idee, dass ich das tatsächlich genehmigen würde?«

»Weil ich keine andere Wahl habe«, sagte Jan.

»So ein Blödsinn! Man hat immer eine andere Wahl, nichts ist vorherbestimmt! Erinnerst du dich, wie diese Kaserne in den Zeiten der Monarchie und der Pseudodemokratie geheißen hat?«

»Erzherzog-Albrecht-Kaserne«, antwortete Jan. »Aber was hat ein Feldmarschall der Monarchie mit mir zu tun?«

»Besagter Namenspatron, Albrecht von Österreich-Teschen, war im Jahr der Revolution 1848 für den Schießbefehl der kaiserlichen Truppen auf das demonstrierende Volk verantwortlich. Hätte er damals eine andere Wahl gehabt?«

»Findest du nicht, dass der Vergleich etwas hinkt? Ich bin kein Mitglied der k.u.k. Armee und es geht auch nicht darum, dass ich einen Schießbefehl auf Demonstranten geben soll oder nicht.«

»Nein, viel schlimmer. Du verlangst von mir einen Schießbefehl gegen dein eigenes Leben. Und diesen kann ich dir unmöglich erteilen.«

»Du kannst mir nicht verbieten, dass ich mich freiwillig melde. Und dank meiner Tätigkeit in der *Abteilung für direkte Wahrheit* kann ich meinem Ansinnen auch den nötigen Nachdruck verleihen. Das weißt du ganz genau. Such es dir aus. Entweder du lässt dich vom Volk für die Entscheidung, mich in das Erste Verteidigungskorps aufzunehmen, feiern. Oder du stellst dich ihm entgegen. Genauso wie es damals Erzherzog Albrecht tat.«

Jan erhob sich von seinem Sessel und ging auf Alfred Hirscher zu.

»Es ist deine Entscheidung«, sagte Jan und verließ den Raum.

Das vierte und letzte Interview mit dem Obersten war für diesen Donnerstagvormittag angesetzt. Beim Gedanken daran, dem Obersten gegenüberzusitzen, beschlich Jan ein mulmiges Gefühl. Seit ihrem letzten Gespräch hatte ihn seine Frau verlassen, sein Sohn war zu Tode gekommen und er war zum Mitwisser einer Verschwörung gegen seinen Interviewpartner geworden. All das in nur wenigen Tagen. Und Jan wusste, als er auf seinem Weg zum Konstantinhügel die Hauptallee entlangschlenderte, bereits, dass es niemals dazu kommen würde, dass er die Biografie des Obersten tatsächlich schrieb. Was ihm noch wenige Wochen zuvor wie der Höhepunkt seiner Karriere vorgekommen war, besaß nun keinen Wert mehr für ihn. Es war ein reiner Akt der Pflichterfüllung, dass Jan auch diesen letzten Gesprächstermin mit dem Obersten noch wahrnahm. Und es konnte gar kein anderes Thema geben als das Verhältnis des Praters zu seinen Nachbarn und die Aussichten auf den anstehenden großen reinigenden Konflikt.

Der Konstantinhügel war eine im Vergleich zum Wienerwald winzige Erhebung am Rande der Hauptallee im Prater, die nach einem der Bauleiter der Weltausstellung von 1873 benannt worden war. Der Hügel machte vielleicht sieben oder acht Meter aus. Doch dieser Höhenunterschied reichte aus, um den Konstantinhügel zur höchsten natürlichen Erhebung des Praters zu machen. Nicht weit entfernt von hier befand sich mit dem Piz Jesuit die zweithöchste Erhebung, auf der im Winter die Skirennen durchgeführt wurden. Um die Strecke abfahrtstauglich zu machen, war ein Jahr zuvor die Jesuitenwiese, die sich weitläufig am Fuße des Piz Jesuit erstreckte, in einem Dreißig-Grad-Winkel abgetragen worden. Dadurch ergab sich eine großteils unter Bodenniveau verlaufende Abfahrtspiste, die den Vergleich mit dem

Semmering im fernen Niederösterreich nicht zu scheuen brauchte.

Der Konstantinhügel mit dem dort wiedererrichteten Kaffeehaus gehörte bekannterweise zu den Lieblingsorten des Obersten im Prater. Diesen Ort hatte er während seiner Kindheit mit seiner Großmutter oftmals besucht, die sich fürsorglich um ihn gekümmert und deswegen posthum den Orden *Große des Praters* erhalten hatte. Es war ihr Lieblingscafé gewesen, bis es im Jahre 1977 ein Opfer der Flammen geworden war. In der modernen Geschichtsschreibung des Praters war dies völlig zu Recht als Anschlag der Wiener Zentralregierung auf die Unabhängigkeit des Praters und als hinterhältiger Beitrag zur Zerstörung der Lebensgrundlagen im Prater gebrandmarkt worden. Genauso wie die zahlreichen Industrieabsiedlungen und der Brand in der Rotunde 1937. »Geriet im Prater etwas in Brand, war es meist die Wiener Hand«, lautete ein geflügeltes Sprichwort, das schon die Kinder in den Schulen des Praters lernten.

Nach dem Aufstieg des Obersten und seiner Bewegung machte man sich also daran, das historische Erbe des Praters wieder auferstehen zu lassen. Und auch hier, am Konstantinhügel, gelang es, die Vergangenheit in all ihrer Glorie und Schönheit wieder aufleben zu lassen. Zum Wohle des Volkes im Prater.

An diesem Donnerstag aber war weit und breit kein Volk zu sehen. Selbst wenn es den einen oder anderen Freizeitwütigen hierher verschlagen hätte, er wäre von den Beamten der Freiheitspolizei abgewiesen worden, denn natürlich musste dieses Interview in einem ungestörten und vor allem sicheren Rahmen geführt werden können.

Das Café auf dem Konstantinhügel war in einem kleinen zweistöckigen Gebäude im Stil des Historismus von einem

Unternehmen der Firmengruppe von Igor Asanin errichtet worden. Jan ging zur Talstation der Seilbahn, deren Gondeln im Minutentakt sanft schwebend auf und ab glitten. Die Fahrt dauerte nur rund eine halbe Minute, und doch war auch diese moderne Seilbahn ein Zeichen für den Aufschwung des Praters, der das Land auf eine Ebene mit den großen urbanen Metropolen dieses Erdballs stellte. Jan hatte das große Seilbahneröffnungsfest noch gut in Erinnerung, als fast die gesamte Bevölkerung in den Prater geströmt war. Henry Praterlier hatte die Bevölkerung m Rahmen eines Open-Airs mit einem bunten Mix aus melodiösen Heimatliedern unterhalten. Die Veranstaltung war bereits Monate im Vorhinein ausverkauft gewesen.

Bei der direkt neben dem Café gelegenen Bergstation wurde Jan bereits von einem Adjutanten des Obersten in Empfang genommen.

»Unsere Kraft im Prater! Wir benötigen noch einen Augenblick, aber du kannst bereits im Turmzimmer Platz nehmen«, sagte er zu Jan und bedeutete ihm den Weg zum Eingang des Cafés.

Das Innere des Kaffeehauses erinnerte Jan an vergleichbare Orte wie das Lusthaus oder den Kaiserpavillon im *IHT*, dem *Internationalen Hietzinger Tiergarten*. Stilvoll standen mehrere Tische mit schwarz-weißen Marmorplatten sowie nüchterne Holzsessel im ganzen Raum verteilt. In einer Ecke befand sich die Kuchentheke, hinter der die Zapfanlage und Getränke bereitstanden. Doch wo sonst emsige Betriebsamkeit herrschte, schoben an diesem Tag lediglich zwei Beamte der Leibgarde des Obersten Wache.

Jan ging auf einen von ihnen zu, der den Aufgang in den ersten Stock bewachte.

Neunzehn Stufen später stand er in dem rund acht Quadratmeter großen quadratischen Turmzimmerchen. Jeweils ein Fenster gab einen phantastischen Blick in eine der vier Himmelsrichtungen preis. Richtung Süden war die gigantische Skianlage der Jesuitenwiese zu sehen, die während der Sommermonate als Erdäpfelacker genutzt wurde. Es würde nicht mehr lange dauern, und bald würden die Kunstschneeanlagen dafür sorgen, dass sich der Prater wieder zum Mekka für Skifahrer wandeln würde. Gen Osten waren die Schornsteine zu sehen, die die zahlreichen neuen Fabriken am Rande des Freudenauer Hafens markierten. Keiner dieser Schlote spie an diesem Vormittag Rauch aus. Wahrscheinlich eine Folge des ungerechten internationalen Handelsembargos gegen den Prater. Der Blick nach Norden, ins Gebiet der Danubier, blieb durch zähen Nebel verborgen. Nach Westen hingegen war freie Sicht bis zum Wienerwald. Wäre es bereits Abend gewesen, hätte er die leuchtenden Bodenscheinwerfer sehen können, die die Grenze zur Brigittenau markierten.

In der Mitte des kleinen Raumes standen ein rechteckiger Tisch und ein Sessel. Dieser war für Jan reserviert. An der anderen Seite befand sich ein kleines, rollbares Tischchen, auf dem der Jan bereits bekannte schwarze Plasmafernseher stand. Noch war der Bildschirm schwarz, aber es würde nicht lange dauern, bis die Übertragung aus dem Kommandoversteck des Obersten beginnen würde.

Und tatsächlich, kurz nachdem Jan Platz genommen und Block sowie Stift auf den Tisch gelegt hatte, begann es auf dem Bildschirm vor ihm sich zu kräuseln. Millionen schwarzer und weißer Punkte rieselten über den Schirm. Jan hatte das zuletzt in seiner Kindheit gesehen, auf dem alten Röhrenfernseher seiner Eltern.

Das Rieseln wurde plötzlich von einem monotonen grauen Bild abgelöst, in dessen Mitte ein grauer Smiley erschien.

Es war kein starrer Smiley, der Jan nun anblickte. Er schien vielmehr in der Luft zu schweben. Mal schob er sich ein bisschen nach links, dann sackte er ein wenig ab, um anschließend wieder etwas nach oben zu gleiten. Und stets lächelte er Jan dabei an.

Ein freundliches Testbild, dachte sich Jan, als der Smiley mit ihm zu sprechen begann. Banale Sätze à la »Schön dich zu sehen« oder »Wie geht es dir?« sprudelten nun in einer Tour aus dem Smiley heraus. Die Stimme, daran bestand kein Zweifel, war jene des Obersten. Das seltsame Schauspiel endete abrupt, als plötzlich im ganzen Gebäude der Strom ausfiel. Der Fernseher schaltete sich automatisch aus, genauso wie der Kronleuchter an der Decke des Turmzimmers und die grüne Lampe, die auf den Notausgang im Erdgeschoss verwies.

»Alles in Ordnung, geht gleich wieder weiter«, hörte Jan jemanden von unten heraufschreien.

Und in der Tat, wenige Sekunden später kehrte der Strom zurück.

»Schön dich zu sehen. Wie geht es dir?«, hörte Jan nun erneut die Stimme des Obersten.

Dieses Mal allerdings passten Bild und Ton zusammen. Das Gesicht des Obersten erschien auf dem Bildschirm und alles schien so, wie es scheinen sollte.

»Du wirkst verändert«, sagte der Oberste, nachdem Jan von den Tagen seit dem Verschwinden von Valerie und dem Tod von Emil berichtet hatte.

Was war das für eine seltsame Feststellung. Jan war irritiert. Hatte der Oberste Wind davon bekommen, dass Asanin ihm tags zuvor das Angebot unterbreitet hatte, ihm nachzufolgen? Gab es einen Maulwurf bei Asanin, der diese Information weitergetragen hatte? Hatte sich Alfred Hirscher hilfesuchend an ihn gewandt? Oder war es gar diese seltsame Frau Rosen? Egal wie es tatsächlich war, Jan würde all diesen im Hintergrund laufenden Spielchen mit seinem Vorhaben ein Schnippchen schlagen.

»Die vergangenen Tage waren einfach sehr anstrengend, verzeihen Sie«, antwortete Jan. »Wenn Sie mögen, können wir aber gerne mit den vorbereiteten Fragen starten.«

Der Oberste stimmte zu. Jan las die erste Frage laut vor.

»Nach den jüngsten Ereignissen ist die Spannung im Prater und in der Umgebung deutlich zu spüren. Als wie groß schätzen Sie aktuell die Gefahr eines bewaffneten Konflikts mit der Brigittenau ein?«

»Es liegt nicht in unserem Interesse, mutwillig einen Krieg heraufzubeschwören«, antwortete der Oberste. »Aber wir werden uns natürlich zur Wehr setzen, wenn wir das Gefühl haben, angegriffen zu werden.«

»Haben Sie aktuell das Gefühl?«, hakte Jan nach.

»Absolut. Man braucht keine Fakten oder Geheimdienstinformationen, um zu sehen, dass es die Brigittenau gemeinsam mit ihren Verbündeten darauf angelegt hat, den Prater und seine Bewohner zu destabilisieren. Der Terroranschlag auf Roland Bergmeister, der Tod eines unschuldigen Jungen an der Grenzstation Innstraße und all die anderen Zwischenfälle mit Drohnen und Anschlägen zeigen ganz deutlich, dass wir uns eigentlich schon jetzt in einem bewaffneten Konflikt gegenüberstehen. Die Frage ist nur, wann der Zeitpunkt gekommen sein wird, aus unserem Verteidigungsmodus umzuschalten.«

»Umschalten? Auf was?«

»Auf die uns rechtlich zustehende Präventivverteidigung. Kein Volk der Welt schaut seelenruhig dabei zu, wie die eigene Unabhängigkeit immer mehr von externen Faktoren infrage gestellt wird. Dieses Recht steht auch und insbesondere den Bewohnerinnen und Bewohnern des Praters zu.«

So weit, so richtig. Die inhaltlichen Bewertungen des Obersten machten für Jan nach wie vor Sinn.

»Wie bewerten Sie die zunehmend schwierige Situation der Mariahilfer Minderheit? Es hat sich als problematisch herausgestellt, dass die Integration dieser Gruppe offensichtlich nicht so weit fortgeschritten ist, wie viele im Prater es erhofft hatten.«

»Da muss ich dir leider recht geben. Die Mariahilfer scheinen als gesamte Gruppe unsere Hilfe zur Integration nicht annehmen und lieber unter sich bleiben zu wollen. Dieses Verhalten kann, das haben wir in Zeiten der Pseudodemokratie gesehen, zu gewaltigen Problemen für die gesamte Bevölkerung führen. Wir müssen daher frühzeitig auf Signale reagieren und Gegenmaßnahmen durchführen.«

»Wie könnten diese Maßnahmen aussehen?«

»Es gibt eigentlich nur ein Mittel, die Ausweisung der betroffenen Subjekte aus dem Prater. Wenn sie sich hier nicht integrieren wollen, dann wollen sie offensichtlich lieber in ihrer angestammten Heimat leben. Diesem Wunsch kommen wir gerne nach, indem wir Sammeltransporte über den Donaukanal organisieren. Ich habe den Sicherheitsbeauftragten der Freiheitspolizei bereits damit betraut, entsprechende Vorerhebungen zur Ausweisung durchzuführen.«

»Aber es handelt sich doch um Staatsbürger des Praters. Rechnen Sie nicht mit einem Aufschrei der internationalen Gemeinschaft?«

»Es gab schon so unendlich viele Aufschreie der vermeintlichen internationalen Gemeinschaft. Und doch haben sich viele unserer Maßnahmen im Nachhinein als richtig erwiesen. Unser Umgang mit den Danubiern wird mittlerweile von anderen Bezirken wertgeschätzt. Genauso wie unser Wehrdienstmodell sowie die Erfassung aller Bewegungen und Handlungen in der Öffentlichkeit mittels Drohnen. Überall hieß es, wir würden die Rechte unserer Bevölkerung einschränken. Kurz darauf aber folgten andere unserem Beispiel. Wenn wir also jetzt Mariahilfer ausweisen, die sich nachweislich nicht integrieren wollen, wird das bald auch in anderen Wiener Stadtstaaten geschehen. Und zugleich eine Warnung an alle anderen Migranten sein, sich besser zu integrieren.«

»Vor drei Wochen noch war mit Magda Waldsee die Vorsitzende des Mariahilfer Komitees inmitten der Angehörigen der Führung des Praters auf der Festtribüne am Riesenradplatz zu sehen. Was ist seither passiert?«

»Nein, auch die Warnungen des Wiener Sicherheitsrates ändern nichts daran. Wir haben mit Simmering einen mächtigen Verbündeten, der jederzeit sein Veto dort einbringen wird, wo die Interessen des Praters gefährdet sind.«

Diese Antwort passte nicht zu seiner Frage. Gewiss, Jan war mit seiner Nachfrage vom vorgesehenen Interviewfaden abgekommen. Etwas, das sonst nicht passierte. Aber ihm erschien die Frage notwendig, um den Bürgern des Praters den Wandel in den Beziehungen zur Mariahilfer Minderheit näherbringen zu können.

Jan entschied sich dafür, die Frage nochmals zu stellen. Vielleicht hatte die Leitung durch den kurzfristigen Stromausfall Schaden genommen.

»Ich danke dir für die Frage, denn das liegt mir wirklich am Herzen«, antwortete der Oberste.

Offensichtlich hatte es tatsächlich technische Schwierigkeiten gegeben. Jan war beruhigt, dass nun alles wieder seinen erwarteten Gang nehmen würde.

»In der Tat sehe ich die Zukunft des Praters weitaus weniger pessimistisch, als dies internationale Medien versuchen zu suggerieren. Selbst für den Fall, dass es zu einem Waffengang gegen die Brigittenau kommen sollte, bin ich überzeugt davon, dass der Prater siegreich und gestärkt aus der Situation hervorgehen wird. Auch hier kann ich nur wieder auf unseren Bündnispartner aus Simmering verweisen. Unsere Armee ist auf dem neuesten Stand der Technik, unsere Soldaten sind topmotiviert. Sollte die Brigittenau uns einen Verteidigungskrieg aufzwingen, werden wir die entsprechende Reaktion zeigen.«

Jan sah irritiert auf den vor ihm auf dem Tisch liegenden Zettel. Die Antwort des Obersten passte hervorragend zu einer der Fragen, die zu einem späteren Zeitpunkt drangekommen wäre. Doch sie passte ganz offensichtlich nicht zu jener, die Jan abermals gestellt hatte.

Das Gesicht des Obersten sah Jan geduldig und gutmütig an. So verharrten beide einige Sekunden, indem sie sich gegenseitig in die Augen sahen. Der Oberste blickte in ein verdutztes Gesicht, das händeringend nach einer Erklärung suchte. Jan blickte in ein freundliches Gesicht, das auf die nächste von ihm gestellte Frage wartete. Warum nur kam es Jan so vor, dass es ganz egal war, welche Fragen er stellte?

Jan wusste, dass alles, was in diesem Raum gesagt wurde, audiovisuell dokumentiert wurde. Er hätte sich selbst in Gefahr gebracht, wenn er eine zu offensichtliche Scherzfrage gestellt hätte, mit der er hätte herausfinden können, ob der Oberste lediglich auf die vorab übermittelten Fragen vorbereitet worden war.

Also fuhr er einfach mit der, laut Interviewfaden, nächsten regulären Frage fort und spulte das Interview routiniert bis zum Ende ab.

Als Jan die Hauptallee im Prater in Richtung Praterstern ging, schossen die Gedanken quer durch seinen Kopf. Wenn er es recht überlegte, hatte er den Obersten noch nie zuvor im realen Leben gesehen. Also in der tatsächlichen, von Bildschirmen losgelösten Realität. Er war nie in voller Lebensgröße vor oder neben ihm gestanden. Nie war er bei einer Ansprache auf einem Podest leibhaftig zu sehen gewesen. Stets war aus Sicherheitsgründen, aus Angst vor Anschlägen, lediglich sein Gesicht auf Leinwänden oder Bildschirmen zu sehen. Jan wusste eigentlich gar nicht, welche Statur der Oberste hatte. War er dick, war er dünn? Hatte er nur ein Bein oder saß er gar im Rollstuhl? Was, wenn es den Obersten gar nicht gab? Wenn alles nur fake war? Ein Fake, den sich Asanin und ein kleiner Kreis von Eingeweihten ausgedacht hatten, um sich selbst bezüglich der getroffenen Entscheidungen aus der Schusslinie zu nehmen? Ein Fake, der nun enden sollte, indem er, der echte Jan Kepler, dem virtuellen Obersten nachfolgen sollte? So, wie es Asanin tags zuvor vorgeschlagen hatte. Weil sich die Bürger des Praters nach einer echten Person sehnten? Nach jemandem mit echten Gefühlen, jemandem, dessen Geschichte und dessen Leid sie kannten.

»Pass doch auf, du Idiot!«, schrie auf einmal ein Radfahrer von der Seite, dem Jan fast ins Rad gelaufen wäre.

Es folgte eine Vollbremsung, bei der der Radfahrer seine liebe Not hatte, nicht vom Fahrrad zu fallen. Jan bereitete sich bereits auf eine verbale Auseinandersetzung mit dem Mann vor, als sich das Gespräch in eine ganz andere Richtung entwickelte.

»Verzeihen Sie, ich konnte ja nicht wissen, dass Sie das sind«, sagte der Radfahrer, der nun von seinem Drahtesel abgestiegen war und Jan an seinem Oberarm berührte. »Ist alles in Ordnung, habe ich Sie irgendwie mit dem Rad erwischt?«

»Der Notarzt ist bereits auf dem Weg zu Ihnen. Bewahren Sie Ruhe«, hörten beide die automatisierte Stimme aus dem Saiger, den der Radfahrer am Handgelenk trug.

»Ist nicht notwendig«, sagte Jan mit fester Stimme.

»Bitte identifizieren Sie sich für diesen manuellen Eingriff in das automatische Notsystem«, gab sich die Stimme störrisch.

Der Radfahrer wusste nicht, wie ihm geschah. Noch nie zuvor hatte er erlebt, dass der Saiger auf Widerspruch reagiert hätte.

»Kepler, 216, Code 4B18.«

»Vielen Dank, Jan Kepler. Der Notarzt wurde deaktiviert.«

Staunend blickte der Radfahrer Jan ins Gesicht. Der Radler hatte ihn beim Zusammenstoß zuvor nicht einmal annähernd körperlich berührt. Und trotzdem behandelte er Jan in dieser Situation so, als ob er ihn frontal und mutwillig über den Haufen gefahren hätte.

»Alles gut«, antwortete Jan schließlich. »Es ist nichts passiert.«

Er musste sich noch zwei weitere Male wiederholen, bis der Radfahrer ihm tatsächlich Glauben schenkte und wieder von ihm abließ.

Ein Mitarbeiter der *Abteilung für direkte Wahrheit*, der von Passanten wie ein Heiliger verehrt wurde. Der gesiezt wurde. So jemand war es also, den Asanin und seine Clique als Nachfolger für den Obersten im Sinn hatten.

Jan musste handeln. Und zwar schnell.

Bevor er im T-Tower mit dem Aufzug in sein Büro fuhr, drückte Jan im Lift die Taste mit der Acht. Neben dem nun hell erleuchteten Knopf befand sich ein kleiner weißer Aufkleber, auf dem das grün-blau-rote Logo von *PraterTV* zu sehen war.

Jan ahnte, dass die Menschen im Aufzug wussten, mit welchem Prominenten sie sich die Liftkabine teilten. Schließlich war auch an diesem Morgen wieder fast die komplette Ausgabe der *Praterpost* seinem Schicksal und dem für den folgenden Tag angesetzten symbolischen Begräbnis seines Sohnes gewidmet. Auf den hinteren Seiten erhielten die Leser, nachdem sie zuvor von Jans Schicksal emotionalisiert und aufgewühlt worden waren, auch gleich die passenden Schuldigen serviert: die Brigittenau und ihre Präsidentin.

Als sich die Aufzugstüren im achten Stock auseinanderschoben, stürmte Jan in die Empfangshalle von *PraterTV*. Ohne sich anzumelden, ging er schnellen Schrittes an den Schreibtischen und Aufnahmeräumen entlang zum Büro von Chefredakteurin Miroslava Patak.

»Du kommst heute aber spät«, sagte die dunkelhaarige Frau, als sie überrascht aufsah und Jan in der Tür stehend erblickte.

»Tut mir leid, die letzten Tage ging es echt drunter und drüber.«

»Das glaube ich dir gern. Wenn ich irgendwas für dich tun kann …«, sagte Patak, doch Jan ließ sie ihr Hilfsangebot erst gar nicht zu Ende aussprechen. Er war bereits weitergegangen, den Gang entlang, bis zu jenem Studio, aus dem er hin und wieder die Falschmeldungen des Auslands zu kommentieren pflegte. Jan verharrte einige Sekunden vor der Tür und starrte das blau-rote Schild mit dem Schriftzug seiner Abteilung an. *Aufnahmeraum Abteilung für direkte Wahrheit.* Blauer Hintergrund, rote Schrift. Jan atmete einmal tief durch, hörte seinem Herz beim Schlagen zu und drückte die Türklinke hinunter. Er betrat den Raum, schloss die Tür hinter sich und drehte den Schlüssel zweimal im Schloss um.

Die analoge Uhr über dem Türeingang bedeutete ihm, dass er noch drei Minuten hatte, bevor die Sendung on air gehen und sein Gesicht auf dem Display von hunderttausend Saigern im ganzen Prater erscheinen lassen würde. Hastig zog er die Jogginghose und das T-Shirt an, beide Kleidungsstücke hatten zuvor bereits frisch gebügelt auf einem Garderobenständer auf ihn gewartet. Der Teleprompter wurde vom Regieraum nebenan gestartet. Über der Kamera war bereits sein Bild auf dem Kontrollbildschirm zu sehen. Jan nutzte die Gelegenheit, um sein Gesicht zu betrachten. Saß der Scheitel? Hatte sich ein Pickel in sein Gesicht verirrt? Er machte einige Sprechübungen, um seiner Stimme die notwendige Deutlichkeit zu verleihen.

»Alles bereit?«, fragte eine männliche Stimme aus dem Regieraum.

»Alles bereit!«, sagte Jan laut und deutlich.

»Fünf, vier, drei, zwei, eins, und los«, zählte die Stimme aus den Lautsprechern den Countdown runter.

Jan wartete wie immer die Sekundenpause und die Signation ab. Erneut holte er tief Luft.

»Unsere Kraft im Prater!«, sagte Jan. Und sah zum letzten Mal an diesem Abend auf jenen Text, der langsam von unten nach oben über den Teleprompter lief.

Jan hatte die hektischen Schritte auf dem Gang bereits gehört, während er seinen Text in die Kamera gesprochen hatte. Mehrfach war versucht worden, die Tür zu öffnen. Im Augenwinkel hatte Jan in regelmäßigen Abständen gesehen, dass das längliche silberne Stückchen Metall hektisch auf- und abwanderte.

Als die halbe Stunde absolviert war, brachte Jan die vor ihm auf dem Tisch liegenden A4-Blätter in Reih und Glied. Er zog das T-Shirt und die Jogginghose aus und schlüpfte anschließend in Jeans, Hemd und Jackett. Jan nahm vor der Tür Aufstellung, ergriff mit der rechten Hand den Schlüssel und drehte ihn ganz entspannt zweimal nach links. Die Türklinke wurde von außen heruntergedrückt, die Türe öffnete sich und aufgeregte Hände griffen nach Jan.

»Einfach absolut unverantwortlich!«, schrie Alfred Hirscher ihn an. Der Führer der Freiheitspolizei war während der dreißig Minuten dauernden Sendung von der Kaserne in der Vorgartenstraße in den T-Tower gekommen, um Jan in den Räumlichkeiten des Sicherheitsdienstes im ersten Stock zur Sau zu machen. Jan hörte die Worte gar nicht. Zumindest deren Bedeutung drang nicht bis in sein Hirn durch. Er ließ die Schimpftiraden des ihm eigentlich wohlgesonnenen Führers der Freiheitspolizei über sich ergehen und sah ihm dabei gleichmütig ins Gesicht. »Wie kannst du in deiner Sendung eigenmächtig verlautbaren, dass du dich dem Ersten Verteidigungskorps anschließt und dass das alles schon fixiert ist?«

»Du hast mir keine andere Wahl gelassen«, sagte Jan, als Hirscher fertig war. »Mein Entschluss stand fest, als ich bei dir im Büro war. Und er steht jetzt genauso fest. Ich melde mich freiwillig zum Ersten Verteidigungskorps. Und ich habe es als meine Pflicht gegenüber den Bürgern des Praters angesehen, ihnen dies direkt mitzuteilen.«

»Aber das kannst du nicht machen! Woher nimmst du dir verdammt noch mal das Recht für dieses eigenmächtige Vorgehen?«

»Dieses Recht steht mir moralisch zu«, sagte Jan.

»Ach komm mir doch nicht mit Moral! Wahrscheinlich folgen gleich noch irgendwelche anderen hochtrabenden Begriffe, mit denen sich die pseudodemokratischen Regierungen jahrzehntelang an der Macht gehalten haben. Moral muss man sich leisten können, Jan! Und das kannst du genauso wenig, wie es die Vertreter der Pseudodemokratie konnten!«

»Ich erachte dieses Gespräch jetzt für beendet. Mein Entschluss steht fest. Ich habe diesen dem Volk mitgeteilt. Es gibt nichts mehr zu besprechen.«

Jan erhob sich von seinem Sessel und verließ, an Hirscher vorbei, den Raum. Er marschierte mit entschlossenen Schritten durch die große Eingangshalle, vorbei am Portier. Dieser konnte sich nicht zu einer Verabschiedung durchringen. Er saß einfach nur hinter seinem Pult und lugte neben der Blumenvase vorbei zu Jan. Er folgte ihm mit seinen Augen, bis Jan das Gebäude durch die Sicherheitsschleuse und die Drehtür verlassen hatte.

Die untergehende Sonne blinzelte in Jans Gesicht, als er die drei Stufen genommen hatte und auf dem Gehsteig der Taborstraße innehielt. Er sah hinauf zum E-Tower, in dessen Fassade sich der von der Sonne hell erleuchtete T-Tower spiegelte. Er musste seine Augen zukneifen, weil er so lange schon kein Sonnenlicht mehr gesehen hatte. Er überlegte, was nun wohl mit ihm passieren würde. Ob in seiner Wohnung schon die Freiheitspolizei warten würde, um ihn abzuführen? Ob ihn die Häscher schon auf dem Weg nach Hause abfangen und verschwinden lassen würden?

Auf der anderen Seite der Straße, direkt am Fuße des E-Towers, sah Jan diese seltsame Frau Rosen. Die rundliche Frau sah mit einem gutmütigen Blick zu Jan hinüber. Er ging auf sie zu.

»Das war eine weise Entscheidung«, sagte Rosen zu Jan und nahm seine Hand.

Jan blickte verwundert nach unten. Es war kein Händeschütteln, keine flüchtige Berührung. Sie hielt seine Hand mit festem Griff. So wie neulich, als sie ihn das erste Mal vor seinem Termin mit Igor Asanin angesprochen hatte. Für Passanten musste es so aussehen, als ob sie ein frisch verliebtes Pärchen wären. Erst am Übergang vom Unterarm zur Hand, wo sich die kleinen, unscheinbaren Narben befanden, die einzigen sichtbaren Zeugen der implantierten Gesundheitssensoren, erst dort hörte ihre Berührung auf.

»Wir wollen ja schließlich nicht, dass uns jemand zuhört«, sagte Rosen.

»Aber ...«

»Vertrauen Sie mir«, unterbrach ihn Rosen. »Es gibt Dinge im Prater, von denen auch Sie nichts wissen. Das Überwachungsmodul im Gesundheitssensor gehört genauso dazu wie der Störsender, der sich in meinem Arm befindet und mit dem auch alle anderen Mitglieder der FDP ausgestattet sind.«

»Also auch Saskia Krause?«

»Auch Saskia«, pflichtete die Frau Jan bei.

Während Jan sein Gegenüber staunend betrachtete, erzählte Rosen, dass sie es war, die über das Netzwerk der *Abteilung für direkte Wahrheit* Werner Krause und die FDP gewarnt hatte. Sie wollte es bewusst so aussehen lassen, als ob die Information aus Jans Abteilung durchgesickert war.

»Aber warum?«, fragte Jan.

»Zum einen natürlich, um den Maulwurfverdacht möglichst weit weg von uns zu platzieren. Zum anderen wussten wir schon länger, dass Siegbert Reicher es im Kampf um die Gunst des Obersten auf Sie abgesehen hatte. Die Aussichten auf einen Machtkampf zwischen Ihnen und Reicher erschienen uns also als angenehmer Nebeneffekt. Eine willkommene Störung in jenem System, das wir bekämpfen.«

»Und warum erzählen Sie mir das alles?«, fragte Jan. »Wohl nicht, weil ich Ihnen so unglaublich sympathisch bin.«

»Sympathie spielt in diesem Geschäft keine Rolle. Es geht immer um Interessen, das brauche ich Ihnen doch wohl nicht zu erklären.« Die Frau sah Jan in die Augen und verstärkte den Druck ihrer Hand. »Sie wären ein perfekter Nachfolger des Obersten gewesen. Sie waren von Beginn an in der Bewegung dabei, dank Ihres Amtes in der *Abteilung für direkte Demokratie* sind Sie breiten Bevölkerungsschichten bekannt und – das darf man nicht vergessen – Sie sind äußerst gutaussehend und charismatisch. So jemanden konnten wir an der Spitze des Staates, den wir bekämpfen, nicht gebrauchen.«

»Also haben Sie Valerie missbraucht, um meine Karriere zu zerstören?«

»Selbstverständlich nicht. Valerie hat sich über Saskia und die FDP an mich gewandt. Wir haben Ihre Frau also lediglich in einem Vorhaben unterstützt, dessen Auswirkungen auch uns nützlich erschienen.«

»Und was hätten Sie gemacht, wenn ich das Angebot Igor Asanins angenommen hätte, Nachfolger des Obersten zu werden?«

»Das war in der Tat eine Gefahr, die wir unterschätzt hatten. Wir sind davon ausgegangen, dass Sie sich das nicht zutrauen würden. Auch Ihre Frau war während unserer Vorbesprechung der Meinung, dass Sie davor zurückschrecken würden, die Nachfolge des Obersten anzutreten.«

Als er dies hörte, war sich Jan nicht sicher, was er von dieser Aussage halten sollte. Er war sich ja nicht mal sicher, ob er dieser mysteriösen Frau überhaupt trauen konnte. Diese mysteriöse Frau, die nach wie vor seine Hand hielt.

»Und wie soll es jetzt weitergehen?«, fragte Jan.

»Jeder ist seines Glückes Schmied«, antwortete Rosen. Mit diesen Worten ließ sie seine Hand los. »Passen Sie auf sich auf. Und überlegen Sie sich sehr genau, wem Sie sich anvertrauen. Nichts ist, wie es scheint, im Prater.«

Nichts ist, wie es scheint. Was für ein philosophischer Mist, dachte sich Jan, während er Frau Rosen hinterherblickte. Sollte er ihr hinterhergehen? Alfred Hirscher von der Freiheitspolizei informieren, sodass dieser einen Agenten auf Frau Rosen ansetzen konnte. Aber wozu?

Nichts von Jans Befürchtungen trat an diesem Abend ein. Er wurde nicht verhaftet. Jan saß auf dem Wohnzimmersofa und blickte stumm an die Wand. Er kam nach den aufwühlenden vergangenen Tagen zur Ruhe. Was auch immer Frau Rosen bezweckt hatte, Jan hatte das Gefühl, dass alles seinen Sinn und Zweck zu haben schien. So, als ob jemand anderer die Regie übernommen hätte und er lediglich den Hinweisen des Drehbuchs folgen müsste.

25 (SONNTAG)

Es waren ruhige zwei Tage gewesen, die Jan mit der Vorbereitung von Emils Abschiedsfeier sowie im Trainingscamp des Ersten Verteidigungskorps verbracht hatte. Das Camp war fünf Wochen zuvor in einer Halle in der Engerthstraße eingerichtet worden. Keinen Kilometer entfernt befand sich in der Innstraße die Grenze zur Brigittenau. Früher hatte sich hier ein *Hofer*-Supermarkt befunden, noch viel früher hatten die Busse der Linie 11 und weiterer Linien in der hier ansässigen Remise übernachtet. Nun erlernten hier Personen, die nie zuvor eine Waffe in der Hand gehalten hatten, das Schießen. Menschen wie Jan, die keinerlei Erfahrung im Umgang mit Waffen hatten und die ahnten, dass sie dies auch in den wenigen Tagen nicht mehr erlernen würden.

An diesem Sonntagvormittag machte sich Jan jedoch nicht auf den Weg zu den Trainingseinheiten. So wie wohl auch sonst kein Angehöriger des Verteidigungskorps sich an diesem Vormittag in der Engerthstraße einfinden würde. An diesem Sonntag lag Jans Ziel in der entgegengesetzten Richtung, am Praterspitz, wo der Donaukanal und die Donau sich zu einem Fluss vereinigten.

Die Trauerfeier für Emil war in der traditionellen Beerdigungskirche des Praters in der Aspernallee geplant worden. Doch schnell war klar geworden, dass dieses Gotteshaus viel zu klein war, um all die Menschenmassen aufzunehmen. Jans öffentlichkeitswirksame Verkündung seiner Entscheidung, sich für den Dienst bei der kämpfenden Truppe zu melden, dürfte ihr Übriges zur Mobilisierung der Trauergemeinde beigetragen haben. Deshalb entschied sich die Leitung der Kirche zu einer öffentlichen Trauermesse auf der Groß-Enzersdorfer-Allee. Dieses mittlerweile zu einer Wiese umfunktionierte Gebiet diente hatte in früheren Zeiten als Verbindung zwischen Mauthnerwasser und Lusthaus gedient und bildete mehr oder weniger die Verlängerung der Hauptallee.

Am hinteren Ende der Wiese war eine große Bühne aufgebaut worden, von wo der Pfarrer an diesem Vormittag seine Predigt und Ehrengäste ihre Ansprachen halten sollten. Für Jan war ein Platz in der ersten Reihe reserviert worden. Er hatte sich mit Händen und Füßen dagegen gewehrt, während des gesamten Trauergottesdienstes auf einem thronartigen Gebilde auf der Bühne sitzen zu müssen.

Die schwarze Mercedeslimousine des Pfarrers hielt um elf Uhr vormittags vor Jans Haustür. Sicherheitshalber hatten die Sicherheitskräfte an diesem Tag die gesamte Rotensterngasse für Passanten gesperrt, sodass der Wagen zügig bis zur Praterstraße vorankam. So menschenleer die Straße, in der seine Wohnung lag, gewesen war, so dicht gedrängt standen die Menschenmassen dagegen ab der Kreuzung zur Praterstraße. Ein dichtes Spalier von in Schwarz gekleideten Personen stand hinter den Absperrungen, um Jans verstorbenem Sohn die letzte Ehre zu erweisen. Und das, obwohl alle Bewohner des Praters an diesem Tag auch über ihre Saiger an der Trauerfeier teilhaben konnten. Der Kommentator berichtete live seit dem Zeitpunkt, zu dem Jan in die Limousine des Pfarrers gestiegen war. In einer Endlosschleife erklang im Hintergrund die Melodie der Prater-Hymne *Von Spitz zu Spitz.* Hatten die pseudodemokratischen Regierungen Osteuropas in der Zeit nach dem Zweiten Weltkrieg in jedem noch so kleinen Dorf ihre Lautsprecheranlagen montiert, um ihre Propaganda unters Volk zu bringen, so zeigte sich bei dieser Gelegenheit deutlich, warum dies im Prater des einundzwanzigsten Jahrhunderts nicht notwendig war. Über die an den Handgelenken der Trauernden befestigten Saiger verbreitete sich die Prater-Hymne wie das Summen eines Bienenschwarms, der das Auto akustisch einhüllte. Es war ein beklemmendes Gefühl. Draußen all die Menschen, die versuchten, einen Blick ins Innere der Limousine zu erhaschen. Drinnen Jan, der nicht recht sagen konnte, wie es in seinem ganz persönlichen Inneren aussah. Er schwebte im luftleeren Raum und war froh, dass die hinteren Scheiben des im Schritttempo kriechenden Autos getönt waren, er somit einigermaßen vor den neugierigen Blicken geschützt war.

»Können wir nicht ein bisschen schneller fahren?«, bat Jan.

Der Pfarrer klopfte mit einer bedächtigen Bewegung an die Fensterscheibe, die den Rückraum vom Fahrer abschirmte. Das Auto beschleunigte und überholte nun sanft die Menschen, die das Fahrzeug während seiner Fahrt durch die Fußgängerzone in der Praterstraße begleiteten.

»Gibt es eine höhere Gerechtigkeit?«, fragte Jan seinen Sitznachbarn, als der Oldtimer später auf dem Ehrenparkplatz hinter dem Lusthaus angehalten hatte.

Auch dort hatten sich bereits tausende Menschen versammelt. Durch die Fensterscheibe konnte Jan die etwas höher gelegene Tribüne sehen. Von der Wiese war aufgrund der dort wartenden Menschenmassen kein einzelner Halm zu erkennen.

»Wir alle treten irgendwann vor unseren Richter«, antwortete der Pfarrer. »Aber wir tun das ganz allein. Wir ganz allein müssen uns rechtfertigen und niemand wird uns dabei beistehen.«

Jan verharrte einige weitere Sekunden und sah den auf die Wiese strömenden Menschenmassen zu.

»Und woher wissen wir dann, dass wir das Richtige tun?«

Der Pfarrer lächelte milde. Wie oft hatte er diese Frage wohl schon gehört?

»Die Menschen streben immer nach der ultimativen Gewissheit und Bestätigung für ihr Handeln. Doch diese gibt es nicht, wird es nie geben, kann es nicht geben. Denn welche Instanz entscheidet darüber, dass dein Tun richtig ist? Es gibt keine irdische Instanz, die die Berechtigung besitzt, über uns zu urteilen. Was es gibt, sind Menschen, die uns das glauben machen wollen. Aber letztlich bist du nur dir selbst und deinem Gewissen verpflichtet.«

Der Pfarrer sah Jan aufmunternd an und öffnete die Autotür.

»Nimm dir die Zeit, die du brauchst. Wir fangen sicherlich nicht ohne dich an«, sagte er und stieg aus dem Auto aus.

Jan ließ die Worte des Pfarrers sacken und den Blick aus dem Fenster wandern. Die Sonne schien. Seit drei Tagen strahlte sie vom Himmel. Drei Tage war es auch her, dass Jan seinen Entschluss gefasst hatte.

Es hatte sich anlässlich der Trauerfeier alles versammelt, was im Prater Rang und Namen hatte. Der hohe Kirchenvertreter hatte warme Worte für Jan und seine Situation gefunden, gleichzeitig aber eine scharfe Reaktion eingefordert, um dieses Verbrechen, den Tod eines kleinen Buben, nicht ungesühnt zu lassen. Jan verfolgte die Rede des Pfarrers genauso wie die Videoübertragung der Ansprache des Obersten. Politiker, Beamte, Kollegen und Freunde zogen anschließend in einem Zug an ihm vorbei und kondolierten ihm persönlich.

Jan hatte vollkommen das Zeitgefühl verloren. Er wusste nicht mehr, ob die Veranstaltung eine Stunde oder einen halben Tag gedauert hatte. Jan war froh, dass er seine Augen hinter einer Sonnenbrille verstecken konnte, und sehnte sich nach einer Auszeit von seinem Leben. Nein, wonach er sich eigentlich sehnte in diesem Moment, war das glückliche und zufriedene Leben, das er bis vor wenigen Wochen geführt hatte. Oder gedacht hatte, es zu führen. Aber selbst diese Illusion erschien ihm in diesem Moment, als die Kondolenzkarawane an ihm vorbeizog, verlockender als die Realität.

Nach einer gefühlten Ewigkeit setzte sich schließlich der Trauermarsch in Bewegung. Jan und der Pfarrer vorneweg, folgten die Menschen über die Aspernallee zum Handelskai. Die Trauermasse verteilte sich auf ihrem Weg zum Praterspitz über Straßen, Wiesen und sogar den eigentlich für die Öffentlichkeit gesperrten ehemaligen Radweg entlang der Donau. Es war eine machtvolle wie friedliche Demonstration der Bevölkerung des Praters, die sich wie ein Ameisenzug ihren Weg durch den Freudenauer Hafen bahnte. Nur vereinzelt waren an diesem Sonntag jene Schüsse der Grenzeinheiten zu hören, die Danubier davon abhalten sollten, diese Ausnahmesituation für einen erfolgreichen Fluchtversuch auszunützen.

Der kleine Sarg, der am Praterspitz bereits auf einem Holzfloß vorbereitet worden war, war leer. Die Leiche von Emil war auf dem Gebiet der Brigittenau verblieben. Soweit Jan dies in Erfahrung bringen konnte, sollte die tatsächliche Beerdigung des Leichnams ebenfalls an diesem Sonntag in Ottakring vonstattengehen. Alles, was Jan und den Trauernden im Prater blieb, waren also ein leerer Sarg und die Gedanken an seinen toten Buben.

Jan schritt den steinigen Weg zum Ufer hinab. Eine große Signalanlage mit einer darauf wehenden Fahne signalisierte den östlichsten Punkt des Landes. Am Fuße dieser Anlage stand das aus mehreren Holzstämmen zusammengezimmerte und mit bunten Wimpeln verzierte Floß. Darauf der weiße Sarg mit den seitlich angebrachten goldenen Griffen.

Es war nun an Jan, das Floß mit einem sanften Ruck den Wellen der Donau zu übergeben. Für einen Moment vergaß er die Menschenmenge, die sich hunderte Meter hinter ihm staute und diesen einen Augenblick gemeinsam mit ihm verbringen wollte. Jene, die das Geschehen nicht aus der ersten Reihe verfolgen konnten, wurden dank der neben Jan schwebenden, leise surrenden Minidrohne mit Livebildern auf ihrem Saiger versorgt. Jan hätte diesen Moment am liebsten ganz allein verbracht. Er sah den sanften Wellen und Strömungswirbeln zu, die in Richtung Osten trieben. Von was für menschlichen Schicksalen der Fluss auf seiner Reise zum Schwarzen Meer wohl Zeuge wurde? Schicksale, die jenes von Jan völlig in den Schatten stellten. Und doch erschien es ihm in jenem Moment, in dem er das Floß mit dem Sarg den Wellen der Donau übergab, so, als ob sich die ganze Welt nur um ihn drehen würde.

Jan sah dem sich langsam entfernenden Floß hinterher. Hinter ihm setzte kollektives Schluchzen und Wehklagen ein. Doch Jan war nicht in der Lage, in den weinenden Trauerchor mit einzustimmen. Er blickte zum Floß, das rasch in die Flussmitte und somit in unruhigere Strömungen abgetrieben wurde. Kurz darauf gab der Kommandant der Schützeneinheit den Befehl, das Floß in Brand zu schießen. Fünf Bogenschützen spannten ihre Geräte und richteten die Pfeile in die Höhe. Ein Mann ging mit einer Fackel an ihnen vorbei und steckte die Pfeilspitzen in Brand.

»Feuer!«, schrie der Kommandant, und die Pfeile setzten sich in Bewegung. Soweit Jan dies verfolgen konnte, erreichte keiner der Pfeile sein Ziel. Der am nächsten einschlagende

Pfeil landete gut zwei Meter neben dem Floß. Und doch fingen das Floß und der Sarg in Sekundenschnelle Feuer. Die Selbstentzündungsvorrichtung sorgte dafür, dass auch in dieser Situation der Schein gewahrt blieb.

Niemand hatte es, seit der Trauerzug am Praterspitz angekommen war, gewagt, Jan anzusprechen. Selbst der Pfarrer hatte stets eine gewisse Distanz gehalten und sich nur kurz verabschiedet, als er nach Ende der Zeremonie gegangen war. Weder Alfred Hirscher noch Igor Asanin hatten ihn angesprochen oder sich gar zu seinem Alleingang geäußert. Jan war es so vorgekommen, als ob die Führungselite des Praters bewusst auf Abstand zu ihm geblieben wäre. Sie schienen seine Entscheidung akzeptiert zu haben. Und nun, da er für sie wertlos geworden war, gab es keinen Grund mehr, ihn zu umwerben oder sich neben ihm blicken zu lassen.

Irgendwann, am Ende dieses Tages, die Sonne war bereits untergegangen, stand Jan ganz alleine am Praterspitz. Lediglich die Wachen der Grenzbehörden kamen in regelmäßigen Abständen vorbei, sprachen ihm ihr Mitleid aus und fragten, ob alles in Ordnung sei. Die Schüsse ihrer Waffen, deren Mündungen stets auf die Donauinsel gerichtet waren, fielen wieder häufiger. Wann immer ein Schuss zu hören war, sah Jan hinüber auf die andere Seite der Donau. Er suchte den Fluss nach möglichen Booten, nach in ihm treibenden Menschen ab. Doch er sah nichts. Wahrscheinlich war es einfach schon zu dunkel geworden.

Kurz nach Mitternacht erreichte Jan seine Wohnung in der Rotensterngasse. Da war die Wahlentscheidung in der Brigittenau bereits gefallen. Die amtierende Präsidentin hatte einen überwältigenden Sieg eingefahren. Alle Versuche der *Abteilung für direkte Wahrheit*, sie zu diskreditieren, hatten nicht gefruchtet. Und mit diesem Sieg stand nun auch fest: Nur ein Wunder könnte dafür sorgen, dass es zu keinem Waffengang zwischen dem Prater und der Brigittenau kam.

26 (MITTWOCH)

»Die bringen sich noch selbst um.«

Jan sah seinen Kameraden an. Dieser trug dunkle Tarnfarbe im Gesicht und sah mit einem starren Blick auf die andere Seite der Innstraße. Er musste bemerkt haben, dass Jan ihn mit den Augen fixierte. Doch trotzdem ließ er sich nicht davon abhalten, das Treiben auf dem gegenüberliegenden Dach zu verfolgen.

Ihre Stellung lag im Kartoffelhaus in der Innstraße. So nannten die Soldaten das heruntergekommene Häuschen an vorderster Front, das in früheren Zeiten einem Gemüsehändler gehört haben musste. Das vergilbte Schild, das an der Vorderseite Kartoffeln, Zwiebeln und Knoblauch anpries, ließ zumindest auf etwas dieser Art schließen. Aus ihrer Position konnten sie das kurze Glimmen einer Zigarette auf dem Dach beobachten.

»Wäre mir auch irgendwie lieber«, antwortete Jan.

Zwischen dem Kartoffelhaus, in dem Jan und Richie an diesem Morgen als Angehörige des Ersten Verteidigungskorps Wache hielten, und der feindlichen Stellung gegenüber lagen nur wenige Meter. Die Innstraße war nicht viel breiter als andere Straßen im Prater oder sonstwo auf der Welt. Zwei Richtungsfahrbahnen, getrennt durch eine weiß gestrichelte Linie. Dass sie sich nicht an einem x-beliebigen Ort auf der Welt befand, sondern an der Trennlinie zwischen Prater und Brigittenau, wurde durch die Mauer in der Mitte der Fahrbahn sowie die Stacheldrahtzäune und die Sperranlagen deutlich.

»Die sind generell sehr unvorsichtig. Sieh nur, dort oben, in der dritten Etage des Gebäudes brennt Licht. Keine Verdunkelungsmaßnahmen, keine Schutzvorhänge, gar nichts. Die wiegen sich in totaler Sicherheit«, staunte Richie.

»Eigentlich beneidenswert.«

»Wie meinst du das?«, fragte Richie.

»Wann hast du dich das letzte Mal unbeschwert und sicher gefühlt?«

»Wirst du jetzt melancholisch?«, fragte Richie und lachte. »Ich sehe schon ein, dass dich das mit deinem Sohn sehr mitgenommen hat. Aber deswegen solltest du nicht gleich den Blick für das Wesentliche verlieren.«

»Hast ja recht«, antwortete Jan. »Trotzdem wirken die Menschen dort auf der anderen Straßenseite so ...« Jan suchte das passende Wort. »So normal.«

»Eins, zwei, drei«, sagte Richie. Anschließend trug er Uhrzeit, Ort und Anzahl der Personen in eine Tabelle ein. In dieser waren alle Bewegungen der Gegenseite peinlichst genau verzeichnet. Neben diesen Parametern befand sich in dem Formular auch eine Spalte für die gesichtete Feindbewaffnung.

»Verflixt, sie sind aber echt gut darin, ihre Waffen zu verbergen. Das muss man ihnen lassen.«

In der letzten Spalte stand bis zu diesem Mittwochmorgen lediglich ein einziger Eintrag. Drei Tage zuvor hatte ein Mitglied des Ersten Verteidigungskorps in einem Fenster der gegenüberliegenden Hausfassade ein Kind mit einer Steinschleuder hantieren sehen.

»Warum hast du dich freiwillig gemeldet?«, fragte Jan seinen Kameraden.

»Weil sie meiner Familie das Land weggenommen haben«, antwortete Richie, wie aus der Pistole geschossen.

»Welches Land?«, fragte Jan nach.

»Meiner Familie hat früher ein großes Grundstück in Kaisermühlen gehört. Dort, wo später von der pseudodemokratischen Elite Gemeindebauten hingestellt worden sind.«

»Das muss dann aber schon ein Zeiterl her sein?«

»Ich war im *Historischen Institut*, die haben das dort für mich recherchiert. Die Ansprüche meiner Familie auf das Land gehen auf die Mitte des neunzehnten Jahrhunderts zurück. Damals gehörte die andere Seite der Donau noch zum Prater. Und die Unrechtsentscheidung der Nazis von 1938, die Kaisermühlen dem Prater entriss, will ich nicht länger hinnehmen.«

»Die Brigittenau ist aber nicht Kaisermühlen«, wandte Jan ein.

»Heute die Brigittenau, morgen Kaisermühlen«, erwiderte Richie trocken. »Irgendwo muss man anfangen. Und ich nehme mich und meine Anliegen nicht so wichtig. Es geht um die Sache. Wo wir anfangen, uns unsere Gebiete zurückzuholen, ist letztlich nicht entscheidend. Wichtig ist nur, dass wir endlich damit beginnen!«

Hier hatte Jan einen Kameraden neben sich, bei dem die *Abteilung für direkte Wahrheit* offenbar ganze Arbeit geleistet hatte. Ein Vorzeigebeispiel für gelungene Meinungsbildung. Jan hörte in sich hinein, versuchte herauszufinden, ob er sich über die Wirkung seiner jahrelangen Anstrengungen freuen konnte. Doch da war nichts. Nichts, außer einem beklemmenden Gefühl, irgendwo in der Gegend seines Bauchs.

Seit Sonntagabend, als das Ergebnis der Wahlen in der Brigittenau bekannt geworden war, hatte die höchste Mobilmachungsstufe gegolten. Das hatte bedeutet, dass auch Jan am folgenden Morgen zu seiner Einheit in der Kaserne in der Engerthstraße hatte einrücken müssen. Rasch waren die Waffen, moderne Schnellfeuergewehre aus der Simmeringer

Waffenschmiede, an die Kameraden ausgegeben worden. In der Folge waren alle Angehörigen des Verteidigungskorps an der Innstraße zusammengezogen worden, um die dortigen Grenzstellungen zu verstärken. Mit dem Wahlsieg im Rücken war der Brigittenauer Führung ein rascher militärischer Präventivschlag gegen den Prater zugetraut worden. Die *Abteilung für direkte militärische Aufklärung* hatte bereits in den Tagen zuvor entsprechende Erkenntnisse über Truppenzusammenlegungen gesammelt. Deren Ergebnisse waren auch auf Jans Schreibtisch gelandet, als er noch in der *Abteilung für direkte Wahrheit* seinen Posten innehatte. Ein Job, der nun von Helena ausgeübt wurde, von der er nichts mehr gehört hatte, seit er sich für den Dienst beim Verteidigungskorps entschieden hatte. Gleiches galt für Mahmoud und John.

»Ich mache mal den Kontrollgang zur Engerthstraße«, sagte Jan.

»Gut, aber pass auf dich auf. Die Unbekümmertheit auf der anderen Seite ist Teil deren genialer Strategie, uns in Sicherheit zu wiegen.«

»Danke, ich weiß deine Fürsorge zu schätzen.«

Jan öffnete die auf der Rückseite des Kartoffelhauses befindliche Tür. Er trat hinaus in einen nebligen Frühmorgen. Ob die Sonne es auch an diesem Tag schaffen würde, sich durch den winterlichen Donaunebel zu kämpfen? Jan legte die ersten Schritte zurück. Auf dem schmalen Weg, der parallel zur Innstraße verlief, knarzte der Kies unter seinen schweren Armeestiefeln.

Richie war genauso wie Jan kein ausgebildeter Soldat. Sein Kamerad hatte selbst in Zeiten der Pseudodemokratie nicht an der Waffe gedient, sondern Zivildienst in einem

Altersheim in der Rauscherstraße geleistet. Wie so vielen anderen auch, war ihm die Perspektive für das eigene Leben abhandengekommen. Er hatte sich mit Gelegenheitsjobs über Wasser gehalten. Erst mit dem Aufstieg des Obersten und dem Ende der Pseudodemokratie hatte er wieder einen Sinn in seinem Leben gesehen. Die Rückbesinnung auf das familiäre Erbe, das Zusammenstehen eines klar definierten Volkes gegen die äußeren Bedrohungen hatte in ihm eine Begeisterung geweckt, wie sie Jan in den vergangenen Jahren vor allem bei vielen jungen Menschen festgestellt hatte, die sich der Bewegung des Obersten angeschlossen hatten.

Nun hatten beide in dieser ungewöhnlichen Konstellation zusammengefunden. Jan, der jahrelang für die Vermittlung dieses neuen Zusammengehörigkeitsgefühls verantwortlich gewesen war. Und Richie, der ein Produkt von Jans Arbeit war und dieses Gefühl als zentralen Bestandteil in sein Leben integriert hatte.

Der Kiesweg führte durch Dickicht aus Gestrüpp und Holzverschlägen hindurch. Um die Grenze zur Brigittenau absichern zu können, wurde der gesamte Straßenzug umgestaltet. Um freies Schussfeld zu haben und mögliche Angriffe möglichst frühzeitig erkennen zu können, wurden mehrere Gebäude abgerissen und an ihrer Stelle Befestigungsanlagen errichtet. Direkt hinter dieser ersten Verteidigungslinie verlief der Verbindungsweg, auf dem Jan jetzt vor sich hin knirschte. Im Hinterland des angrenzenden ehemaligen Nordbahnhofs war schweres Gerät in Stellung gebracht worden.

Mehrmals kamen Jan Kameraden des Korps entgegen. Man grüßte freundlich, ohne einander wirklich zu kennen. In den grauen Uniformen mit dem grün-blau-roten Wappen auf der Armbinde sah jeder Soldat gleich aus. Kurz bevor

Jan die Engerthstraße erreichte, traf er auf drei Kameraden, die es sich an einem Tisch gemütlich gemacht hatten und Karten spielten. Eine kleine Kerze sorgte für die nötige Helligkeit, ein Bretterverschlag half, das glimmende Licht vor neugierigen Blicken aus der Brigittenau zu verbergen.

»Wir suchen noch einen vierten Mann, spielst mit?«, fragte einer der drei, als er Jan sah.

Erst dann schien er erkannt zu haben, wen er da vor sich hatte, und entschuldigte sich.

»Kein Grund, sich zu entschuldigen, ich mache nur einen Kontrollgang. Lasst euch nicht stören«, sagte Jan und marschierte weiter.

Niemand vom Fußvolk des Verteidigungskorps wusste besser als er selbst, dass es keinen Grund für besondere Wachsamkeit gab. Eine Partie Karten würde also nicht im Verderben enden. Aber zumindest er selbst wollte seinen Dienst regelkonform absolvieren.

Jan hatte bereits einige Meter zurückgelegt, als er plötzlich eine Stimme hinter sich vernahm.

»Bist du es tatsächlich?«

Jan konnte das Gesicht der schmächtigen Person an diesem dunklen Morgen nur unzureichend erkennen.

»Kommt drauf an, wer fragt«, antwortete Jan.

Als der Mann schließlich bis auf wenige Meter an ihn herangekommen war, erkannte er ihn schließlich. Es war Zlatko, der Zeitungsverkäufer mit dem bulligen, unrasierten Gesicht von der Praterstraße.

»Was machst du denn hier?«, fragte Jan verwundert.

»Das darfst du mich nicht fragen«, erklärte Zlatko. »Gestern Morgen kamen sie und haben mich freundlich eingeladen, mich dem Korps anzuschließen.«

»Aber das Korps ist doch ein Freiwilligenverband.«

»Das dachte ich auch«, antwortete Zlatko. »Aber sie bekommen wohl nicht genug Freiwillige zusammen.«

Die beiden unterhielten sich einige Minuten und Zlatko erkundigte sich nach Jans Befinden. Er sprach ihm sein Beileid wegen Emil aus.

»Ich wäre auch gern am Sonntag zum Begräbnis gekommen, aber sie haben uns nicht gelassen«, erzählte er. »Wohl nicht präsentabel genug für die Bilder der Live-Übertragung.« Jan überraschte das nicht. Er war selbst in jener Kommission, die vor einem Jahr die Richtlinien für die Teilnahme an öffentlichen Veranstaltungen verabschiedet hatte. Personen wie Zlatko waren darin als nicht würdig genug klassifiziert und von öffentlichen Veranstaltungen im Vorhinein ausgeschlossen worden. »Aber versteh ich eh, was würd denn ein Mensch in Hernals oder Favoriten denken, wenn er mich im Fernsehen sieht«, sagte er und lächelte mit seinen schiefen Zähnen. »Und du, warum hast du deinen Job aufgegeben?«, fragte er schließlich. »Du hast dich ja anscheinend tatsächlich freiwillig gemeldet. Und dabei standen dir doch alle Türen weit offen.«

»Was bringen dir alle offenen Türen dieser Welt, wenn du niemanden hast, mit dem du durch sie hindurchgehen kannst?«

Jan berührte Zlatko an der Schulter und wünschte ihm viel Glück. Dann setzte er seinen Kontrollgang fort.

Als Jan zum Kartoffelhaus zurückkehrte, herrschte dort reger Trubel. Vor ihm waren bereits zwei Soldaten in das kleine Häuschen hineingelaufen. Wildes Stimmenwirrwarr drang nach außen.

»Was ist denn hier los?«, rief Jan in seiner Funktion als Rudelführer.

»Verdächtige Bewegungen, oben auf dem Dach«, rief einer jener Soldaten, die sich aufgeregt um das kleine Fenster scharten.

»Lasst mich durch«, rief Jan und bahnte sich einen Weg zu dem kleinen Ausguck. Er erkannte zwei Personen, die auf der Dachkante saßen. Die Beine baumelten von der Kante herab, in ihren Händen hielten sie Werkzeuge oder etwas Ähnliches. Jan konnte es nicht genau ausmachen.

»Die haben Gewehre«, rief einer der Soldaten.

»Das ist ausgemachter Unsinn, man erkennt ja gar nichts«, antwortete Jan in bewusst ruhigem Tonfall.

»Aber das sieht doch ein Blinder mit Krückstock, dass das zwei Soldaten mit Waffen sind«, schrie ein Kamerad.

»Jawohl«, gab ihm ein anderer recht.

»Nix da!«, sagte Jan.

Acht oder gar zehn Soldaten tummelten sich mittlerweile in dem kleinen Kartoffelhaus. Viel mehr hätten auch nicht Platz gefunden. Einer war aufgeregter als der andere. Endlich tat sich was, endlich waren sie im Mittelpunkt des Geschehens. Endlich konnten sie zur Tat schreiten. Doch da war einer, der sie zurückhalten wollte.

»Die kundschaften uns aus und machen sich über uns lustig. Und wir sitzen hier wie die Kaninchen in der Falle«, äußerte Richie lautstark seinen Unmut.

»Der Rudelführer weiß schon, was er tut«, erhielt Jan auf einmal unerwartete Schützenhilfe. Er drehte sich um und erkannte Zlatko, der durch die offen stehende Tür das Geschehen beobachtete.

»Ihr habt ja keine Ahnung«, rief Richie. »Ich warte doch nicht hier seelenruhig darauf, dass die dort drüben das Feuer eröffnen!«

»Beruhig dich, Richie. Niemand wird hier auf irgendwen das Feuer eröffnen«, sagte Jan.

»Genauso wenig, wie sie den Roland Bergmeister im *Ansari* erschossen haben. Und genauso wenig, wie sie deinen Sohn erschossen haben! Das sind Killer!«, rief nun ein Jan völlig unbekannter Soldat durch den Raum.

Für einen Moment erfüllte eine unheimliche Stille den Raum, passend zu dessen kahler Gestaltung und zum nasskalten und dunklen Morgen. Der Zwischenrufer schien über seine Bemerkung erschrocken zu sein. Ihm war sichtlich nicht klar, ob sich ein solcher Kommentar in Anwesenheit Jans gehörte. Unruhig blickte er umher. In seiner zerknitterten Uniform, die aus den ausgemusterten Beständen der Simmeringer Armee stammte, sah er wie ein armer Wicht aus, der sich nicht sicher war, was er überhaupt in dieser Uniform machte. Jan war sich sicher, dass er wohl nicht der Einzige war, dem solche Gedanken durch den Kopf gingen. Die anderen Soldaten, Zlatko und Richie inklusive, sahen zu Jan und warteten auf dessen Reaktion.

Doch diese kam nicht.

»Da fällt etwas vom Dach!«, rief stattdessen der Soldat, der trotz der hektischen Diskussion durch den Ausguck die andere Straßenseite im Auge behalten hatte.

Kurz darauf knallte es. Es war nicht der Knall eines Kanonenschlags oder eines Gewitters. Es hörte sich vielmehr wie Glas an, das zu Boden fiel.

Völlig gegen jede Vernunft stürmte das aufgeregte Soldatenkollektiv aus dem Kartoffelhaus, vorbei am verdutzten Zlatko. Jan schrie ihnen hinterher, doch alle Versuche von Jan, die Truppe zu beruhigen, waren zum Scheitern verurteilt.

Auch Jan rannte daraufhin hinaus. Er umrundete das Kartoffelhaus und stieß zum aufgeregten Mob, der sich auf dem freien Schussfeld zwischen Verteidigungsstellung und Mauer versammelt hatte. Völlig ungeschützt standen sie hier und gaben willkommene Zielobjekte ab. In der Theorie wäre es ein Leichtes gewesen, von einer Stellung im Haus gegenüber die komplette Gruppe zu eliminieren. Jan wusste das, weswegen er sich abermals bemühte, seine Kameraden zu beruhigen. Auch wenn ihm klar war, dass es im Haus gegenüber gar keine feindliche Stellung gab. Ja, dass es in der gesamten Brigittenau keine einzige feindliche Stellung gab, da es besagte Stellungen lediglich in den Propagandaschriften der *Abteilung für direkte Wahrheit* gab. Mit ausgebreiteten Armen stellte er sich zwischen Soldaten und Stacheldrahtzaun und versuchte die Kameraden, ähnlich eines Hirtenhundes, der Schafe einzusammeln hatte, in ihre ursprüngliche Stellung zu treiben.

»Seht ihr, es ist nichts passiert. Den beiden dort oben ist nur etwas hinuntergefallen. Das war kein Schuss.«

Gerade als er das Gefühl hatte, dass die Situation sich wieder einigermaßen beruhigte, hörte er hinter sich erneut einen Knall. Es war ein ähnliches Geräusch wie kurz zuvor, doch dieses Mal folgte eine ganz und gar andere Reaktion.

Einer der Soldaten brachte sein Maschinengewehr in Stellung und feuerte mehrere Salven auf die Gegenseite. Es folgten Kameraden, die es ihm gleichtaten und damit begannen, alles, was sich nur irgendwie hätte bewegen konnte, in ihr Visier zu nehmen.

»Feuer einstellen!«

Niemand hörte auf Jan. Niemand schien überhaupt auf Jan hören zu wollen.

Die Folgen eines unkontrollierten Waffengebrauchs waren nicht absehbar. Wenn auf der Gegenseite die Polizei oder das Militär alarmiert wurde, bestand natürlich die reale Gefahr, dass eine entsprechende Gegenreaktion erfolgte. Wie oft waren in der Vergangenheit Kriege ausgebrochen, weil junge Männer an der Front die Nerven wegwarfen oder vor lauter Nervosität den Abzug ihrer Waffe drückten. Ganze Dynastien waren untergegangen, weil ein Infanterist nicht bei der Sache war. Dass die Menschheit nicht aus ihrer Geschichte lernen wollte, hatte sich erst 2019 gezeigt, als der leichtsinnige Schießbefehl eines Befehlshabers der ehemals mächtigen US-Seestreitkräfte den Startschuss für den Großen Pazifischen Krieg gegen China gebildet hatte. Aber diese Geschichte sollte sich nicht wiederholen. Nicht an diesem Grenzstreifen in der Innstraße. Nicht mit Jan als einem der Hauptbeteiligten.

Kurz darauf verstummte das Feuer aus den Maschinengewehren. Wenigstens seine Befehlsgewalt schien intakt zu sein, stellte Jan zufrieden fest. Militärische Disziplin war das Um und Auf in brenzligen Situationen. Dass die an der Innstraße stationierten Soldaten, die wenige Wochen zuvor noch einem ganz normalen Brotberuf nachgegangen waren, zumindest die Hierarchie verinnerlicht zu haben schienen, beruhigte Jan. Mit großen Augen starrten ihn die ringsum stehenden Soldaten an. Als ob sie auf einen Befehl von Jan warten würden. Doch bei genauerer Betrachtung stellte er fest, dass es nicht die Art Blicke war, die Untergebene ihrem Vorgesetzten aus Respekt zukommen ließen. Feste Blicke, von Auge zu Auge, darauf wartend, dass das nächste Kommando erfolgen würde. Die Soldaten sahen Jan nicht ins Gesicht. Sie betrachteten mit Schrecken in den Augen die blutende Wunde im Brustbereich von Jan Kepler.

Jan fiel zu Boden. Getroffen von einem Querschläger. Das Geschoss aus der Waffe eines der ungeübten Schützen musste auf die Mauer geprallt sein und in der Folge Jan in die Brust getroffen haben. Aus den aufgeregten Mündern, die sich um ihn scharten, vernahm er keine Geräusche. Er spürte nichts mehr. Nur eine tiefe Zufriedenheit. Er war auf dem Weg zu Emil. Und alles würde nun gut werden.

27 (DONNERSTAG)

Zutritt nur für medizinisches Personal und Patienten!

Valerie ignorierte die Buchstaben auf dem weißen Blatt, welches das Eintreten Unbefugter zu verhindern versuchte. Sie öffnete die Glastür und tauchte in das hektische Treiben eines gewöhnlichen Krankenhausganges ein. Die wenigen Sessel, die wartenden Personen eine Sitzgelegenheit boten, waren allesamt belegt. Menschen lehnten an den Wänden, Verletzte, die auf ihre Behandlung durch das heillos überforderte Personal warteten. Über die Lautsprecher wurden Ärzte und Schwestern zu immer wechselnden Zimmern und Stationen gerufen. Die Betriebsamkeit erinnerte Valerie an einen Ameisenhaufen. Mit dem Unterschied, dass es bei Insekten wohl strukturierter zuging. Und weniger blutig.

Für den Weg von ihrer Wohnung in der Rotensterngasse bis zum Allgemeinen Krankenhaus im Alsergrund hatte Valerie an diesem Morgen einen großen Umweg in Kauf nehmen müssen. Am Franz-Josefs-Kai sowie am Ring war eine der nicht genehmigten Friedensdemonstrationen unterwegs. Die Reiterstaffeln der Polizei machten sich gerade, als Valerie den Donaukanal überquert hatte und ihren Fußmarsch entlang des Schottenrings fortsetzen wollte, daran, die Demonstration aufzulösen. Beim letzten derartigen Polizeieinsatz war ein Dutzend Demonstranten von den vom Pferd herab knüppelnden Polizisten schwer verletzt worden. Zwei Personen erlagen wenig später ihren Verletzungen im Krankenhaus. Valerie hatte die Einlieferung der blutüberströmten Demonstranten aus nächster Nähe verfolgen können, als sie Jan damals im AKH besucht hatte. Um am heutigen

Tag nicht zwischen die Fronten zu geraten, folgte sie dem Donaukanal stromaufwärts bis zur Alserbachstraße. Durch diesen Teil des neunten Bezirks konnte sie sich unbehelligt dem Krankenhaus nähern. Im Gegensatz zum Trubel rund um den Ring herrschte hier vollkommene Stille. Totenstille. Selbst die an allen Häusern hängenden rot-weiß-roten Fahnen hingen leblos herab.

Valerie ging zielgerichtet den langen Schlauch entlang, stets darauf bedacht, keiner der emsigen Ameisen in ihren weißen Kitteln im Weg zu stehen. Sie blickte in die von Zerstörungen und Verletzungen gezeichneten Gesichter, sah die eingetrockneten Blutflecken auf Hemden und Hosen. Die Verzweiflung in den Gesichtern über die Geschehnisse der vergangenen Nacht, die gerade mal ein paar Stunden zurücklagen. Valerie hatte Glück gehabt. Ihre Wohnung lag nicht im Epizentrum der gestrigen Angriffswellen. Es war der Hafen in der Freudenau, den sich der Gegner als Ziel ausgesucht hatte. Unter den zivilen Kollateralschäden hatten nur wenige Anrainer zu leiden.

Nur für Angehörige stand auf dem grauen Schild, das an der folgenden Milchglastür hing, vor der Valerie nun angekommen war. Überall Schilder. Als ob die Menschen das Sprechen verlernt hätten. Sie wusste, hinter der Tür würde sie aus dem hektischen Treiben der Ambulanz in die trügerische Ruhe der Station eintauchen. Sie würde von dem vermeintlich einzigen ruhigen Ort in diesem Krankenhaus regelrecht inhaliert werden. Die Stille war wie ein Schwarzes Loch, das einen gefangen nahm. Valerie genoss diese Ruhe. Was in den Köpfen der hier liegenden, mit Medikamenten ruhiggestellten Patienten vor sich ging, das wusste trotz des Einsatzes all der fortschrittlichen Technik niemand. Kein Arzt, keine Schwester. Und auch nicht Valerie.

»Guten Morgen, Frau Kepler, haben Sie die Nacht gut überstanden?«, fragte die Schwester freundlich, als sie Valerie auf dem Gang entdeckt hatte.

»Ja, heute war es bei uns zum Glück nicht so schlimm«, antwortete Valerie.

»Wir sind auch mit einem blauen Auge davongekommen«, antwortete Schwester Helena. »Aber in unserem Grätzl am Karmelitermarkt sind sowieso nur noch wenige Häuser intakt. Dort gibt es keine lohnenden Ziele mehr«, fuhr die blonde Frau mit einem resignierten Lächeln fort.

»Wie geht es ihm heute?«, erkundigte sich Valerie nach Jans Gesundheitszustand.

»Wie immer, keine Veränderung«, antwortete die Schwester. »Gehen Sie ruhig hinein, er freut sich sicher, Sie zu sehen.«

Valerie ging einige Schritte, bis sie vor Zimmer 16.03 angekommen war. Sie klopfte an die Tür und wartete einige Sekunden. Anschließend presste sie ihr Ohr an die Tür und versuchte Geräusche aus dem Inneren wahrzunehmen. Doch es war nichts zu hören. Das Schwarze Loch machte seinem Ruf alle Ehre. Valerie drückte die Türklinke nach unten.

Auch an diesem Morgen waren alle vier Betten belegt. Jeweils zwei Betten an jeder Wand. Keiner der hier liegenden Patienten würde damit rechnen können, in den nächsten Tagen, Wochen oder gar Monaten entlassen zu werden. Das galt auch für Jan. In dieser Hinsicht gaben sich weder Valerie noch die Ärzte irgendeiner Illusion hin.

Die Ruhe wurde hier lediglich vom Patienten ganz hinten beim Fenster, der ständig im Flüsterton Beschimpfungen vor sich hinsagte, unterbrochen. Über den Bildschirm, der in der gegenüberliegenden Ecke unter der Decke an der Wand hing, flimmerten pausenlos die aktuellsten Nachrichten. Eine Sondersendung zur aktuellen politischen und militärischen Lage jagte die nächste. Seit Tagen war das Gesicht des immer gleichen Nachrichtensprechers mit dem schmalen Gesicht und dem Schnauzbart zu sehen. Valerie wunderte sich über das Durchhaltevermögen des martialisch auftretenden Moderators, der keinen Schlaf zu benötigen schien.

Jans Boygroup, so nannte Valerie die Männerpartie in dem Krankenzimmer scherzhaft, bestand aus einem koptischen Ägypter namens Mahmoud, der wohl irrtümlich zwischen die Fronten des Konflikts geraten war und aufgrund des Grauens den Verstand verloren hatte. Er lag einfach nur da. Die einzige Regung, die sich bemerkbar machte, war das stetige Hin- und Herwippen seiner Zehen, so als ob er auf einem schmalen Gegenstand balancieren würde. Selbst unter der Bettdecke waren die Bewegungen seiner Füße deutlich zu sehen.

»Öffentlich anbinden und Salz in offene Wunden streuen!«*

Im Bett daneben lag John, der Patient mit den Hasstiraden. Für Valerie ein klassischer Fall eines Tourette-Syndroms. Die Ärzte sprachen dagegen von einer Angststörung gegenüber allem, was nur im Entferntesten nach Islam klang. Er war ein junger, gutaussehender Mann. Valerie empfand es als Schande, dass dieser Mensch schon in so jungen Jahren kein erfülltes Leben mehr vor sich zu haben schien.

Neben ihm wiederum, direkt angrenzend an die gekachelte Sanitärecke mit dem Waschbecken und dem Spiegel, lag ein alter Mann mit grauen Haaren und ordentlich gekämmtem Scheitel. Er war der Neuzugang der Runde. Sein Vorgänger, ein kleiner Mann mit rundem Gesicht, war in ein anderes Krankenhaus verlegt worden. Der statt ihm hier liegende Mann erinnerte Valerie an ihren Großvater. Ein gutmütiger Gesichtsausdruck. Sein schlafendes Gesicht hätte auch das eines Toten sein können. Valerie wusste noch nicht, welches Schicksal ihm widerfahren, warum er in das Krankenhaus eingeliefert worden war.

Valerie trat an jenes Bett heran, in dem ihr Ehemann lag. Sie betrachtete sein friedliches Gesicht. Seine Augen ruhten entspannt in ihren Höhlen und fixierten einen Punkt an der Decke. Es war nicht der Blick eines Wahnsinnigen, der krampfhaft etwas anstarrte. Es war ein ruhiger, ein gelassen wirkender Blick, der Valerie das beruhigende Gefühl gab, dass dort, wo Jan sich in diesem Moment befand, Frieden herrschte. Dass er sich erholen konnte von dem, was er durchgemacht hatte. Von den Geschehnissen, die ihm letztlich den Verstand geraubt hatten. Valerie legte ihre Hand auf die seine. Aus seinem Handrücken ragte eine Kanüle, in die tröpfchenweise eine Flüssigkeit lief. Sie verharrte in dieser Situation einige Sekunden und genoss zumindest die körperliche Anwesenheit ihres Mannes.

Sie hatte nicht auf die Uhr geschaut. In diesem Krankenhauszimmer verlor sie stets das Zeitgefühl. Deswegen konnte sie auch nicht genau einschätzen, wie lange sie so dagestanden hatte, als der Oberarzt mit seiner Entourage zur Visite erschien.

»Ah, wir haben Besuch«, sagte der Oberarzt und streckte Valerie die Hand entgegen.

»Guten Tag«, sagte Valerie.

»Besuch tut unseren Patienten immer gut. Für die anderen drei kommt leider nie jemand vorbei. Ein Jammer ist das heutzutage«, sagte Doktor Asanin und spendete Valerie einen aufmunternden Blick.

Pfleger Zlatko suchte in seiner Mappe eifrig die Akte mit Jans Werten. Valerie beobachtete ihn dabei, wie er mit seinen Fingern das Papier hektisch zum Rascheln brachte. Unweigerlich kam Valerie der Begriff Wurstfinger in den Kopf. Schließlich reichte Zlatko dem Doktor das Klemmbrett mit Jans Krankenakte. Für die elektronischen Tablets gab es schon lange keinen Strom mehr, daher war man im Krankenhaus wieder auf Papier umgestiegen.

»In diesen Zeiten aber auch kein Wunder«, antwortete Valerie. »Seit die Russen Budapest erobert haben und Wien wohl das nächste Ziel auf ihrer Liste ist, haben die Menschen wohl zu Recht andere Sorgen. Und von Westen rückt die Bedrohung auch tagtäglich näher, angeblich steht München kurz vor dem Fall.«

»Ach was«, sagte der Arzt, der das Abzeichen der Regierungspartei an seinem Revers trug. »Unser Kanzler wird das schon zu verhindern wissen. Er hat damals mit den Briten und den Osteuropäern dafür gesorgt, dass wir die Europäische Union in die Luft sprengen. Da wird er sich mit den Russen jetzt schon arrangieren. Wo sollen die denn sonst zum Einkaufen hin, die lieben doch alle unser schönes Österreich. Die teuren Geschäfte auf der Kärntner Straße, das Skifahren in Mayrhofen! Und die Belagerer von München werden im Westen nur bis zu unserer Grenze vorrücken. Denken Sie doch nur an das Konstanzer Zusatzprotokoll von 2017, das nochmals im Dezember 2017 in Prag bestätigt wurde. Darin wird die Souveränität Österreichs ganz klar anerkannt.«

Valerie hatte eine hohe Meinung vom Oberarzt, wenn es um seine medizinische Kompetenz ging. Sein politisches Geschwafel konnte sie dagegen nicht ausstehen. Dementsprechend ging sie auch nicht näher auf den von ihm verbreiteten Optimismus ein.

»Wie geht es meinem Mann denn heute?«, fragte sie stattdessen.

»Den Umständen entsprechend. Wir hatten heute Nacht einen längeren Stromausfall. Das Notstromaggregat ist nicht gleich angesprungen. Aber das sollte bei ihm hoffentlich keinen allzu großen Schaden angerichtet haben. Ansonsten haben wir keine Veränderungen gespürt, sein Zustand ist unverändert stabil.«

»Man hört, dass es mittlerweile Evakuierungspläne für die Stadt gibt. Berücksichtigen diese auch die Patienten in den Krankenhäusern?«, fragte Valerie.

»Aber selbstverständlich«, sagte der Oberarzt, ohne zu zögern. »Hier wird niemand zurückgelassen.«

Für Valerie kam diese Antwort fast ein bisschen zu schnell. Sie kannte die Geschichten ihrer Großeltern aus den Zeiten des Zweiten Weltkriegs. Kranke und jene, die zu schwach für die Flucht waren, wurden damals sehr wohl zurückgelassen. Warum sollte dies im unter Bomben liegenden Wien des Jahres 2028 anders sein?

»Ich weiß, ich frage Sie das sehr oft ...«, richtete Valerie ihre Worte erneut an den Oberarzt, der sich zwischenzeitlich die Daten der übrigen im Zimmer befindlichen Patienten mitteilen ließ, »aber können Sie einschätzen, wie lange sein Zustand noch andauern wird?«

Der Mediziner sah von seinem Klemmbrett mit den Patientendaten auf. Seine Brille saß weit vorne auf der Nase, sodass er nun über die oberen Ränder der Brille zu Valerie blicken konnte.

»Wie lang ist es her, dass Ihr Sohn durch den Raketeneinschlag in der Rotensterngasse ums Leben gekommen ist und ihr Mann den Verstand verlor? Ein halbes Jahr?«

»Sieben Monate und vier Tage«, antwortete Valerie. Nun

war sie es, die nicht lange für ihre Antwort überlegen musste.

»Schauen Sie, wenn Menschen etwas Schreckliches erleben, kann es sein, dass in unserem Gehirn ein Notfallmechanismus einsetzt, der uns ins Unterbewusstsein versetzt und uns dadurch vor dem erlittenen schlimmen Ereignis beschützen will. Man zieht sich dann mit seinem Geist zurück, wie in eine Höhle. Das habe ich Ihnen ja schon des Öfteren erklärt.«

Valerie nickte mit dem Kopf. Sie hatte diese Erläuterungen schon tausendfach gehört oder gelesen. Aber es gab nun mal keine neuen Entwicklungen, nichts, was es noch zu besprechen gab. Also war es immer noch besser, über die bereits bekannten Dinge zu sprechen, als ganz zu schweigen.

»Ist das Kind von ihm?«, fragte er schließlich und zeigte auf die Wölbung, die Valerie vor sich hertrug.

Erneut nickte sie mit dem Kopf.

»Er weiß nicht mal, dass ich ein Kind von ihm erwarte. Ich habe es erst nach Emils Tod erfahren«, sagte Valerie, nun mit zittriger Stimme.

Der Oberarzt ging einen Schritt auf sie zu und strich ihr mit der rechten Hand über ihren Oberarm. Wie ein Vater, der seiner Tochter Mut machen und einreden wollte, dass bis zur Heirat alles schon irgendwie gut werden würde.

»Wir können nicht abschätzen, wann der Geist Ihres Mannes sich dafür entscheidet, wieder zu uns ins Hier und Jetzt zurückzukommen. Wann er beschließen wird, sich aus seiner Welt zu verabschieden, um wieder mit uns in Kontakt zu treten. Alles, was wir tun können, ist, ihm das Gefühl zu geben, dass wir für ihn da sind. Durch Gespräche oder durch Berührungen, ja auch durch bloße Anwesenheit. Es tut mir leid, aber die einzige Beruhigung, die ich derzeit für

Sie habe, ist, dass ihr Mann wahrscheinlich gerade an einem Ort ist, an dem die Welt eine bessere ist. Dass er von dem Krieg, von den Zerstörungen und all den Bomben auf Wien und unser schönes Österreich nichts mitbekommt.«

Der Arzt verabschiedete sich. Seine Assistenten verließen gemeinsam mit ihm das Krankenzimmer.

Zurück blieb Valerie Kepler. Mit der Hoffnung, dass ihr Mann zu diesem Zeitpunkt tatsächlich in einer lebenswerteren Welt war.

NACHWORT DES AUTORS

Die fiktive Handlung dieses Romans spielt in der Leopoldstadt, dem zweiten Wiener Gemeindebezirk. Ein Bezirk, der im Jahr 2018 für das friedvolle Miteinander von Menschen unterschiedlichster Herkunft und verschiedenen Religionen steht.

Die in *Prater* beschriebene Handlung ist an keinen Ort gebunden. Sie kann überall Realität werden. Nämlich überall dort, wo Menschen das Trennende über das Gemeinsame stellen. Überall dort, wo gesellschaftlicher Zusammenhalt durch bewusste Fehlinformationen von populistisch agierenden Politikern zerstört wird. Überall dort, wo die Pressefreiheit unterhöhlt und Nichtregierungsorganisationen an ihrer Arbeit gehindert werden. Überall dort, wo das auf Facebook aufgeschnappte Gerücht mehr zählt als dessen inhaltliche Überprüfung. Also nicht nur in den Diktaturen und illiberalen Demokratien dieser Welt. Sondern eines Tages auch vor Ihrer Haustür.

Die mit einem * versehenen Aussagen von Jan Keplers Mitarbeiter John sind Originalzitate von Usern, die diese auf Facebook-Seiten von AfD und FPÖ und/oder auf Facebook-Seiten von in diesen Parteien aktiven Personen (Stand: März 2018) gepostet haben.

Verein.
Respekt.
net

FÜR
GESELLSCHAFTS
POLITISCHES
ENGAGEMENT

Autor Lukas Pellmann spendet **pro verkauftem Exemplar von *Prater* 50 Cent** an das Projekt **»meineAbgeordneten.at«**. **»meineAbgeordneten.at«** nimmt Parlamentarismus ernst und informiert die Öffentlichkeit seit Herbst 2011 über Lebensläufe, Nebeneinkünfte, Arbeitsschwerpunkte und berufliche Tätigkeiten von PolitikerInnen in Österreich. Die Transparenzplattform ist eine Initiative der Projektbörse **Respekt.net** und wird in Kooperation von **Act.Now** und dem **Verein Respekt.net** betrieben.

Weitere Informationen zum Projekt und seinen Trägern:
www.meineAbgeordneten.at

LUKAS PELLMANN

Lukas Pellmann, geboren 1979 in Essen, BRD, lebt seit seinem elften Lebensjahr in Wien. An der Universität Wien studierte er Geschichte & Politikwissenschaft, seitdem ist er unter anderem als Blogger (www.booksinvienna.at) tätig.
Im Herbst 2015 erschien mit »Mord im Zweiten« sein erster interaktiver Fortsetzungskrimi als E-Book-Serie. Leserinnen und Leser konnten via Social Media erstmals zum aktiven Teil der Handlung werden.
Im Dezember 2016 erschien »Mord im Zweiten« als Taschenbuch, es folgten die Fortsetzungen »Hängende Spitze«, »Instamord« sowie »Ehrenrunde«.
»Prater« ist Pellmanns erster Roman, der im Verlag Text/Rahmen erscheint.

www.lukaspellmann.at
www.facebook.com/lukaspellmann
www.instagram.com/lukas_pellmann